*Die Baustelle des Regensburger Domes um 1285/90*

# DER DOM ZU REGENSBURG

ACHIM HUBEL
MANFRED SCHULLER

# DER DOM ZU REGENSBURG

## Vom Bauen und Gestalten einer gotischen Kathedrale

Unter Mitarbeit von
Friedrich Fuchs und Renate Kroos

VERLAG FRIEDRICH PUSTET
REGENSBURG

Das Forschungsprojekt »Bau-, Kunst- und Funktionsgeschichte des Regensburger Domes als Modellfall«

*Projektleiter:*

Prof. Dr. Achim Hubel und Prof. Dr.-Ing. Manfred Schuller

*Wissenschaftler:*

Dr. Friedrich Fuchs
Fritz Herz
Dr. Renate Kroos
Dr. Michael Kühlenthal
Prof. Dr. Peter Kurmann
Dr. Jürgen Michler
Prof. Dr. Dethard von Winterfeld

*Wissenschaftliche Mitarbeiter:*

Dipl.-Ing. Apostolos Aravidis
Wiltrud Barth M.A.
Dipl.-Des. Gabriele Bausch
Dipl.-Ing. Philip S. C. Caston
Dr. Nicola Damrich
Anja Franziska Denker M.A.
Dipl.-Ing.(FH) Gilbert Diller
Mike Dunn B.A.
Dipl.-Ing.(FH) Thomas Eck
Dr. des. Barbara Fischer-Kohnert
Dipl.-Ing.(FH) Gerhard Fitzek
Dipl.Ing.(FH) Gerhard Gresik
Dipl.-Ing.(FH) Uwe Kittel
Christoph Kleiber M.A.
Peter Knoch
Dipl.-Ing.(FH) Tillman Kohnert
Dipl.-Ing.(FH) Maren Lüpnitz
Dipl.-Ing.(FH) Gotthard Montgelas
Dipl.-Ing.(FH) Karoline Montgelas
Dr. Peter Morsbach
Prof. Dipl.-Ing. Betty Müller
Dipl.-Ing. Ana Pancini-Fitzek
Dipl.-Ing. Katarina Papajanni
Dipl.-Ing.(FH) Edith Obrusnik
Dipl.-Ing.(FH) Hartmut Olbrich
Dipl.-Ing.(FH) Arthur Pufke
Dipl.-Ing.(FH) Barbara Rappl
Dipl.-Ing.(FH) Eckart Rüsch M.A.
Dipl.-Rest. Barbara Schick
Isolde Schmidt M.A.
Dipl.-Ing. Karl Schnieringer
Olivia Schwarz M.A.
Dipl.-Ing. Elisabeth Spitzenberger
Astrid Steffens M.A.
Dipl.-Ing.(FH) Gabriele Strube
Carola Thierbach
Angelika Wellnhofer M.A.
Dipl.-Ing.(FH) Brigitte Wiblishauser
Michael Wilke M.A.
Dipl.-Ing. Monika Wygasch

*Dendrochronologische Untersuchungen:*

Veronika Siebenlist-Kerner

*Computersimulation der Farbfassungen:*

Prof. Dr.-Ing. Christoph Gerlach und Dipl.-Des. Martina Pohl

*Restauratorische Untersuchungen der Raumschale:*

Firma Gebrüder Preis (Walter Meixner, Karl Menner)

*Archäologische Ausgrabungen (Projekt des Bayerischen Landesamtes für Denkmalpflege):*

Dr. Silvia Codreanu-Windauer
Dipl.-Ing. Karl Schnieringer

---

Die Deutsche Bibliothek – CIP-Einheitsaufnahme

*Hubel, Achim:*
Der Dom zu Regensburg : Vom Bauen und Gestalten einer gotischen Kathedrale / Achim Hubel ; Manfred Schuller. Unter Mitarb. von Friedrich Fuchs und Renate Kroos. – Regensburg : Pustet, 1995
ISBN 3-7917-1449-X
NE: Schuller, Manfred:

ISBN 3-7917-1449-X

Lithos: Scan-Tec GmbH, München
Gesamtherstellung: Friedrich Pustet, Regensburg
Printed in Germany 1995

Umschlagmotiv: Detailansicht des Hauptchores (Foto: Anton J. Brandl)
Vorsatz vorne: Baustelle des Domes um 1285/90 (Apostolos Aravidis)
Frontispiz: Original-Aufmaßzeichnung eines Obergadenfensters vom Hauptchor (Philip Caston)
Vorsatz hinten: Südseite des Domes um 1380 (Staatliches Meßbildarchiv Berlin)
Umschlagrückseite: Schnittzeichnung des Hauptchor-Polygons (Gilbert Diller nach Vorgaben von Manfred Schuller)

# Vorwort

Der Regensburger Dom dürfte das bedeutendste gotische Bauwerk in Süddeutschland sein. Umso erstaunlicher ist, daß es bis heute keine übergreifende monographische Bearbeitung dieser Kathedrale gibt. Entsprechend wird sie in der kunsthistorischen Literatur, aber auch im allgemeinen Bewußtsein unterschätzt. Dabei liegt in Regensburg ein seltener Fall vor: Die Architektur ist vom Fundament bis zum Dach vorzüglich erhalten; selbst mittelalterliche Fassadenrisse befinden sich im Domschatz. Skulpturen, Glasmalereien, Altäre und liturgische Ausstattung haben die Jahrhunderte in großer Fülle und in hoher Qualität überdauert. Erst das Zusammenspiel all dieser Gattungen verbunden mit den vielschichtigen Nutzungen ließ das Phänomen einer mittelalterlichen Kathedrale möglich werden. Während sonst wissenschaftliche Untersuchungen meist auf eine Gattung beschränkt bleiben und sich somit nur Teilaspekte klären lassen, ist unser Ziel eine übergreifende Gesamtschau.

Die äußeren Möglichkeiten hierfür boten die 1985–1988 durchgeführte Innenrestaurierung und die seit 1989 betriebene Außenreinigung des Regensburger Domes. Sie ermöglichten es, von den Gerüsten aus auch den entferntesten Schlußstein aus nächster Nähe zu beurteilen und den Bau bis in den verstecktesten Winkel auszuspähen. Es gelang, ein interdisziplinäres Forschungsprojekt der Universität Bamberg zu initiieren, das hohe finanzielle Förderung durch die Deutsche Forschungsgemeinschaft, das Bayerische Landesamt für Denkmalpflege, die Universität Bamberg und die Diözese Regensburg erhielt. Ein derartiges Unternehmen verlangt das Zusammenwirken vieler Fachkollegen und Mitarbeiter mit höchst unterschiedlichen Spezialkenntnissen, von der liturgiewissenschaftlich orientierten Kunsthistorikerin über Bauforscher und Architekturhistoriker bis zu Naturwissenschaftlern, etwa dem Dendrochronologen. Zu ihnen gesellten sich zahlreiche Studierende des Aufbaustudiums Denkmalpflege der Universität Bamberg. Aus dieser Verbindung von Forschung und Lehre an einem praktischen Beispiel reifte in der Zwischenzeit ein hoffnungsvoller wissenschaftlicher Nachwuchs heran. So ist ein vielköpfiges Team zusammengewachsen, ohne dessen Einsatz und Idealismus weder das Gesamtprojekt noch dieses Buch hätten entstehen können. Die Namen aller Beteiligten und ihre Aufgabenbereiche sind in der vorstehenden Tabelle aufgeführt.

Willkommener Anlaß für das vorliegende Buch war die Anfrage des Verlags Friedrich Pustet, ob wir zum Jubiläumsjahr 1995 (750 Jahre Freie Reichsstadt Regensburg) einen Bildband über den Dom verfassen wollten. So versuchen wir erstmals, die zahllosen Einzelleistungen zusammenzuknüpfen und einen Überblick über den gegenwärtigen Forschungsstand zu geben. Das Buch richtet sich zunächst an den kunstbegeisterten Laien; aber auch der Fachmann wird eine Fülle neuer Ergebnisse vorfinden. In Wort und Bild wird ein Zwischenbericht geliefert, der auch der Öffentlichkeit gegenüber Rechenschaft über zehn Jahre Forschungsarbeit ablegen will. Letztes Ziel wird eine umfassende wissenschaftliche Gesamtmonographie des Domes sein, die auch die Belege und Nachweise für die hier mitgeteilten Ergebnisse liefern wird.

Stellvertretend für den gemeinsamen Forschungsansatz haben wir auch den Text – Satz für Satz – gemeinsam verfaßt, – eine im geisteswissenschaftlichen Bereich leider noch wenig geübte interdisziplinäre Praxis. So formulierte der Kunsthistoriker bei der Beschreibung des Dachstuhls mit, wie der Bauforscher bei der Charakterisierung der Skulpturen. Wichtige ergänzende Texte steuerten Friedrich Fuchs und Renate Kroos bei: Herr Fuchs zum Hauptportal des Domes, zu den Planrissen, zu den Steinmetzzeichen, zu den Bildhauertechniken und den farbigen Fassungen der Skulpturen; Frau Kroos zur Liturgie im romanischen und gotischen Dom, zum Hochaltar, zum Lettner, zum Chorgestühl, zur Kanzel, zum Geläut, zu Reliquienschauen, Prozessionen und allgemeinen Gebräuchen, aber auch zu besonderen Ereignissen im Dom. Wesentlicher Bestandteil des Bandes sind die zahlreichen, neu angefertigten Zeichnungen und Photographien.

In einer hoffentlich auch für den Laien leicht verständlichen Schilderung wird die Entstehungsgeschichte des Domes vom Abbruch des romanischen Baus bis zur Einstellung der Bauarbeiten am Ende des Mittelalters chronologisch verfolgt. Man sieht die Kathedrale buchstäblich von Jahrzehnt zu Jahrzehnt wachsen: Die Persönlichkeiten besonders engagierter Bischöfe und Baumeister werden lebendig, aber auch die Leistungen der anonym bleibenden Bauleute und Kunsthandwerker. Während an der Baustelle noch um die technische und formale Bewältigung gerungen und um Grundstücke gestritten wird, entstehen bereits Skulpturen und Altäre, werden Glasfenster gestiftet, liturgische Geräte und Paramente beschafft. Da der Dom nicht wie ein moderner Bau einheitlich von unten nach oben wuchs, sondern in einzelnen Segmenten von Osten nach Westen, konnten die jeweils fertiggestellten Raumteile sofort in die Gesamtnutzung integriert werden. Zwar galt eine gotische Kathedrale schon immer als ein auch technisches Wunderwerk, doch die Schwierigkeiten der Realisierung und die gefundenen Lösungen waren bisher nicht so genau bekannt. Die räumlichen Zeichnungen (Isometrien) im einheitlichen Maßstab 1:500 geben einen leicht faßlichen Einblick selbst in komplizierteste Zusammenhänge, vom Fundament bis zum Dachstuhl, von der Bewältigung der Statik bis zur Ableitung des Regenwassers.

Die selbstverständlich wirkende Logik der zeichnerischen Darstellungen darf nicht darüber hinwegtäuschen, daß dahinter eine immense Arbeitsfülle steckt. Die detailliert vorgestellte chronologische Abfolge beruht nicht auf Hypothesen, sondern auf der Auswertung unzähliger Beobachtungen und Indizien. Man kann das Ergebnis mit der Spitze eines Eisbergs vergleichen. Im verborgenen bleibt die wissenschaftliche Grundlage der Bauforschung, nämlich die Bauaufnahmezeichnungen, die im Verlauf vieler Jahre von einem ganzen Stab engagierter Mitarbeiter mit höchster Genauigkeit angefertigt wurden (siehe Frontispiz, also die Abbildung gegenüber dem Titelblatt, als ein beliebig herausgegriffenes Beispiel). Aus dem Team seien stellvertretend genannt Carola Thierbach, Gabriele Strube und Karl Schnieringer, die zu Beginn des Forschungsprojekts die Hauptlast trugen. Ana Pancini-Fitzek, Katarina Papajanni und Gilbert Diller waren maßgeblich an der Erstellung der eigens für dieses Buch angefertigten räumlichen Zeichnungen der einzelnen Dombauphasen beteiligt. Die Rekonstruktion der ursprünglichen farbigen Fassung der berühmtesten Skulpturen des Domes, der Verkündigungsgruppe des Erminoldmeisters (Abb. 12), wirkt täuschend lebensnah. Das scheinbar mühelose Ergebnis beruht zum einen auf den diffizilen restauratorischen Untersuchungen, wie sie bei allen Figuren des Domes von Friedrich Fuchs vorgenommen wurden, zum anderen auf den modernsten Möglichkeiten der Computersimulation, die erstmals auf diesem Gebiet von Kollegen der Fachhochschule Hildesheim, Christoph Gerlach und Martina Pohl, erarbeitet wurden. Den jahrelangen Archivrecherchen von Renate Kroos verdanken wir grundlegende Kenntnisse zur Liturgie und zu allen anderen Nutzungen im Dom, die sich hier in lebendigen Schilderungen niederschlagen. Frau Kroos nahm es auch auf sich, das gesamte Manuskript kritisch durchzusehen.

Wenn hier Worte des Dankes angefügt werden sollen, müssen als erstes und ganz besonders herzlich die Mitarbeiter bedacht werden, die uns seit Jahren – oft ohne oder nur mit geringer finanzieller Unterstützung – begleiten und die Realisierung des Forschungsprojekts möglich machen. Zu großem Dank verpflichtet sind wir der Deutschen Forschungsgemeinschaft, die eine vierjährige Finanzierung des Projekts bewilligte, und der Otto-Friedrich-Universität Bamberg für die Mittel aus der Forschungsförderung. Das Bayerische Landesamt für Denkmalpflege hat uns nicht nur durch regelmäßige Zuschüsse unterstützt, sondern auch durch den Leiter der Abteilung Bauforschung, Gert Th. Mader, fachkundig beraten. Dank gebührt außerdem der Diözese Regensburg für finanzielle Beteiligung, der Dombauhütte für tatkräftige Hilfe und dem Diözesanmuseum Regensburg für die kontinuierliche Unterstützung. Ein besonderer Dank gilt schließlich dem Verleger, Herrn Fritz Pustet, für die engagierte und stets entgegenkommende Begleitung des Buchprojekts bis zur Drucklegung.

*Achim Hubel* *Manfred Schuller*

## Die Frühzeit mit dem Vorgängerbau

Zur Zeit der agilolfingischen Herzöge gab es in Regensburg bereits Missions- oder Abtbischöfe wie den hl. Emmeram und den hl. Erhard. Der hl. Bonifatius gründete im Jahr 739 das Bistum Regensburg und legte es in seinen Grenzen fest. Es ist anzunehmen, daß bald darauf eine Domkirche errichtet worden ist. Jedenfalls erwähnen Quellen aus den Jahren 792 und – besonders deutlich – 852 eine Kathedrale mit dem Patrozinium St. Peter. Die ersten im Baubestand und durch Ausgrabungen nachgewiesenen Reste lassen eine dreischiffige, flach gedeckte Pfeilerbasilika ohne Querhaus und ohne Türme rekonstruieren (Abb. 1). Nur das Hauptschiff besaß eine halbrunde Apsis mit einer gewölbten Kalotte; die Seitenschiffe endeten flach. Die Abmessungen von 58 m Länge und knapp 33 m Gesamtbreite belegen eine mächtige Anlage. Ihre Entstehungszeit läßt sich vorläufig nicht genau festlegen, dürfte aber für die Frühzeit der karolingischen Könige im späten 8. oder in der ersten Hälfte des 9. Jahrhunderts gesichert sein. Der Standort dieser Domkirche war bewußt in die alte römische Stadtstruktur eingebunden. Die Westfassade war direkt an die nordwärts gerichtete Hauptstraße, die Nachfolgerin der römischen Via Praetoria, gerückt. Die bis heute erhaltene Porta Praetoria, die in die bischöfliche Residenz integriert worden war, lag nur etwa 40 m nordwestlich des Domes. Die Straße führte damals noch durch die Toranlage bis zu der Schiffsbrücke über die Donau, die Kaiser Karl der Große nach einem römischen Vorgängerbau erneuert hatte. Dem Domkapitel stand der Raum zwischen der Kathedrale und der römischen Stadtmauer zur Verfügung: Zentrum der Anlage war von Anfang an ein Doppelkreuzgang, dessen schmale Mittelhalle gleichzeitig als Verbindungsgang zwischen dem Dom und dem Vorgängerbau von St. Stephan (der bischöflichen Hofkirche) diente.

Gegenüber der Westfassade, jenseits der Hauptstraße, dürfte das Baptisterium zu suchen sein, das zu dieser Zeit liturgisch unbedingt zu einer Bischofskirche gehörte. Auf dem sicher reich belebten Platz zwischen Dom und Baptisterium darf man vielleicht auch einen öffentlichen Brunnen vermuten, dessen Position sich bis heute im Ziehbrunnen des gotischen Domes erhalten haben könnte.

Mit der Stadterweiterung unter Herzog Arnulf (um 920/30) hatte sich das Zentrum Regensburgs weiter nach Westen verlagert. Die ehemalige Via Praetoria verlor an Bedeutung, was in der ersten Hälfte des 11. Jahrhunderts eine Erweiterung des Domes ermöglichte (Abb. 2). Dem Langhaus wurde ein saalartiges Querhaus vorgelegt, an das ein von zwei Türmen flankierter, gerade schließender Westchor angefügt war; der nördliche Turm ist bis heute erhalten (Abb. 3). Die mehrfach umgebaute Situation westlich des Domes zeigte ein Atrium, das mit zwei Bogengängen nördlich und südlich begrenzt wurde, und den abschließenden Querriegel der Taufkirche St. Johann. Der gesamte Komplex aus Kathedrale, Atrium und Taufkirche erstreckte sich immerhin über eine Länge von etwa 128 m.

Im Inneren des Domes schob sich von Westen her ein bühnenartig erhöhter Altarraum ins Querhaus, unter dem eine Krypta lag. Eine Vorstellung vom Aussehen des gesamten Westbaus gibt noch heute die ehem. Benediktinerabteikirche St. Emmeram in Regensburg, die um

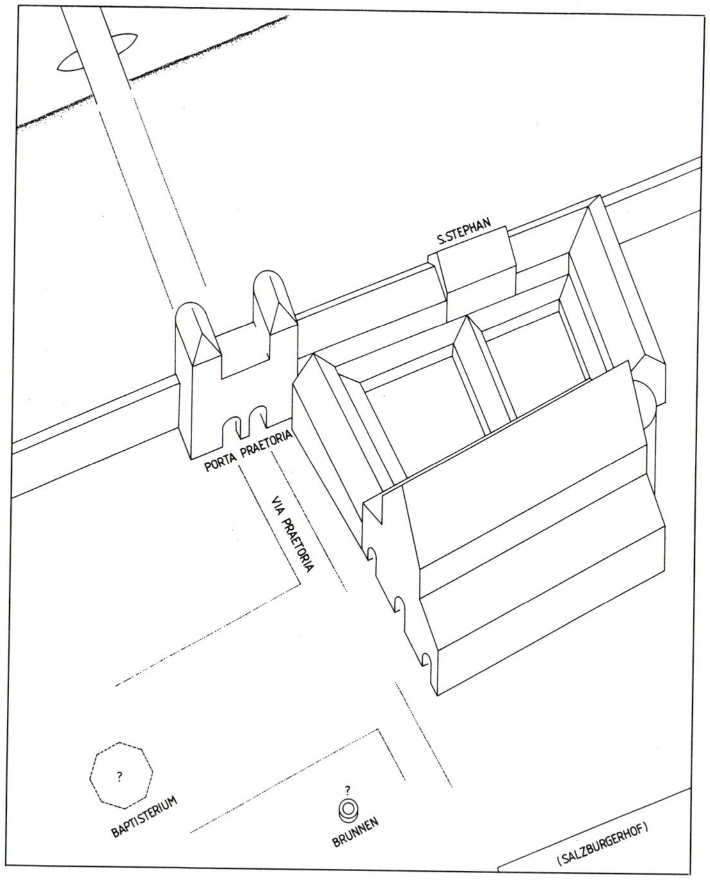


*Abb. 1: Der karolingische Dombezirk.*

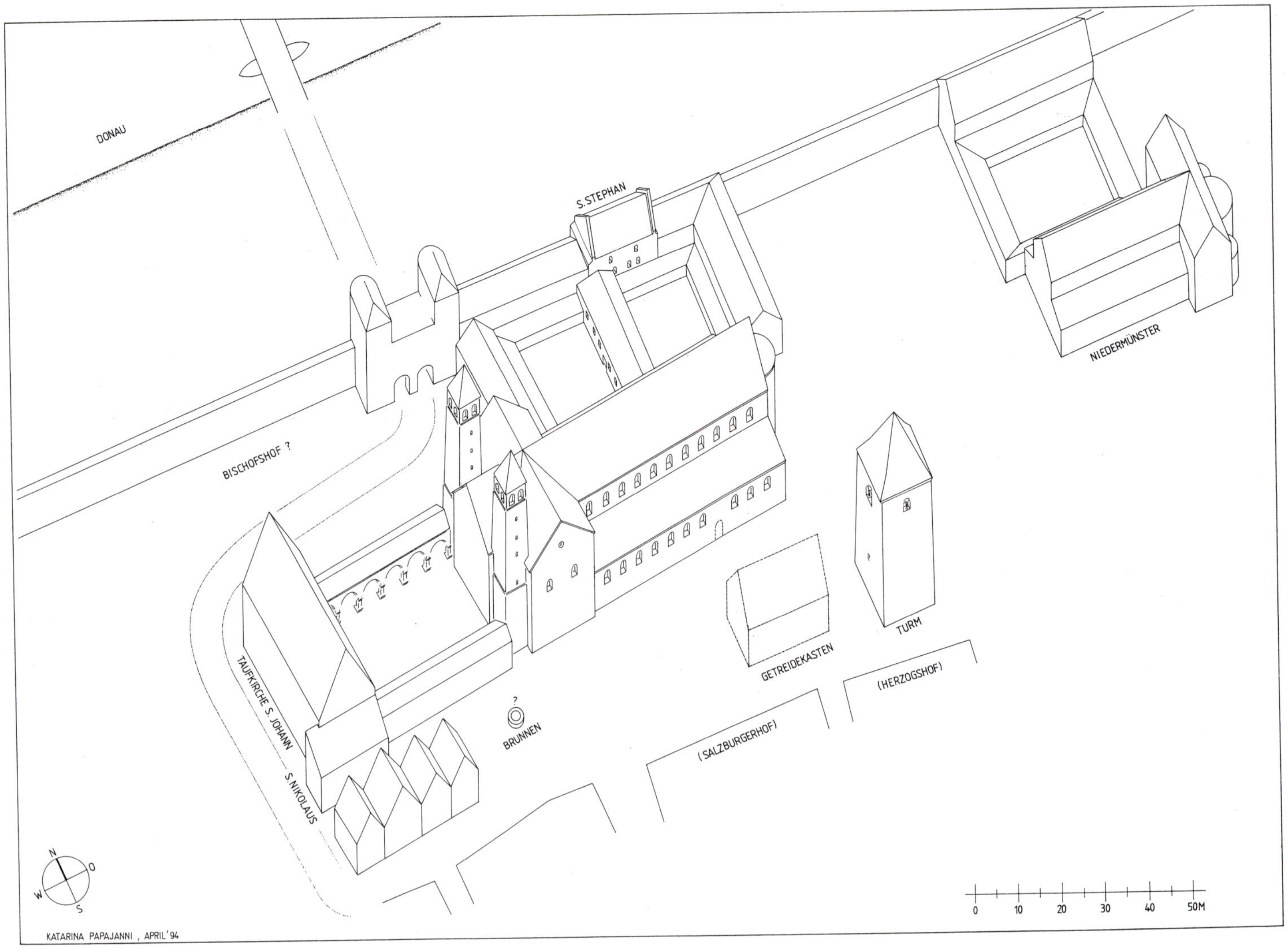


*Abb. 2: Der Dombezirk nach der Erweiterung durch Querhaus, Westchor, Türme und Atrium in der ersten Hälfte des 11. Jahrhunderts. In der Folge für die Baugeschichte des gotischen Domes wichtig: die Taufkirche St. Johann, südlich davon der Anbau der Nikolauskapelle und vier Bürgerhäuser.*

*Abb. 3: Der Nordturm des alten Domes, der sogenannte Eselsturm, vor der Querhausfassade des gotischen Neubaus. Links und rechts des Turmes die Ansätze einer Ummantelung für einen um 1300 geplanten Turmbau. Aufnahme um 1930.*

1050/60 die westliche Erweiterung des Domes kopierte. Die traditionell engen Beziehungen zwischen Dom und St. Emmeram wurden dadurch unterstrichen, daß bis 974 der Bischof von Regensburg gleichzeitig der Abt von St. Emmeram war.
Der Hochaltar des neuen Westchores könnte sich in dem gewaltigen Kastenaltar erhalten haben, der heute in der Stephanskapelle am Domkreuzgang steht (Abb. 4). Der aus einem einzigen Stein gemeißelte Altarblock ist von unten her ausgehöhlt und wird auf drei Seiten von kleinen Fensteröffnungen durchbrochen. Dieser Altar dürfte durch einen Schacht mit der darunterliegenden Krypta und ihrem Reliquienschatz verbunden gewesen sein. Eine vergleichbare Anlage gibt es wieder in St. Emmeram, wo unter dem Hochaltar des Westchores die Grabkammern der Heiligen Wolfgang und Dionysius liegen; diesen Typus einer Grabanlage bezeichnet man als Confessio.
Da nach liturgischen Änderungen eine bischöfliche Taufkirche unnötig geworden war, wandelte man St. Johann 1127 in die Kirche eines Chorherrenstiftes um. Der ganze Dombezirk wurde nach Bränden 1152 und 1176 jedesmal wiederhergestellt und bestand bis zum Neubau der gotischen Kathedrale. Im frühen 13. Jahrhundert wurden die beiden Atriumgänge aufwendig umgebaut und erhielten dabei Kreuzgratgewölbe; beachtliche Reste der Pfeiler kamen bei den Ausgrabungen 1984/85 im Dom zum Vorschein; sie sind heute in die unterirdische Bischofsgrablege integriert.
Die prächtige, immer wieder erneuerte Ausstattung des alten Domes bezeugen noch heute einige Objekte. Herausgegriffen sei der aus vergoldetem Silber gearbeitete sogenannte Wolfgangskelch (Abb. 5), der älteste Kelch des Domschatzes, der um 1250/60 entstand und damit noch für den alten Dom in Auftrag gegeben worden war. Da man ihn für den Kelch des hl. Wolfgang hielt, wurde er bereits im Spätmittelalter als Reliquie hoch verehrt. Auf dem runden Fuß finden sich zwischen Weinblättern und Lilien sechs Medaillons mit den getriebenen Halbfiguren von Aposteln und Propheten, die jeweils paarweise in einen lebhaften Dialog vertieft zu sein scheinen. Der Knauf (Nodus) ist mit kleinen runden Emailplatten verziert, die auf blauem und grünem Grund Engel und Heilige zeigen. Charakteristisch für diesen frühen Typus ist die weit ausladende Kelchschale (Cuppa).
Der Wolfgangskelch hatte später zwei besondere Funk-

*Abb. 4: Confessioaltar, wohl aus dem 11. Jahrhundert. Kalksteinblock (Länge 210 cm, Tiefe 138 cm, Höhe 111 cm), ursprünglich wahrscheinlich im Westchor des alten Domes, heute in der Stephanskapelle am Domkreuzgang.*

tionen, eine exemplarisch geistliche und eine scheinbar weltliche. In ihm wurden am Gründonnerstag die konsekrierten Hostien verwahrt (so ein barockes Zeremonienbuch nach spätmittelalterlicher Vorlage). Bei der Bischofswahl 1787 diente er als Wahlurne für die Stimmzettel. Es liegt nahe zu vermuten, daß dieser dem hl. Bistumspatron zugeschriebene Kelch bei Wahlverfahren und Wahlausgang segensreich für seine Kirche wirken sollte. Das Verfahren ist schon viel früher, beispielsweise 1598, belegt und war nahezu regelmäßig in Übung, doch wird dabei nur allgemein von einem Kelch gesprochen; man darf aber wohl den Wolfgangskelch vermuten.

Aus dem alten Dom sind auch Fragmente eines großen farbigen Glasfensters erhalten, die im gotischen Bau wiederverwendet wurden, wenn auch an wenig sichtbarer Stelle im Triforium des Südquerhauses (vgl. Abb. 69). Die um 1230 geschaffenen Scheiben, die sich zu einem großen Glasfenster von etwa 5,70 m Höhe und 2,20 m Breite rekonstruieren lassen, können eigentlich nur von einer Neugestaltung der Ostapsis des alten Domes stammen. Sie zeigten auf breiten Rahmenflächen einen Stammbaum Christi, dessen Zentrum die Darstellungen der Verkündigung (Abb. 6), der Geburt und der Kreuzigung Christi bildeten. Bewundernswert sind die technische Perfektion, die Leuchtkraft und die souveräne Komposition. Die Figuren erscheinen in ruhigen, würde-

*Abb. 5: Der sogenannte Wolfgangskelch. Um 1250/60. Domschatzmuseum.*

voll vorgetragenen Gesten, während die Gewänder in schwungvollen Linien und nervös kreisenden Faltenknäueln die innere Dynamik der Szene verdeutlichen.

Unsere Kenntnisse über Liturgie und sonstige Aktionen im alten Dom sind überaus spärlich und lückenhaft. Er besaß eine Chorschranke mit Lesepult(en), denn der hl. Wolfgang predigte *in pulpito vel ambone* zum Volk. Wir kennen einige Altäre, aber die meisten ohne Standort. Das gilt für den 1187 erwähnten Marienaltar, sowie für den St. Katharinen- und den St. Blasiusaltar. Der Hochaltar St. Peter oder – 1239 – SS. Petrus und Maria wird vor allem bei Schenkungen von Gütern oder Hörigen erwähnt, so 1254 *(coram summa ara beati Petri)*, 1275, 1280, 1305, 1310; nach den Zeugenlisten umstanden ihn dann nicht nur Domkleriker, sondern auch viele Laien. Zwei Nebenaltäre des Petersaltars werden 1239 ohne Patrozinium genannt. Ob sie die Vorgänger derjenigen in den Nebenchören des neuen Domes sind, also St. Stephan im Norden und St. Andreas im Süden, ist nicht klar erkennbar.

Nachrichten über Konzilien und andere Kirchenversammlungen, Bischofsweihen, auch über die Aufbahrung des hl. Wolfgang (994) geben keine Informationen zu Bau, Ausstattung und Nutzung. Lange bevor wir die Namen von Mesnern und anderen Hilfskräften erfahren, begegnet schon um 875/885 die erste Vertreterin des niederen Dompersonals: Der Priester Engilmar schenkte mehrere Leibeigene an den Dom, unter ihnen eine Frau namens Zeiza, damit sie die Kirche des hl. Petrus ausfege.

Im Domschatz überlebten ja eine ganze Reihe von Stükken aus der Zeit des alten Domes, vorzugsweise Sekundärreliquien des hl. Wolfgang und Geschenke des Bischofs Heinrich von Rotteneck, der in Regensburg zu aller Zeit als besonders hochgeachteter, ja als fast heiligmäßiger Oberhirte galt. Die von ihm gestifteten silbernen Ölflaschen (Domschatz) waren noch Ende des 18. Jahrhunderts am Gründonnerstag in Gebrauch.

Komplette liturgische Handschriften wie Missalien oder Gottesdienstordnungen, die sicher im alten Dom gebraucht wurden, scheinen bislang nicht aufgefunden zu sein; einige Reste überlebten als Umschläge barocker Archivalien. Über Feste hört man per Zufall: 1063 durch einen Rangstreit zu Martini, 1262 durch eine Urkunde zum Fest der Auffindung der Reliquien des hl. Stephan. Die Nennung des Orgelmeisters Rudiger im Jahre 1276 setzt wohl eine Orgel voraus; der ab 1277 regierende Bischof Heinrich von Rotteneck förderte nachweislich die musikalische Ausgestaltung des Gottesdienstes. Auf sehr frühe Zeit dürfte der Brauch zurückgehen, an Ostern und Pfingsten den Taufbrunnen in St. Johann zu besuchen; dies dürfte an die ursprüngliche Nutzung der Kirche als Baptisterium des Domes erinnern.

*Abb. 6: Verkündigung an Maria. Glasfenster um 1230, aus dem alten Dom in den gotischen Neubau übernommen.*

## Die Bischöfe Albertus Magnus (1260–1262) und Leo Tundorfer (1262–1277)

Als Regensburg im 13. Jahrhundert in größter wirtschaftlicher Blüte stand, dürfte die Domarchitektur den anspruchsvollen Bürgern hoffnungslos veraltet erschienen sein. Der Kontrast wurde umso stärker, als in den Jahren bis etwa 1240 direkt südlich des Domes die Kirche St. Ulrich errichtet wurde, welche Anklänge an die neuen Stilformen der französischen Gotik präsentierte, wenn auch die Bautechnik noch manche Unsicherheit verrät. Dennoch war an einen Neubau der Kathedrale nicht zu denken, da damals der Bischof, der bayerische Herzog und die Bürger der Stadt untereinander in heftigem Streit lagen und jeweils die alleinige Stadtherrschaft beanspruchten. Die Bürger errangen schließlich den Sieg: 1245 wurde Regensburg freie Reichstadt. Dennoch gab es weitere erbitterte Fehden, bis 1260 mit dem hl. Albertus Magnus eine herausragende Persönlichkeit zum Bischof gewählt wurde. Obwohl er nur zwei Jahre regierte, gelang es ihm, die streitenden Parteien zu versöhnen und der Stadt Frieden zu bringen.

Während bei früheren Bränden der Dom immer nur repariert worden war, gab nunmehr ein Brand 1273 den Ausschlag zu einer ganz anderen Entscheidung: Reichtum und politischer Friede ermöglichten es, an ein ehrgeiziges Neubauprojekt in aufwendigster Bautechnik zu denken! Der nach Albertus Magnus gewählte Bischof Leo Tundorfer stammte selbst aus einer Familie des Regensburger Patriziats, das sich in großem Umfang an der Finanzierung beteiligte. Die steinernen Wappen der Tundorfer und der Zant, die am Chor des Neubaus angebracht sind (Abb. 9), dürften auf bedeutende Stiftungen dieser Familien hinweisen. Auch der wichtige Verwaltungsleiter der Dombauhütte, der *»procurator fabricae«*, wurde nicht aus dem Klerus, sondern aus dem Kreis der Bürger berufen.

Der Neubau des Domes begann mit den Ostteilen (Abb. 7). Als Material wählte man fast durchgehend einen hochwertigen, rein weißen Kalkstein, der aus nahegelegenen Steinbrüchen an der Donau stammte. Im Bauverlauf kamen zunehmend Grünsandsteinblöcke hinzu, die in den Lagerstätten anstanden. Die ersten Mauerzüge wurden höchst raffiniert in die bestehende Baustruktur eingefädelt, so daß sich eine ganze Reihe von Vorteilen ergab: Die östliche Hälfte des karolingischen Domes blieb stehen und konnte mit einer provisorischen Westwand weiterhin alle wichtigen Funktionen der Bischofskirche erfüllen. Der Domkreuzgang blieb genauso unangetastet wie die Ulrichskirche. Die Verschiebung des Standorts nach Westen und zugleich nach Süden führte zu einer wesentlichen Verbesserung der vorher sehr beengten städtebaulichen Position, obwohl nach wie vor die Immunitätsgrenzen beibehalten wurden. Wie weit vorausschauend der verantwortliche Baumeister plante, zeigt z. B. der nördliche Turm des alten Domes, der stehenblieb und paßgenau in die Querhausfassade des Neubaus integriert werden konnte. Er diente noch etwa 100 Jahre als Glockenturm und stellt bis heute den größten und bequemsten Zugang zu den Obergeschossen dar. Ungewöhnlich und überraschend war die Idee, den neuen Dom auf einen hohen Sockel zu stellen, der mehr als drei Meter über dem Fußboden des alten Domes lag.

Da die Plattform einschließlich der Grundmauern für alle Ostteile und die südliche Querhauswand gleichzeitig hochgeführt wurden, war der Grundriß in allen wesentlichen Teilen festgelegt. Bemerkenswerterweise wählte man nicht wie 30 Jahre vorher in Köln einen klassischen gotischen Kathedralgrundriß mit Chorumgang und Kapellenkranz, sondern einen einfachen Staffelchor mit drei jeweils polygonal in fünf Seiten eines Achtecks gebrochenen Chorhäuptern. Unmittelbares Vorbild für diese Choranlage mögen die Ostteile der alten Domkirche mit ihren drei Hauptaltären gewesen sein, so daß die liturgischen Traditionen die Baugestalt bestimmt hätten. Zusätzlich wurden an die Flanken des Hauptchores mehrgeschossige Anbauten für Kapellen und Sakristeiräume zugefügt. Die Kapelle im Erdgeschoß des südlichen Anbaus kann nach der Darstellung eines heiligen Bischofs im Tympanon (Abb. 8) mit der 1280 erstmals erwähnten Nikolauskapelle identifiziert werden. Sie war damit der älteste fertiggestellte und genutzte Sakralraum des Domes, das Tympanon zugleich das erste Bildwerk am Neubau. Der Raum, der nur von außen zugänglich ist und eine an den Wänden umlaufende Steinbank besitzt, könnte vielleicht für Versammlungen und Gottesdienste der damals bereits nachgewiesenen Nikolaus-Bruderschaft gedient haben. Die gegenüberliegende Annakapelle im Erdgeschoß des nördlichen Anbaus folgte zeit-

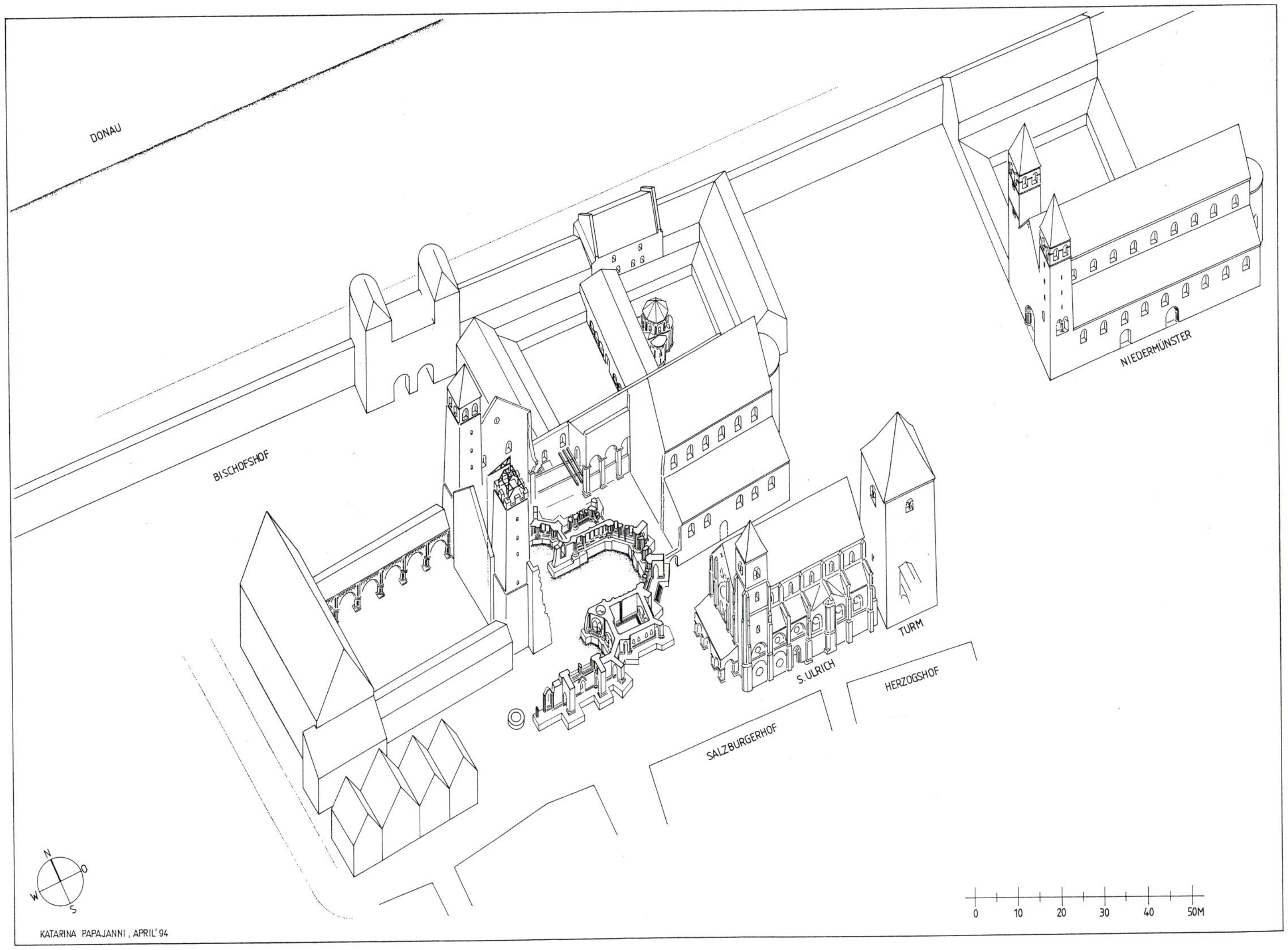


*Abb. 7: Der Baubeginn des gotischen Domes nach dem Brand von 1273. Gründung der Ostteile in beengten Verhältnissen, neben der Dompfarrkirche St. Ulrich und auf der Fläche des teilweise abgebrochenen alten Domes.*

lich unmittelbar nach und gleicht der Nikolauskapelle bis in die Einzelheiten, einschließlich des alleinigen Zuganges von außen. Das Patrozinium der hl. Anna deutet darauf hin, daß sie als Friedhofskapelle für den Friedhof der Dompfarrei St. Ulrich genutzt wurde, der sich östlich des Chorneubaus, an der Stelle des alten Domes, ausbreitete.

Beide Kapellen dienten als Sockel für die mächtigen Aufbauten an den Flanken des Hauptchores, deren Räume – im Süden doppelgeschossig, im Norden nach einer Planänderung eingeschossig – nur vom Dominneren her zu erreichen und damit abzusichern waren. Sie bildeten ideale Sakristei- und Archivräume in unmittelbarer Nähe des liturgischen Geschehens, einschließlich der Schatzkammer im südlichen Obergeschoß. Den funktionalen Vorzügen stand ein entscheidender Nachteil gegenüber: Die dahinterliegenden Wandflächen des Hauptchores und die Stirnseiten der Nebenchöre konnten nicht durchfenstert werden.

*Abb. 8: Tympanon der Nikolauskapelle an der Chorflanke des Neubaus, um 1280. Relief des hl. Nikolaus, mit ursprünglicher farbiger Fassung. Zu seinen Seiten die Reste zweier aufgemalter Stifter; bei dem rechten könnte es sich um einen Bischof gehandelt haben.*

*Abb. 9: Stifterwappen der Familie Zant, an einem Strebepfeiler des Hauptchores. Mit Resten der ursprünglichen farbigen Bemalung.*

## Bischof Heinrich von Rotteneck (1277–1296)

Für den raschen Baufortschritt der Kathedrale war die Persönlichkeit des nächsten Bischofs, des Grafen Heinrich von Rotteneck, von großer Bedeutung. Er förderte Domkapitel und Hochstift durch erhebliche Stiftungen, einschließlich der ererbten väterlichen Burg. Diese Aktivitäten, die er mit der Hoffnung auf sein künftiges Seelenheil verknüpfte, kamen auch dem Dombau zugute. Der glühende Verehrer des hl. Petrus und der Apostel dürfte großen Einfluß auf die formale und inhaltliche Konzeption der Kathedrale genommen haben.
Über die Sockelzone wuchsen als erstes die südlichen Wände hoch, die eine Schauwand zur belebten Straße hin bildeten, genau gegenüber den Höfen des bayerischen Herzogs und des Erzbischofs von Salzburg. Um darüber hinaus als ersten größeren Bauteil den Südchor nutzen zu können, führte man gleichzeitig den Kapellenanbau und die Südwand des Hauptchores hoch (Abb. 10). Dort fand sich ein Gerüstbalken, der über die Auszählung der Jahresringe (Dendrochronologie) naturwissenschaftlich exakt auf das Fälldatum 1284 festgelegt werden kann, ein entscheidendes Indiz für die späte Entstehungszeit des Baus nach dem Brand von 1273. Zu dieser Zeit baute man nach einem Plan, der ein völlig anderes Gesamtbild des Domes vorsah: In der flächigen, mauerhaften Konzeption wäre er in der Tradition älterer deutscher Bischofskirchen verblieben, deutlich niedriger und ohne die wandauflösende Gliederung eines Triforiums.

Die Zeichnung auf den Innenseiten des Bucheinbandes (Vorsatz vorne), die sich auf genaue Untersuchungen der Archäologie und der Bauforschung stützt, vermittelt auch einen Eindruck vom Ablauf und der Organisation der Baustelle. Mit dem abgeschlossenen Hof des Atriums war ein idealer Werkplatz für die Bauhütte gefunden: Hier wurden Kalk gelagert, Mörtel gemischt, Werkzeichnungen aufgerissen und Steine geschlagen. Für die schweren Transporte mit den Ochsenkarren hatte man eine Rampe im Bereich des südlichen Seitenschiffs aufgeschüttet. Mauerkronen, an denen nicht unmittelbar weitergebaut wurde, deckte man mit Stroh ab, um Schäden durch Feuchtigkeit und Frost zu vermeiden. Dies sowie Gerüste und Hebewerkzeuge sind nach den Befunden und nach zeitgenössischen Darstellungen wiedergegeben.

Gleichzeitig mit dem Bau wurde schon an der hochwertigen Ausstattung der Kathedrale gearbeitet. Um Verzögerungen zu vermeiden, plante man im Bereich der arbeitsintensiven Skulptur und der Glasfenster lange im voraus. So entstanden bereits um 1280/85 die bedeutenden überlebensgroßen Steinfiguren der Verkündigung (Abb. 11) für den Hauptchor, obwohl dieser Bauteil erst mehr als 30 Jahre später fertiggestellt werden konnte. Zwischendurch müßten die Skulpturen im alten Dom zur Schau gestellt gewesen sein. Während bisher am Dom wohl eher einheimische Bauleute und Künstler tätig gewesen sein dürften, begegnet uns nun ein Bildhauer, der in Frankreich, vor allem in Reims und Paris, die entscheidenden künstlerischen Impulse erhalten hatte. Über eine längere Tätigkeit am Oberrhein, etwa am Münster zu Basel, kam er nach Regensburg. Da wir seinen Namen nicht kennen, wird er als »Erminoldmeister« bezeichnet, nach dem von ihm geschaffenen Grabmal des seligen Abtes Erminold in der ehemaligen Benediktinerabteikirche von Regensburg-Prüfening, das sich um 1283 datieren läßt. Die Verkündigungsgruppe wurde erst im 19. Jahrhundert an ihren heutigen Standort in der Vierung versetzt; vorher stand sie im Hauptchor, an den Wänden über den Verbindungstüren zu den Nebenchören (vgl. Abb. 13). Am ursprünglichen Platz sind die Wandhaken und die Spuren der Wandfelder noch zu sehen. Entgegen der heutigen Aufstellung befanden sich dabei der Engel vor der nördlichen, Maria vor der südlichen Wand, was auch der traditionellen Anordnung dieser Figuren in mittelalterlichen Kirchen entspricht.
Schon auf den ersten Blick wird deutlich, wie sehr der Erminoldmeister den überfeinerten, nervös-affektierten Figurenstil der französischen Hochgotik um 1260/70 in seine persönliche, eigenwillige Formensprache umgewandelt hat. Er bevorzugte für seine Bildwerke ein kräftiges, säulenhaftes Volumen mit energisch strukturierten Faltenbahnen und etwas eckigen, aber impulsiven und raumausgreifenden Gesten. Der Engel dürfte auf seiner verhüllten linken Hand ursprünglich ein – aus theologischen Gründen später wieder entferntes – Jesukind getragen haben, das er mit der Verkündigung der Menschwerdung Christi Maria buchstäblich entgegengereicht hatte. Dies erklärt das strahlende, von kindlicher Freude er-

füllte Gesicht des Engels, das so gut zu seinem jungenhaft-kecken Auftreten paßt und den »lachenden Engel« mit Recht zur berühmtesten gotischen Skulptur in Regensburg werden ließ. Maria scheint in ganz anderer psychologischer Charakterisierung den mitreißenden Schwung des Engels erst einmal vorsichtig abzuwehren. Ihr fein modelliertes Gesicht zeigt erstaunte Aufmerksamkeit, aber auch den Anflug eines leisen, zustimmenden Lächelns.

Die ausgesprochen naturalistische Darstellung wirkte früher durch die kräftig bunte Bemalung noch viel lebendiger. Bei der Verkündigungsgruppe liegen Fassungsreste aus unterschiedlichen Jahrhunderten vor. Die heute mit bloßem Auge gut erkennbare Bemalung (Abb. 11) stammt von der jüngsten Fassung aus der Zeit um 1700. Maria trägt ein zinnoberrotes Untergewand mit rot-goldenem Blütenmuster sowie einen grauen Mantel mit schwarz-goldenen Blüten; beim Engel imitiert die Fassung von Untergewand und Mantel einen silbrig durchsetzten Stoff mit Streifen und buntem Blumendekor. Goldsäume bereichern die Gewänder, die Inkarnate sind ins Blaßgrau abgedämpft. Die Fassung ist in typisch barocker Manier malerisch flott und sehr dekorativ ausgeführt.

Die zahllosen Ausbruchstellen sind dem Restaurator willkommene Blickfenster in die Vergangenheit, um ältere Farbkonzepte erforschen zu können. Bei der Verkündigungsgruppe liegen fünf verschiedene vor. Schon die nächstuntere Fassung, die etwa um 1630 entstand, zeigte die Gewandteile differenzierter, während die vorausgehenden mittelalterlichen Fassungen demgegenüber nochmals kleinteiliger und bunter waren.

Abgesehen von wenigen, nicht restlos geklärten Fragen ließ sich für die Ursprungsfassung, die sich von allen den höchsten Gestaltungsaufwand leistet, eine so weitgehende Kenntnis gewinnen, daß wir es wagen konnten, mittels Computersimulation die Erstfassung zu rekonstruieren (Abb. 12). Es ist ein auf der Grundlage der Befunde so weit wie möglich getriebener Annäherungsversuch. In der Vorstellung ergänzt werden muß jedoch das Gleißen von echtem Blattgold, das nur unvollkommen wiedergegeben werden kann. Sonst aber verdeutlicht die Rekonstruktion, welch tief leuchtende Farbigkeit die Untergewänder besaßen, auf die Ornamente wie Goldfolien mit Edelsteinbesatz gestreut waren. Die ungewöhnlicherweise in strahlendem Weiß gefaßten Obergewänder mit ihren goldenen Säumen und dem kräftigen Rot des Futters steigerten die vom Bildhauer ja schon geprägte fröhlich-festliche Wirkung.

Die Figuren konnten wegen des allgemeinen Baufortgangs erst zu Beginn des 14. Jahrhunderts an ihrem ursprünglichen Standort im Chor aufgestellt werden. Unzweifelhaft sind sie jedoch eigens für diesen Platz konzipiert, und wahrscheinlich erhielten sie erst am Standort ihre erste Farbfassung. Wie andere Bildwerke im Dom stand auch die Verkündigungsgruppe vor farbig bemalten Wandfeldern. Ebenso wie bei den Figuren wechselte auch hierbei die Farbigkeit im Laufe der Zeit, und wiederum zeigt die älteste Fassung den größten Schmuckreichtum. In Abbildung 13 wurde die ursprüngliche Standortsituation des Engels annähernd rekonstruiert. Die Figur erscheint wie vor einem Fenster: Die schrägen Unterteilungen des Rahmenstreifens assoziieren die perspektivische Wirkung einer Fensterlaibung, das dünne Rautengitter im Binnenfeld erinnert an Bleiruten von Glasfenstern. Gegenüber, am Standort der Marienfigur, wurde mit malerischen Mitteln dagegen eine Nische suggeriert. Der Rahmen mit seiner identischen Perspektivwirkung umfaßt ein Binnenfeld, dessen dichte Streuung von Buntfarbenresten auf die Imitation einer kleingemusterten textilen Wandbespannung schließen läßt. Auf jeden Fall vermochten diese stark farbigen Felder vor einer rein weißen Wand die Skulpturen herauszuheben und zu steigern.

Schon bei der in Abbildung 14 gezeigten Sockelzone war für die drei Schlußseiten des Hauptchores eine aufwendige Gliederung der inneren Wandflächen vorgesehen. Sie wurde in einer der folgenden Bauphasen über der Kapitellzone (Pfeil in Abbildung 14) in geänderter, besonders feingliedriger Profilierung weitergeführt. Pro Wandfeld rahmen zwei breitere Arkadennischen ein schmales Fenster ein, das innen wie außen von einem Wimperg überhöht wird. In das innere zweibahnige Blendmaßwerk der seitlichen Arkaden sind verschließbare Wandschränkchen eingetieft, die sich nach außen in Form kleiner laternenartiger Erker abzeichnen (Abb. 15). Einige dieser Erker sind mit Fensteröffnungen durchbrochen. Die Funktion der merkwürdigen, teilweise durchfensterten, teilweise massiven Behältnisse ist nicht sicher geklärt; sie dürften als Totenleuchten zum Friedhof hin gedacht gewesen sein.

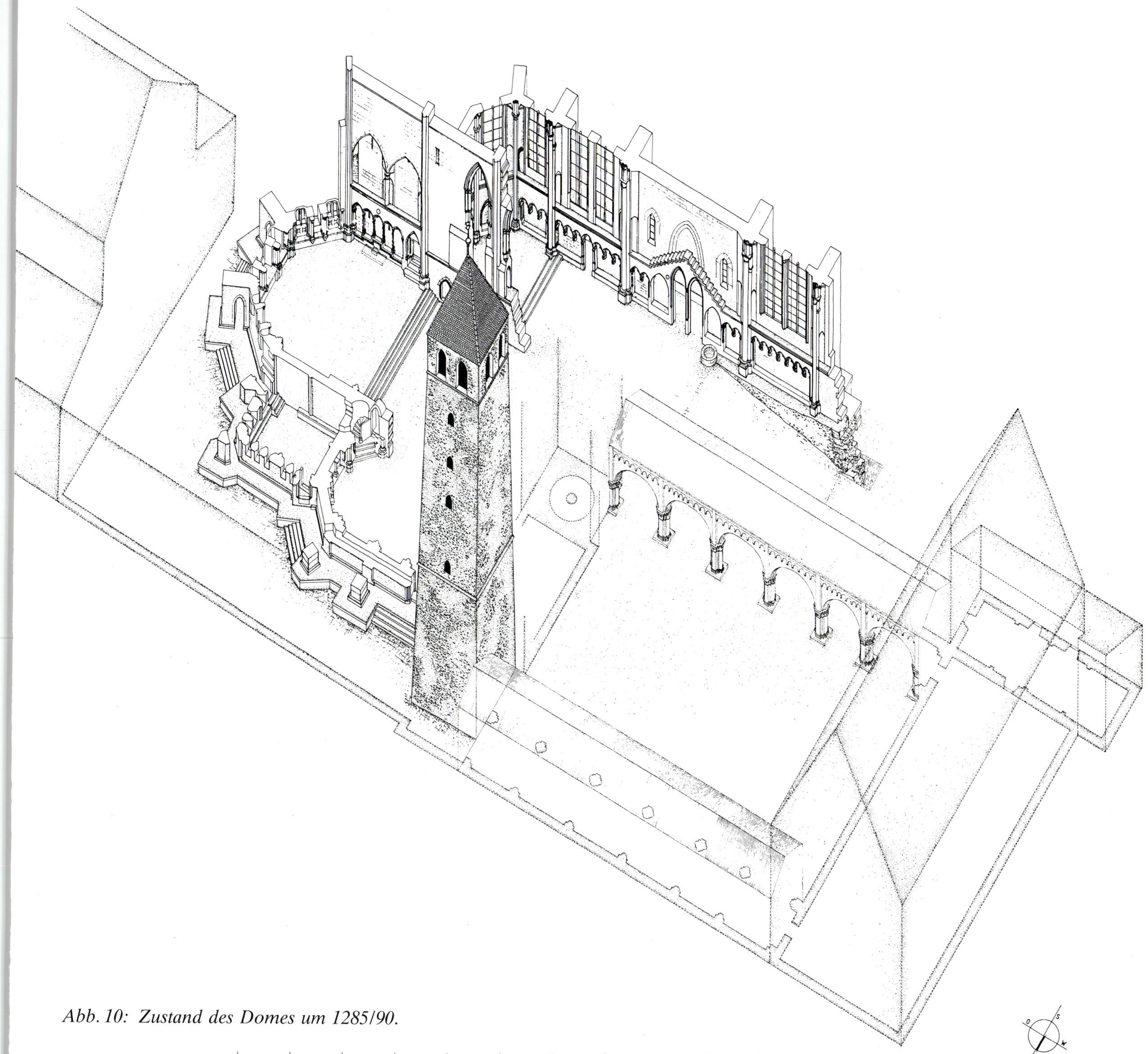

*Abb. 10: Zustand des Domes um 1285/90.*

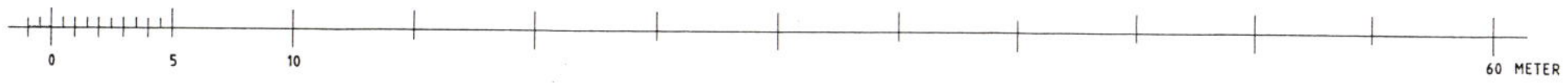

*Abb. 11: Die Verkündigungsgruppe des Erminoldmeisters. Um 1280/85. Heutiger Zustand mit vorherrschender farbiger Fassung der Zeit um 1700.*

*Abb. 12: Die Verkündigungsgruppe des Erminoldmeisters: Rekonstruktion der ursprünglichen farbigen Fassung. Computersimulation auf der Basis einer fotografischen Aufnahme (Christoph Gerlach und Martina Pohl nach Angaben von F. Fuchs).*

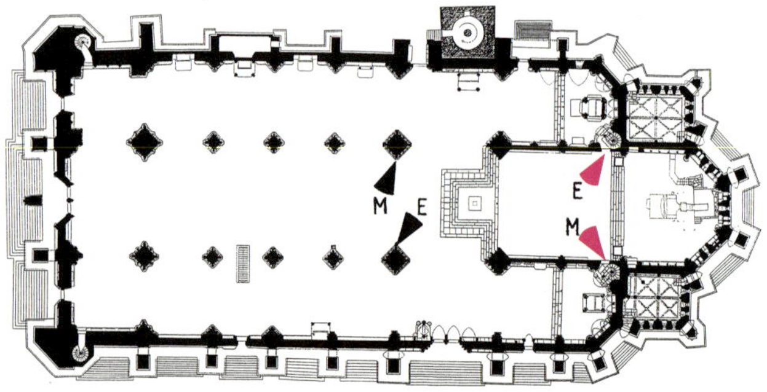


*Abb. 13: Rekonstruktion der ursprünglichen Standortsituation des Verkündigungsengels in einem illusionistisch aufgemalten Fenster (Friedrich Fuchs). Im Grundriß: Schwarze Pfeile markieren die heutigen Positionen des Engels (E) und der Maria (M), rote Pfeile die mittelalterlichen.*

Die architektonische Gliederung wurde innen durch kleine Skulpturen bereichert, die im Verband mit der Architektur auf den Anfängern der Wimpergschenkel sitzen. Ein Figürchen hat sich am mittleren Wimperg erhalten, wird aber leider durch die neue Domorgel verdeckt (Abb. 16). Die Büste eines frech herunterlachenden jungen Mannes im Kapuzenmantel ist von hoher Qualität und der Werkstatt des Erminoldmeisters zuzuweisen. Die untrennbare Verbindung von Architektur und Skulptur verknüpft das Wirken dieser Bildhauerwerkstatt direkt mit den frühen Bauphasen des Domes. Ob der Erminoldmeister auch für die Architekturformen verantwortlich war, läßt sich in Regensburg nicht belegen; die Identität von Baumeister und Bildhauer ist jedoch ab dem 14. Jahrhundert für deutsche und italienische Bauhütten nachgewiesen.

Die beiden noch zum Polygon gehörenden Langseiten des Chorschlusses sind durch jeweils fünfreihige Arkaturen geschmückt, die als Hintergrund für die erhöhten Sitze (Sedilien) des Bischof und der am Gottesdienst beteiligten Kleriker dienten. An der Abstufung der Bankflächen läßt sich die hierarchische Ordnung noch ablesen. Insgesamt bilden so die fünf Polygonseiten eine aufwendige Sockelzone, die den Hochaltar prachtvoll einrahmt und seine besondere Bedeutung herausstreicht. Dieses Bild von Architektur pur dürfte sich allerdings nicht sehr lange gehalten haben. 1487 melden Rechnungen der Vikarsbruderschaft, sie habe im Chor hinter dem Hochaltar einen neuen Kasten für Paramente und Gerät bezahlt, einen Wandschrank, denn es fiel auch Steinmetzarbeit an. Mitte des 16. Jahrhunderts nennt ein Domschatzinventar den hohen Paramentenkasten beim Altar. Daraus läßt sich schließen, daß schon lange vor dem mittleren 17. Jahrhundert Behänge aus kostbaren Stoffen den Raum östlich vom Hochaltar abschlossen, unsichtbar machten. Denn 1632 konnte der protestantische Legat des Kurfürsten von Sachsen für die Zeit der Messe hinter dem Hochaltar verschwinden, 1650 wechselte dort der Bischof und Kardinal Wartenberg die Gewandung. Hinter dem Hochaltar gab es weiterhin noch im 18. Jahrhundert eine Truhe für Kirchenleinen, den Sessel des Beichtvaters, die Karfreitagsratschen.

*Abb. 14: Hauptchor, Sockelzone innen, nordöstlicher Polygonschluß. Angeschnitten: der untere Teil des 1493 begonnenen Sakramentshäuschens, links die Blendarkatur der Sedilien. Der Pfeil markiert die auf S. 16 beschriebene Änderung der Profile.*

*Abb. 15: Hauptchor, Sockelzone außen. Gliederung durch Fenster und laternenartige Erker.*

*Abb. 16: Büste eines jungen Mannes auf einem Wimpergschenkel der Sockelzone des Hauptchores. Um 1280, aus dem Umkreis des Erminoldmeisters.*

Unter dem reichen Silberaltar des 18. Jahrhunderts befinden sich noch erhebliche Bauteile, die eine Rekonstruktion des mittelalterlichen Hochaltars erlauben (Abb. 17). Der Altartisch glich dem Altarblock, der für den Westchor des alten Domes vermutet werden kann (Abb. 4, siehe S. 9). Die durchfensterten Altarwände standen auf einem Raumschacht, dessen Stützkonstruktion aus Kragsteinen und Segmentbögen bis heute erhalten ist. Der Schacht führt in einen gewölbten unterirdischen Raum mit einer Grundfläche von etwa 3,50 m auf 3,10 m. Diese Kammer wurde im Osten über zwei Treppenläufe erschlossen, die von Norden und Süden herabführten und vor der spitzbogigen Eingangstür mündeten.

Dieser Befund weist eindeutig auf eine im späten 13. Jahrhundert höchst ungewöhnliche Anlage hin, die sich wohl von der Tradition des Vorgängerbaus her erklären läßt. Es handelte sich um eine Confessio, wie sie für die Verehrung von Heiligen üblich gewesen ist. Die ebenso unübliche wie aufwendige Confessio-Anlage wurde aber nach den bisher vorliegenden Erkenntnissen nicht gottesdienstlich genutzt. Während andere Stiftungen vom 12. oder 14. Jahrhundert bis zum frühen 19. Jahrhundert zu verfolgen sind, wenn auch mit modernisiertem Ritus, zeitgemäßem Gerät, auch mal an anderem Ort, läßt sich für den unterirdischen Raum nichts Entsprechendes finden: kein Besuch, keine Beleuchtung, kein primärer Gebrauch als Grabkammer oder Reliquiengewölbe. Das Grabmal des Bischofs Heinrich von Rotteneck wurde noch im 16. Jahrhundert als hinter, nicht unter dem Hochaltar beschrieben; man stellte dort zu seinem Todestag viele kleine Kerzen auf. Die erst gegen Ende des 14. Jahrhunderts sicher nachweisbaren Florinus-Reliquien, übertreibend hl. Leib genannt (vgl. S. 104), standen in ihrem silberbeschlagenen Schrein oben auf dem Hochaltar, unterhalb eines silbernen Retabels. In Rechnungen heißt die Confessio schlicht Keller, Handwerker reparierten dort einen Behälter für Leinöl, einen Kasten mit vielen Schüben. Sie diente als Abstellraum, wie auch das durch die beschriebenen Vorhänge abgeschlossene Chorhaupt.

Bei dem Fehlen einer kontinuierlichen Heiligenverehrung muß es für die Einrichtung der Confessio im Dom wohl ursprünglich noch eine weitere, wenn nicht die primäre Bedeutungsebene gegeben haben. Eine solche architektonische Anlage in Verbindung mit dem Petruspatrozinium weist auf die alte Peterskirche in Rom hin. Dort wurde unter Papst Gregor dem Großen um 600 das Grab des Apostels Petrus durch einen Altar überhöht. Die Grabstätte blieb in einem unterirdischen Raum durch zwei Gänge von hinten her betretbar; von vorne konnte man durch ein vergittertes Fensterchen hineinblicken. Die Anlage war im 13. Jahrhundert noch erhalten und Ziel einer der drei wichtigsten Wallfahrten des Mittelalters. Da sie auch äußerlich der Situation im Regensburger Dom glich, dürfte sie ihr unmittelbares Vorbild gewesen sein.

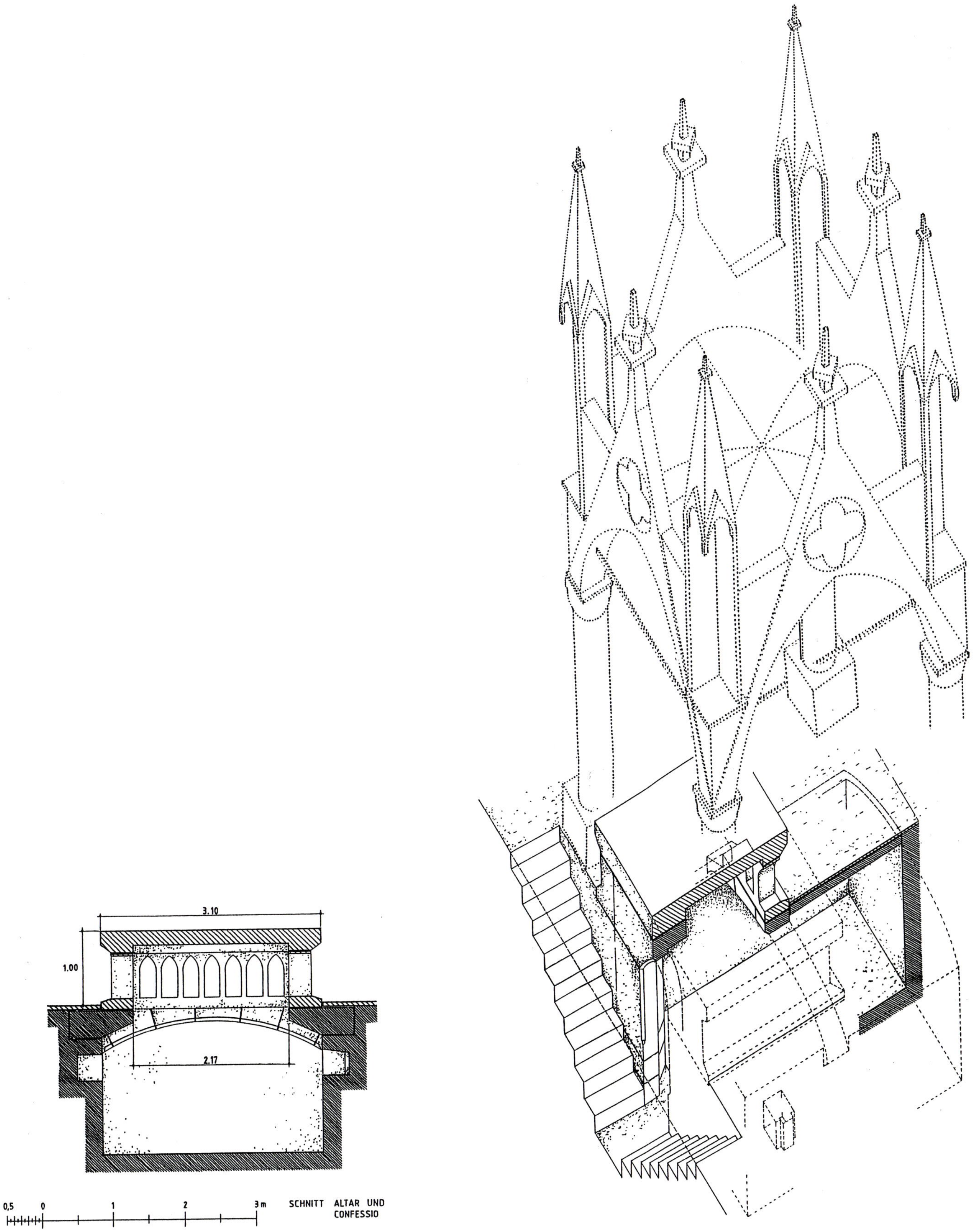


*Abb. 17: Rekonstruktion des Hochaltars mit der unterirdischen Confessioanlage.*

*Abb. 18: Thronender hl. Petrus, vom Erminoldmeister. Um 1290. Museum der Stadt Regensburg.*

*Abb. 19: Thronender hl. Petrus, von Arnolfo di Cambio. Um 1280. Rom, Petersdom.*

Diesen über die Architektur erschlossenen, wenn auch später vergessenen Rombezug bestätigt auf dem Gebiet der Skulptur noch eine bedeutende, lebensgroße Steinfigur des thronenden hl. Petrus (Abb. 18). Sie wurde vom Erminoldmeister für den Dom geschaffen, befindet sich heute jedoch im Museum der Stadt Regensburg. Das Bildwerk wiederholt eindeutig die berühmte Bronzestatue, die Arnolfo di Cambio kurz vorher für den Petersdom in Rom geschaffen hatte (Abb. 19). Es scheint bemerkenswert, wie sich solche internationalen künstlerischen Zusammenhänge nachweisen lassen, wie aber auch der inhaltliche Bezug verdeutlicht werden konnte, der Regensburg mit Rom verband. Die in vollem Ornat auf der Kathedra thronende Petrusfigur muß in ihrer ursprünglichen farbigen Fassung und Vergoldung außergewöhnlich prächtig gewirkt haben; ihr Standort kann eigentlich nur im Hauptchor des Domes oder an repräsentativer Stelle in der Vierung gesucht werden.

Mehrere Gründe lassen vermuten, daß Bischof Heinrich von Rotteneck der direkte Auftraggeber für die Petrusfigur gewesen ist. Nachweislich gestiftet hat er einen höchst kostbaren, aus Gold und farbiger Seide gewebten Altarbehang, der heute im Domschatzmuseum aufbewahrt wird (Abb. 20). Das in Venedig hergestellte Gewebe ist fragmentiert und schlecht erhalten, läßt aber noch die ursprüngliche Schönheit erahnen: In der Mitte erscheint eine Gruppe der Kreuzigung Christi mit Maria, Maria Magdalena und Johannes dem Evangelisten; daneben steht links der hl. Petrus, vor dem die Stifterfigur des Bischofs Heinrich kniet. Rechts lassen die erhaltenen

*Abb. 20: Altarbehang aus Gold und farbiger Seide. Stiftung des Bischofs Heinrich von Rotteneck. Domschatzmuseum.*

Reste einen heiligen Bischof und den Ansatz einer weiteren Figur erkennen. Die ursprüngliche Gesamtbreite läßt sich über die Symmetrieachse des Kreuzes auf etwa 3 m rekonstruieren. Damit entspricht der Behang genau der aus den Architekturbefunden erschlossenen Altartischbreite des gotischen Hochaltars. In der Funktion wird es sich wohl um ein Antependium gehandelt haben, also eine Verkleidung der Vorderfront des Altarblocks. Das Gewebe ist wieder ein Beispiel dafür, daß Bischof Heinrich wertvolle Ausstattungsstücke in Auftrag gab, während die zugehörige Architektur noch längst nicht vollendet war. Dies hängt sicher auch damit zusammen, daß der Bischof sich den Hauptchor als Ort seiner Grablege ausgesucht hatte. Folgerichtig wurde sein Grab, das sich zunächst provisorisch im alten Dom befunden hatte, nach der Fertigstellung des Hauptchores hinter den neuen Hochaltar verlegt (vgl. Abb. 54).

Da alle bekannten gotischen Seitenaltäre des Regensburger Domes durch die Würdeform des Baldachins hervorgehoben waren, dürfte dieser Typus erst recht für den Hochaltar angenommen werden, was eine auf älteren Berichten fußende Beschreibung des 18. Jahrhunderts bestätigt. Im Hauptchor darf man sich also jenes Gesamtbild vorstellen, wie es die Abbildung 54 zu vermitteln versucht.

Es gelang noch während der Amtszeit Bischof Heinrichs, die Wände des Südchores bis zum Gewölbeansatz hochzuführen (Abb. 22). Hier läßt sich deshalb die Architekturauffassung der ursprünglichen Planung bis heute nachvollziehen. Dabei fällt eine bewußt altertümliche, retrospektive Grundhaltung auf, welche die ehrwürdigen Traditionen des Hochstiftes im Bewußtsein wachhalten wollte. Man ging sogar so weit, in den Arkadennischen des Chorschlusses zwei Säulchen mit Kapitellen und Basen einzusetzen, die der Zeit um 1220 zugehören und wahrscheinlich aus einem Bauteil des alten Domes stammen (Abb. 21). Solche wiederverwendeten Spolien gehören in die gleiche Denkweise wie die vom Vorgängerbau übernommene Confessioanlage. Gerade bei Bischofskirchen im deutschen Sprachraum legte man auf Kontinuität und das Vorzeigen derartiger Traditionszusammenhänge größten Wert. Selbst die neu errichteten Bauteile des Südchores griffen eine Formensprache auf, die erheblich älter wirkte als sie tatsächlich war. Besonders deutlich wird dies bei den massiven Dienstbündeln, die nicht nur altertümliche separate Kelchkapitelle verwenden, sondern auch in der Art spätromanischer Architektur springende Kapitellhöhen besitzen. Außerdem fallen die großen, glatten Wandflächen auf, denen die zweibahnigen Fenster mit ihrem kräftigen Stabwerk entsprechen.

Zunächst konnte der Südchor jedoch nicht ganz vollendet werden, da als entscheidendes Gewölbeauflager der massive Vierungspfeiler an der Nordwestecke noch fehlte, der aufwendige Fundierungsarbeiten benötigte. Zwischenzeitlich arbeiteten die Bauleute auch am Nordchor. Erstmals wird dort in Laufgangshöhe (Abb. 24) ein Umdenkungsprozeß von größter Tragweite spürbar, der zunächst in tastenden Schritten, letztlich aber doch sehr konsequent das Ziel verfolgte, die Baugestalt des Domes von der beschriebenen altertümlichen Struktur in die Architekturauffassung der französischen Hochgotik überzuführen.

Wer die entscheidenden Impulse für diesen bemerkenswerten Prozeß gegeben hat – Bischof, Domkapitel, Baumeister? – muß ein großes Rätsel bleiben, da wir keinerlei schriftliche Quellen zu den frühen Bauphasen besitzen. Die Veränderung beginnt zunächst mit der konstruktiven Verbesserung, daß der Laufgang um den Pfeiler herumläuft und somit der Pfeilerkern nicht mehr wie beim Südchor durch einen Durchgang geschwächt wird. Viel entscheidender ist jedoch die formale Umwandlung des Pfeilers in einen achsensymmetrischen Bündelpfeiler auf einer einheitlichen Basisplatte (Abb. 25). Diese selbst verdeutlicht den schwierigen Umgliederungsprozeß: Im weiteren Bauverlauf werden nicht alle in der Basis vorgesehenen Dienste besetzt, sondern ein etwas vereinfachter Pfeilerquerschnitt gewählt, der aber dann im Prinzip für alle anderen Pfeiler im Dom verbindlich wird, wie wir weiter unten (S. 78) zeigen.

Als nächstes wurde – mit dem neuen Querschnitt – der Vierungspfeiler am Südchor hochgeführt. Als dieser die Kapitellhöhe erreicht hatte, führte der Baumeister die nächste Planänderung durch, die mit der bisherigen Architekturauffassung im Südchor brach. Beim Schließen der fehlenden Arkadenbögen wählte er eine klarere Profilierung, die ohne Übergang an die bereits vorhandenen Wölbanfänger anschloß (Abb. 22 links oben und Abb. 23). Außerdem gestaltete er zum Hauptchor hin die Wandzwickel zwischen den Diensten und Arkaden um:

*Abb. 21: Säulchen im Polygonsockel des Südchors innen. Kapitell und Basis um 1220, wahrscheinlich vom alten Dom übernommen.*

*Abb. 22: Der Südchor des Domes. Der um 1415/20 entstandene Geburt-Christi-Altar (ehemals dem hl. Erasmus geweiht) wurde erst im 19. Jahrhundert hierher versetzt. Aufnahme um 1930.*

*Abb. 23: Arkadenzwickel an der Südwand des Hauptchores. Der Wechsel der Bogenprofilierung markiert eine wichtige Planänderung: Die bis dahin glatte Wandfläche wurde während des Baufortganges im Zwickelbereich eingetieft.*

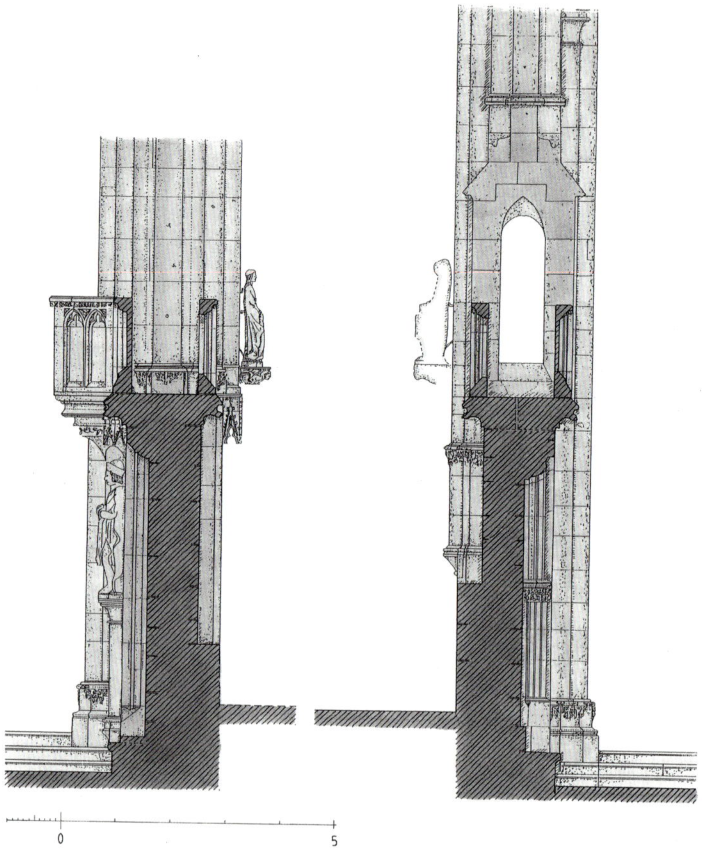


*Abb. 24: Wechsel im Querschnitt des Arkadenpfeilers zwischen Nebenchor und Hauptchor: rechts ältere Lösung im Südchor, links Nordchor.*

Er kam auf die Idee, diese vorher glatt geplanten Flächen energisch einzutiefen, was die Wand zurückdrängt und damit die entscheidenden Architekturglieder betont (Abb. 23). Auch diese Neuerung blieb für alle Bauteile des Domes verbindlich und unterscheidet ihn von allen vergleichbaren gotischen Kathedralen.

Wahrscheinlich kennen wir aus Quellen auch den Namen des für diese Maßnahmen verantwortlichen Baumeisters. Erstmals wird im Jahr 1283 ein *»magister Ludwicus lapicida«* genannt. Er starb vor 1306; eine auf seine Witwe Anna bezogene Urkunde bezeichnet ihn ausdrücklich als *»magister operis sancti Petri Rat(isponensis)«*, also als Dombaumeister.

*Abb. 25: Zustand des Domes von etwa 1290 bis 1305. Erkennbar sind mehrere Entwicklungsschritte:*
*a) Einführung eines neuen Pfeilerquerschnittes im Nordchor (vgl. Detailzeichnung links unten);*
*b) Errichtung des südöstlichen Vierungspfeilers im neuen Profil und Fertigstellung des Südchores, der durch provisorische Trennwände benutzbar wird (der rote Pfeil kennzeichnet den in Abb. 23 gezeigten Arkadenzwickel);*
*c) Bau des ersten Maßwerkfensters für das Hauptchorpolygon als Prototyp (rosa markiert).*

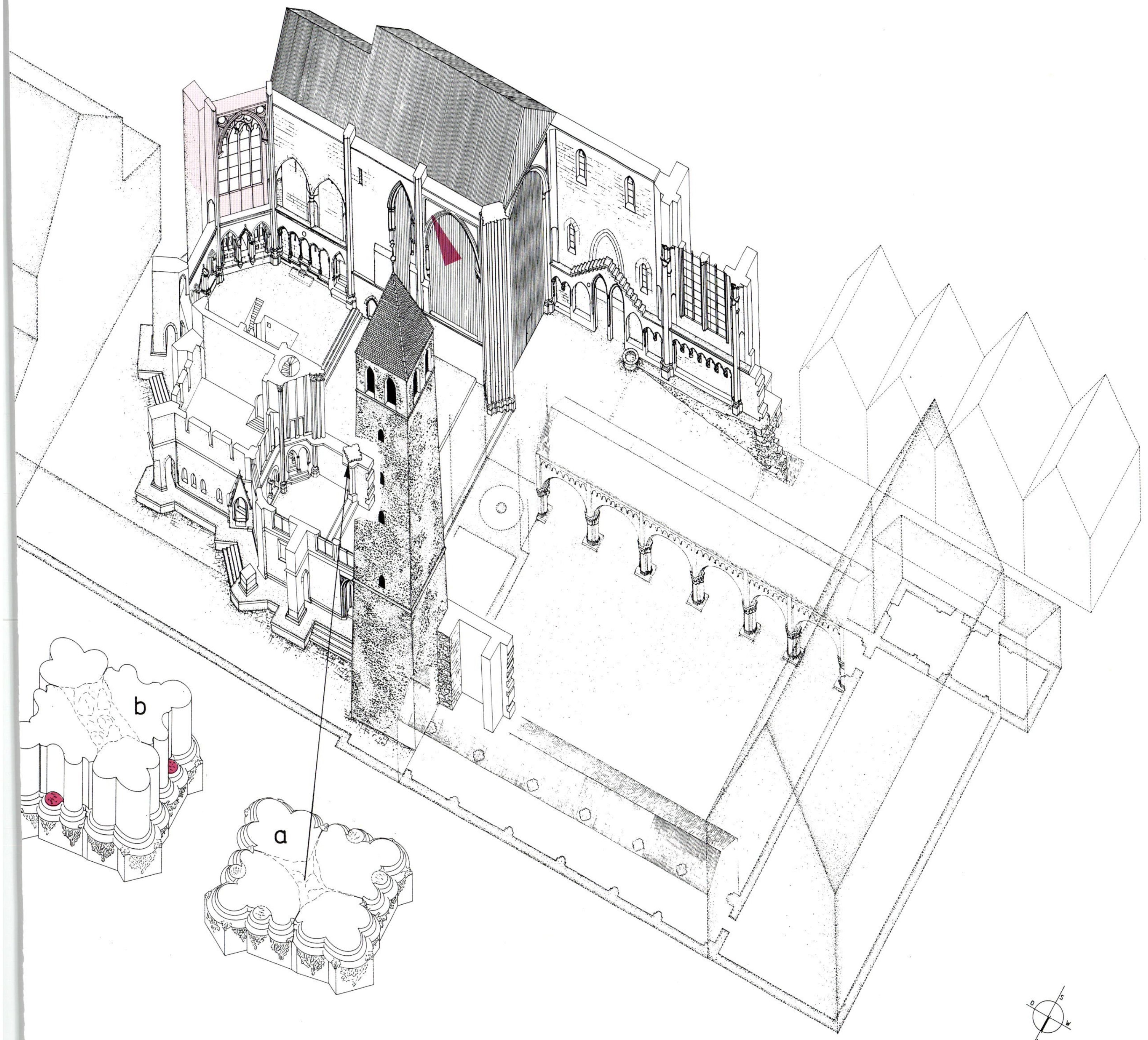

a
b
0
5
10
60 METER

## Bischof Konrad von Lupburg (1296–1313)

Als Nachfolger Bischof Heinrichs wählte das Domkapitel den Dompropst Konrad von Lupburg, der in dieser Funktion schon vorher eng mit dem Dombau verbunden war. Bald nach seinem Amtsantritt dürfte gegen 1300 der Südchor gewölbt worden sein. Besondere Beachtung verdient der Schlußstein des Chorpolygons (Abb. 26), der das Lamm Gottes innerhalb eines Blattkranzes darstellt. Die lebhafte Bewegung des Lammes mit seinem exaltiert hochgereckten Kopf, die dicken, spiraligen Lockenkringel und die virtuosen Unterschneidungen des Steins lassen an den Umkreis des Erminoldmeisters denken.

Bischof Konrad wählte den Südchor als Grablege für sich und seine Familie. Dafür vererbte er wie sein Vorgänger auch die eigene Burg dem Hochstift. Die farbigen Glasfenster, die um 1300 vom Bischof und seinem Bruder gestiftet wurden, sind die ältesten gotischen Glasmalereien im Dom. Gezeigt sei eine Scheibe, welche die beiden Bischöfe Heinrich von Rotteneck und Konrad von Lupburg darstellt, wie sie beide eine Burg als Stiftung darreichen (Abb. 27). Nachdem auf dem Fenster daneben auch noch Bischof Leo Tundorfer abgebildet ist, sind all die Bischöfe versammelt, die bisher am Neubau des Domes beteiligt gewesen waren.

Die frühen Glasfenster und eine eigenständige, nur für den Südchor nachgewiesene Raumfassung (Abb. 28 links) belegen eine separate Nutzung dieses Bauteils als Sakralraum, der durch provisorische Trennwände abgeschlossen gewesen sein muß. Man wählte nicht eine der damals üblichen farbigen Bemalungen, sondern respektierte das Weiß des Kalksteins als Farbton für die Wände und die Pfeiler. Die verputzten Gewölbekappen wurden durch eine weiße Fassung den unteren Zonen angeglichen. In auffallendem Kontrast standen dazu die Gurtbö-

*Abb. 27: Die Bischöfe Heinrich von Rotteneck und Konrad von Lupburg. Glasfenster im Südchor. Um 1300.*

*Abb. 26: Lamm Gottes. Schlußstein des Südchorpolygons. Um 1300.*

gen und Diagonalrippen der Gewölbe. Sie waren kräftig rot bemalt, durch weiße Fugenstriche gegliedert und durch dunkle Begleitstriche scharf von den anschließenden Weißflächen abgegrenzt. Die bunt gefaßten Schlußsteine waren zudem durch mehrfarbige Ornamentmuster an den Rippenansätzen betont. Die Lüftungslöcher in den Gewölbekappen akzentuierten rote Sterne und farbige Blüten.

Während bisher die Annäherung an die Formensprache der gotischen Architektur in kleinen Schritten erfolgt war, begann der Weiterbau am Hauptchorpolygon gleichsam mit einem Paukenschlag. Man beauftragte offensichtlich einen hochspezialisierten Bautrupp, auf der südlichen, der Stadt zugewandten Polygonseite des Hauptchors als Prototyp ein Fenster zu errichten (rosa gekennzeichnet in Abb. 25). Der Baumeister verzichtete vollständig auf Wandflächen und spannte zwischen die bereits vorbereiteten Strebepfeiler ein einziges riesiges Fenster. Zudem wurde nunmehr ein dreigeschossiger Wandaufriß mit einem Triforium eingeführt. Die neuartige, an bedeutenden Werken der französischen Hochgotik entwickelte Formensprache und die perfekte Bautechnik konnten unmittelbar überzeugen, so daß später der ganze Hauptchorschluß nach diesem System errichtet wurde.

Als genauso überraschend darf eine Idee gelten, die zur gleichen Zeit entstand, nämlich der Plan zu einem außerhalb jedes Bauschemas stehenden, asymmetrisch vor dem Nordquerhaus aufragenden Turm. Dafür wollte man den Nordturm des alten Domes, den sogenannten Eselsturm, ummanteln. Die Ansätze des Mauerwerks sind noch heute deutlich zu sehen (Abb. 3). Der Standort wirkt zunächst befremdlich, erhält aber seinen Sinn durch die städtebauliche Wirkung, die dieser Turm von der Donau, der Steinernen Brücke und vom Regental her erzielt hätte.

Im weiteren Bauverlauf (Abb. 29) wuchsen die Wände des Nordchores bis zum Dachansatz hoch; die Gewölbeanfänger waren bereits – wie üblich – versetzt, die Gewölbe selbst fehlten jedoch noch. Auch der östlich anschließende Kapellenanbau wurde mit dem Raum über der Annakapelle, der heutigen Sakristei, fertig. Im Gegensatz zum südlichen Anbau verzichtete man damals bereits auf die Ausführung eines im Ansatz geplanten dritten Geschosses. Gleichzeitig entstand die Nordwand des Hauptchores bis zur Höhe des Triforiumslaufganges.

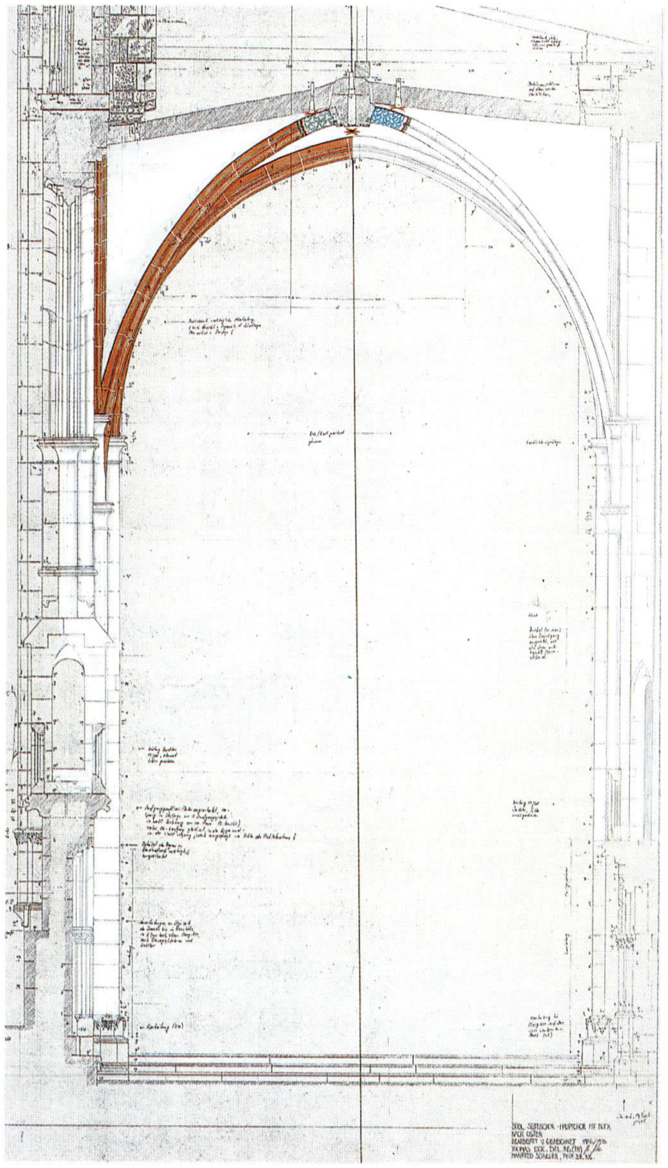

*Abb. 28: Rekonstruktion der beiden mittelalterlichen Raumfassungen im Südchor: links die kontrastreiche Erstfassung um 1300, rechts die Weißfassung in Angleichung an das Farbkonzept der später fertiggestellten Raumteile. Zeichnung Firma Gebr. Preis, Regensburg/Parsberg (Karl Menner).*

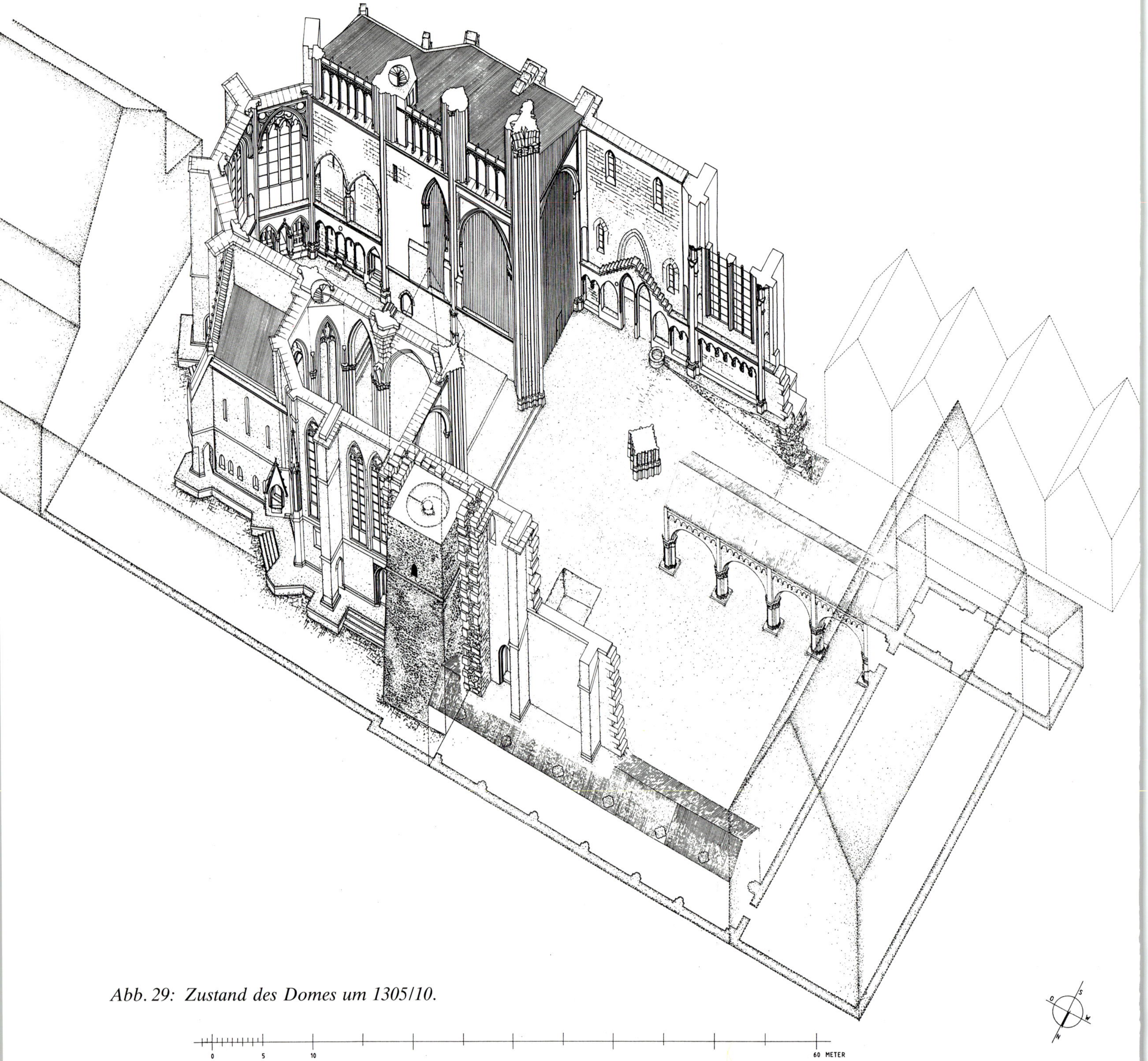


*Abb. 29: Zustand des Domes um 1305/10.*

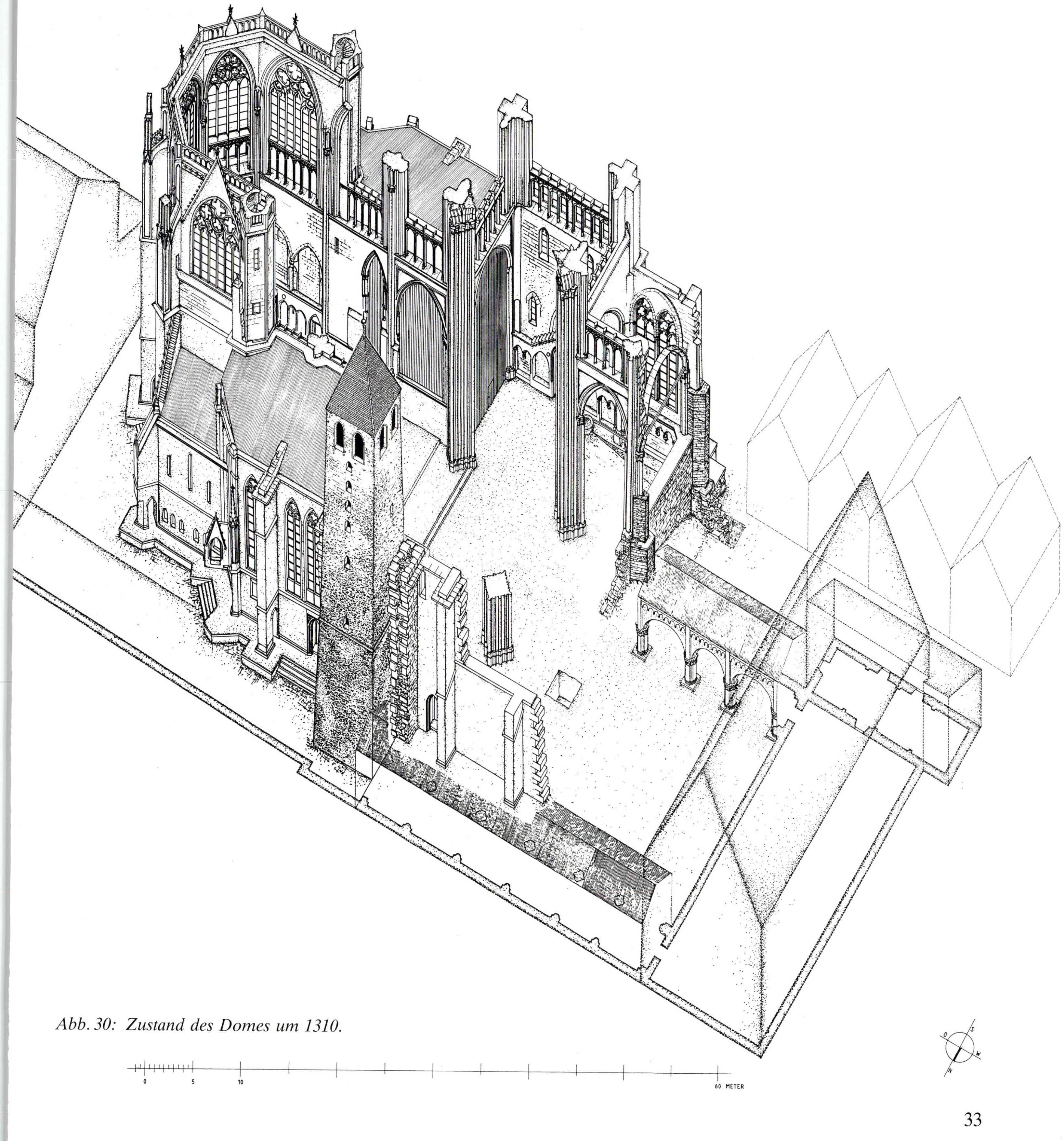


*Abb. 30: Zustand des Domes um 1310.*

*Abb. 31: Konstruktiver Aufbau des Hauptchorpolygons.*

Im Hauptchorpolygon wurden die beiden fehlenden Seiten nach dem Vorbild des Probefensters geschlossen. Über der Südwand des Hauptchores errichtete man bereits den durch kleine Arkaden gegliederten offenen Laufgangbereich des Triforiums. Spätestens zu diesem Zeitpunkt war der alte Südturm des Vorgängerbaus vollständig abgebrochen, so daß das Fundament für den südwestlichen Vierungspfeiler gelegt werden konnte.

In einem nächsten Schritt (Abb. 30) konzentrierte man sich auf das Südquerhaus und das erste Joch des südlichen Seitenschiffs. Der südwestliche Vierungspfeiler und der erste südliche Langhauspfeiler wuchsen gleichzeitig hoch und waren durch große Arkadenbögen untereinander und mit der südlichen Außenwand verbunden. Durch den erforderlichen weiteren Abbruch des südlichen Atriumganges schrumpfte die für die Dombauhütte zur Verfügung stehende Arbeitsfläche. Im Anschluß an die südliche Hauptchorwand konnte dann auch das Triforium über die drei Seiten des Querhauses bis ins erste Joch des Mittelschiffs hinein ausgeführt werden. Ein zweiter Bautrupp wandte sich den fünf Seiten des Hauptchorpolygons zu und vollendete sie mit Triforium und Obergaden einschließlich des Maßwerks der Fenster.
Die räumliche Schnittzeichnung (Abb. 31) verdeutlicht den formalen und konstruktiven Aufbau des Hauptchorschlusses. Auf dem massiven, nur durch Arkadennischen und kleine Fenster aufgebrochenen Sockel, der eine Mauerstärke von 1,54 m aufweist, wurde nach der beschriebenen Planänderung eine transparente und leichte Skelettbauarchitektur errichtet. Die Dicke der Mauerkrone wurde für einen innen liegenden Laufgang ausgenutzt, über dessen Außenkante riesige Fenster emporwachsen, welche die gesamte Fläche zwischen den Strebepfeilern ausfüllen, in je vier Bahnen hochsteigen und mit prächtigen Maßwerkformen bekrönt werden. Damit darüber der aus Platten bestehende Laufgang des Triforiums aufgelegt werden konnte, mußte innen ein Arkadenbogen gespannt werden, der die Flucht der massiven inneren Sockelwand aufnimmt. Um die Transparenz so weit wie möglich zu treiben, wurden die üblichen Mauerrestflächen der Arkadenzwickel aufgebrochen und durch schwebende Oculi ersetzt. Diese zweischalige Struktur erzeugt eine Tiefenillusion, die möglicherweise an den Chorumgang der klassischen gotischen Kathedralen erinnern soll.

Das Triforium greift die zweischalige Struktur auf. Um jede Dunkelzone zu vermeiden, wird die Rückwand zu je vier kleinen Fenstern geöffnet. Innen entsprechen den Fensterbahnen vier offene Arkadenstellungen, deren Stäbe sich in den Obergadenfenstern fortsetzen. Dies bedeutet gleichzeitig, daß Maßwerk und Glasfläche der Obergadenfenster in den Bereich der inneren Raumschale gerückt sind. Außen bilden die Deckplatten über dem Triforium einen Laufgang vor der Glasfläche der Obergadenfenster.
Ein genauerer Blick auf die oberen Fensterzonen läßt erkennen, wie feinfühlig Triforium und Obergaden miteinander verknüpft sind. Die senkrechten Fensterstäbe setzen sich in Lage und Profilierung unmittelbar fort, auch wenn der das Triforium abschließende Blattfries eine Zäsur bildet. Drei den Laibungen und dem Mittelpfosten aufgesetzte Rundstäbe streben von kleinen Sockeln auf den Triforiumsfußplatten nach oben, übergreifen den Blattfries und enden mit Kapitellchen in Maßwerkhöhe der Obergadenfenster. So werden Triforium und Obergaden aus ihrer traditionellen Zweigeschossigkeit gelöst und gleichsam zu einer architektonischen Einheit zusammengefaßt. Diese Lösung wurde zum Vorbild für alle Obergadenfenster des Domes bis zur Vollendung des Innenraums.

Das beschriebene Skelett der Architekturformen erhielt seine inhaltliche und ästhetische Vollendung durch die leuchtenden farbigen Glasfenster, die im Hauptchor nahezu unverändert den ursprünglichen Bestand zeigen. Vertikal sind die Fenster durch dünnes Stabwerk unterteilt, das auch aus konstruktiven Gründen stets die gleiche Breite von ca. 70 cm aufweist. Diese steinernen Stäbe werden durch horizontale Eisenbänder stabilisiert, die zugleich zur Befestigung der labilen Glasfelder dienten.
Mittelalterliche Glasmalereien wurden mosaikartig aus verhältnismäßig kleinen, monochrom durchgefärbten Glasscherben zusammengesetzt, die durch eine Zange, das sogenannte Kröseleisen, mühsam auf die gewünschte Kontur gebracht (»gezwickt«) wurden. Man verband die einzelnen Scherben durch biegsame Bleiruten untereinander und verlötete die Nahtstellen mit Zinn. Die Abbildung 32 zeigt gut die einzelnen farbigen Scherben und das Bleinetz, das mit seinen dunklen Konturen auch künstlerisch eine wichtige Rolle spielte. Die Gesichter Mariens und des Jesukindes, aber auch die Gewänder sind zusätzlich mit Schwarzlot bemalt, einer aus dunklem Oxydpulver und fein geriebenem Glas bestehenden Farbe, die dauerhaft eingebrannt werden konnte. Der komplizierte Herstellungsprozeß, vor allem aber die mühsame Produktion der Farbscheiben in den Glashütten mit ihrem gewaltigen Brennstoffverbrauch lassen die sehr hohen Kosten der fertigen Fenster verstehen.
Wenn man jedoch im Hauptchor steht, dessen Polygon wie ein riesiges, zerbrechliches Glashaus den Hochaltar umschließt (Abb. 37), beginnt man die Faszination zu begreifen, welche die Menschen des Mittelalters dazu bewog, in den Kirchen immer mehr Wandflächen durch Fenster zu ersetzen. Es ging dabei nicht unmittelbar um mehr Tageslicht, da die Innenräume nach wie vor eher dämmrig blieben. Vielmehr erschienen die Fenster als

*Abb. 32: Maria mit Kind. Glasfenster, bald nach 1304. Hauptchorpolygon, Fenster C in Abb. 34, Detail.*

*Abb. 33: Bischof Nikolaus von Ybbs als Stifter. Glasfenster, bald nach 1313. Hauptchorpolygon, Fenster H in Abb. 34, Detail.*

*Abb. 34: Schema des Hauptchorpolygons mit Einzeichnung der Fenster.*

leuchtende Wände, die aus der Tiefe heraus in glühenden Farbakkorden strahlten und die Raumgrenzen in geheimnisvolle Unwirklichkeit entrückten. Außerdem assoziierten die Scheiben eine Kostbarkeit des Materials, die an Edelsteine erinnert. Dies läßt direkt an die Apokalypse des Johannes denken, der in seiner berühmten Schilderung das Himmlische Jerusalem beschreibt, als eine Stadt aus reinem Gold und aus reinem Glas, deren zwölf Grundsteine aus Edelsteinen und deren zwölf Tore aus Perlen bestehen (Offb 21 und 22).

Die ältesten Fenster des Hauptchorschlusses schließen sich stilistisch an die Glasmalereien im Südchor an und dürften in die Jahre unmittelbar nach 1300 zu datieren sein. Nachdem die Gewölbe erst um 1315/20 vollendet waren, hat man also die Fensterproduktion sehr früh eingeleitet, um nach der Fertigstellung des Hauptchores so bald wie möglich die ersten Glasmalereien präsentieren zu können. Zur ältesten Gruppe gehören das große Obergadenfenster in der Mittelachse (Nr. B in Abb. 34), das darunterliegende Triforienfenster (Nr. E) und – merkwürdigerweise – das Obergadenfenster rechts oben (Nr. C). Einige Indizien lassen dabei eine Konzeptänderung noch während der Arbeit an den Scheiben vermuten. Das mittlere Obergadenfenster (Nr. B) zeigt große Heiligenfiguren unter ornamental gefüllten Fensterbahnen. Dieser geläufige Typus füllt üblicherweise alle Obergadenfenster eines Chorschlusses; ursprünglich dürfte dies auch für die obere Fensterzone in Regensburg (Nummern A–C) so geplant gewesen sein. Hinzuweisen ist etwa auf die Kirche St.-Urbain in Troyes (Champagne), die auch von den Bauformen her eng mit dem Regensburger Dom verwandt ist, oder auf die sogenannten Königsfenster im Hauptchor des Kölner Domes. Im Erdgeschoß werden dagegen von Anfang an Fenster mit kleinteiligen Darstellungen in Medaillons oder Langpaßrahmen vorgesehen gewesen sein, – auch dies analog zu den westlichen Architekturvorbildern.

Das rechte Obergadenfenster des Hauptchorschlusses (Nr. C) hängt stilistisch so eng mit dem mittleren Oberga-

*Abb. 35: Hauptchorpolygon, Fenster I in Abb. 34. Bald nach 1313. Dargestellt sind in den beiden oberen Zeilen Szenen aus dem Marienleben (von den Vorfahren Josephs über die Legende von Joachim und Anna bis zur thronenden Muttergottes), in den beiden unteren Zeilen die sogenannte Hl. Sippe (die legendären drei Eheschließungen der hl. Anna und die daraus entstandenen Kinder und Enkel).*

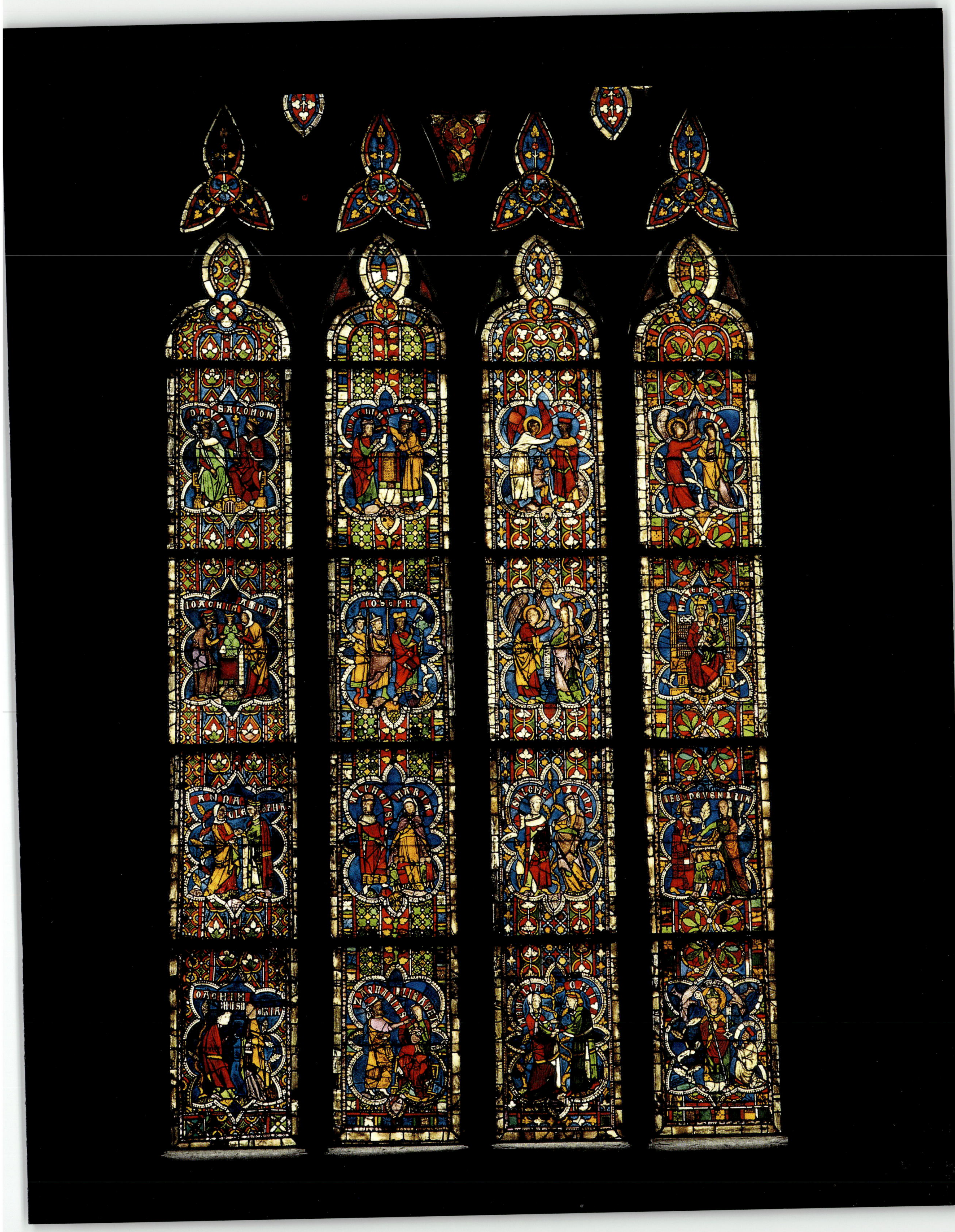

denfenster (Nr. B) zusammen, daß eine nahezu gleichzeitige Produktion angenommen werden kann. Die Vermutung liegt nahe, das rechte Fenster sei ursprünglich nicht für oben, sondern für die Mittelachse im Erdgeschoß (Nr. H) vorgesehen gewesen. Der Stifter, Dompropst Konrad von Haimberg, hatte sich als ranghöchstes Mitglied des Domkapitels wohl diesen prominenten Platz ausgesucht und ein Fenster in Auftrag gegeben, das die »Vierzehn Nothelfer« darstellen sollte. Da Bischof Konrad von Lupburg mit seinen Stiftungen den bereits fertiggestellten Südchor geprägt hatte, dürfte das Domkapitel freie Hand bei der Auswahl und Anordnung der Hauptchorfenster gehabt haben.

*Abb. 36 (vorhergehende Doppelseite links): Der Dom von Osten.*

*Abb. 37 (vorhergehende Doppelseite rechts): Das »Glashaus« des Hauptchorpolygons.*

*Abb. 38: Sogenanntes Ottokarkreuz, Vorderseite. Prag, zwischen 1261 und 1278 (die roten Granate stammen von einer Restaurierung 1695). Kreuzfuß Regensburg, nach 1313. Gesamthöhe 84,5 cm. Domschatzmuseum.*

*Abb. 39: Ottokarkreuz, Rückseite.*

·I·N·R·I·
DE LIGNO SCTE CRUCIS
·REX·OTAKARUS·ME·FECIT·

## Bischof Nikolaus von Ybbs (1313–1340)

Die Situation änderte sich, als nach dem Tod Bischof Konrads im Jahre 1313 Nikolaus von Ybbs zum Bischof gewählt wurde. Er war ein erfahrener Hofbeamter, der als Notar in der Kanzlei Kaiser Heinrichs VII. gewirkt hatte. Später leitete er als Protonotar die Kanzlei dessen Bruders, des böhmischen Königs Johann, vor allem auch in der Zeit, als dieser während des Italienfeldzugs Kaiser Heinrichs das ganze Reich regierte. Dieser weitgereiste und wohl auch über die Leistungen der zeitgenössischen Kunst gut informierte Bischof griff nun energisch in die Planungen zum Regensburger Dom ein. Er stiftete seinerseits ein großes Glasfenster für den Hauptchor und beanspruchte ebenfalls den Platz in der Mittelachse über dem Hochaltar (Nr. H). Dabei ließ er sich als Stifter darstellen, wie er den über ihm erscheinenden hl. Petrus, den Patron des Domes, um seine Fürsprache bittet (Abb. 33). Außerdem scheint Bischof Nikolaus andere Stifter motiviert zu haben, die gleichzeitig die in Stil und Komposition sehr ähnlichen, links und rechts anschließenden Erdgeschoßfenster (Nummern G und I) in Auftrag gaben (Abb. 35). Der Bischof dürfte sich auch um bestes Glasmaterial gekümmert haben; jedenfalls fällt bis heute die Leuchtkraft dieser strahlend bunten, außerordentlich reich ornamentierten Fenster auf.

Auf Drängen des Bischofs dürfte damals beschlossen worden sein, dem dieser Planung im Wege stehenden, bereits vollendeten (oder noch in Arbeit befindlichen?) Nothelfer-Fenster, das in seiner Komposition altertümlicher wirkt, einen Platz im Obergaden (Nr. C) zuzuweisen. Dem Dompropst wird wohl nichts anderes übrig geblieben sein als sich zu fügen, zumal die Fenster damals noch gar nicht eingesetzt waren. Da die Felder der Obergadenfenster etwas niedriger sind als die der Erdgeschoßfenster, mußten die Scheiben beschnitten werden, was die eingezwängte Position der einzelnen Langpaßrahmen erklärt. Außerdem waren für die um vier Felder erweiterte Fläche der Obergadenfenster vier zusätzliche Scheiben anzufertigen, die ikonographisch nicht recht passen wollen. Die kanonische Zahl von vierzehn Nothelfern wurde dabei nämlich zwangsläufig auf achtzehn erhöht. Die obersten Scheiben jeder Bahn des Nothelferfensters unterscheiden sich bis heute farblich etwas von den übrigen Darstellungen, so daß man in ihnen die vier später zugefügten Felder vermuten kann.

Aus Symmetriegründen mußte anschließend das linke Obergadenfenster des Chorschlusses (Nr. A) ebenfalls als Medaillonfenster gestaltet werden. Auch hier gibt es einige Unstimmigkeiten, die auf eine mögliche Umplanung während der Herstellung deuten. Immerhin kam der Stifter, der Domdekan Konrad von Parsberg, in der Rangordnung des Domkapitels unmittelbar hinter dem Dompropst, so daß die Plazierung wiederum auffällt. Auch wenn es also bei der Stiftung, Produktion und Verteilung der Fenster teilweise recht bewegt zuging, gelang es, die riesigen Fensterflächen in erstaunlich kurzer Zeit zu füllen. Die meisten Glasmalereien des Hauptchorschlusses waren bereits um 1320 vollendet; als letztes wurden um 1330 die Fenster für die beiden seitlichen Triforien (Nummern D und F) geschaffen.

Daneben sorgte Bischof Nikolaus unmittelbar nach seinem Amtsantritt für einen spektakulären Handel, der dem Domschatz zugute kam. Von seiner früheren Tätigkeit an der königlichen Kanzlei in Prag her wußte er, daß König Johann wegen finanzieller Schwierigkeiten ein wertvolles goldenes Reliquienkreuz an den Prager Finanzier Nikolaus von Turri verpfändet hatte. Dieser gab es als Pfand an jüdische Kaufleute in Regensburg weiter. Der Bischof empfand dies als unzumutbar, da das Kreuz eine Christusreliquie, nämlich ein Stück vom Kreuzesholz Christi barg. Er löste es deshalb aus, »damit es nicht länger zum Spott und zur Schmach für den Herrn Jesus Christus bei den Juden verbleibe«, und übergab es dem Dom. Dort hat es sich als eines der bedeutendsten Stücke des Domschatzes bis heute erhalten (Abb. 38). Der Name »Ottokarkreuz« bezieht sich auf den ursprünglichen Auftraggeber, den böhmischen König Ottokar II., der es zwischen 1261 und 1278 wohl bei einem Prager Goldschmied anfertigen ließ. Das aus reinem Gold gearbeitete, mit Perlen und Edelsteinen besetzte Kreuz zeigt auf der Vorderseite hinter Glas die Reliquie, ein hölzernes Doppelbalkenkreuz. Die Goldflächen der Rückseite (Abb. 39) wurden graviert und teilweise mit feinen Ziseliergeräten ausgehoben; anschließend füllte man alle Vertiefungen mit blauschwarz oxydiertem Silber aus, so

*Abb. 40: Die Fassade des südlichen Querhauses. Aufnahme um 1930 (die rosa gefärbten Partien bezeichnen die Ergänzungen des 19. Jahrhunderts).*

daß sich eine graphische Darstellung in raffiniertem Farbkontrast ergab (sogenannte Niellotechnik). Als zentrales Thema erscheint die Kreuzigung Christi, umgeben von den vier Evangelisten in den die Balkenenden abschließenden Vierpässen. Die vollendete Komposition und die Eleganz der Linienführung machen die Arbeit zu einem Meisterwerk der gotischen Goldschmiedekunst. Da das Kreuz keinen Ständer besaß, ließ Bischof Nikolaus bei einem Regensburger Goldschmied einen schlanken, prächtigen Fuß aus vergoldetem Silber anfertigen. Nachdem viele der Edelsteine auf der Vorderseite des Ottokarkreuzes um 1646/48 verlorengegangen waren, wurden bei einer Restaurierung 1695 all die roten Granate eingesetzt, die heute farblich die Gesamterscheinung prägen.

Das Ottokarkreuz galt auch in nachmittelalterlicher Zeit als die vornehmste Reliquie der Kathedrale, wurde nur höchsten Gästen in Prozession entgegengetragen und zum Kuß gereicht, wozu ihnen ein kostbares Kniekissen hingelegt wurde. Kaiser Karl V. ehrte es 1532, danach zeigte er seinen Respekt vor dem Heiltum, indem er barhaupt durch den Dom ging, wie der Augenzeuge Leonhard Widmann, Vikar an der Alten Kapelle, in seiner Regensburger Chronik berichtet.

Auch wenn der Dom damals noch ein Torso war, verfügte er mit der südlichen Querhausfassade (Abb. 40 und 41) über eine repräsentative Eingangsfront. Das Portal übernahm für etwa 100 Jahre die Funktion des Hauptzuganges, wie man ihn üblicherweise an der Westfassade findet. Auch diese Querhausfront war nicht die Folge eines einheitlichen Planes, sondern das Ergebnis mehrerer Bauphasen, die bis heute abgelesen werden können. Vor jeder Betrachtung muß aber betont werden, daß der auffällige Dreiecksgiebel nicht mittelalterlich ist, sondern erst 1868/71 entstand (in Abb. 40 rosa gekennzeichnet).

Deutlich fällt die untere Hälfte der Fassade durch ihre blockhafte Wandfläche auf. Die Öffnungen des Portals und der vier kleinen Lanzettfenster wirken wie ausgeschnitten. Dies erklärt sich aus der frühen Bauzeit, die noch zu der ersten, konservativen Planungsphase gehört (vgl. Abb. 10). Schon damals hatte man jedoch – der Bedeutung der Fassade entsprechend – das recht aufwendige Portal vorgesehen: Eine große, von Fialen begleitete Spitzbogenöffnung mit reich profiliertem Gewände und Archivolten umfaßt ein Tympanonfeld mit Blendmaßwerk sowie die beiden, durch waagrechten Türsturz und Mittelpfeiler begrenzten Eingangsöffnungen. Ein Wasserschlaggesims und zwei von Figuren getragene Konsolen an den Strebepfeilern weisen darauf hin, daß ursprünglich ein Dach das Portal schützte. Mit dem Triforium kehrt sich die Wirkung um: Wie beim Polygon des Hauptchores sind die Laufgangswände vollkommen aufgebrochen und verglast. Eine zentrale steinerne Petrusfigur der Zeit um 1310/15 trennt zwei Fenstergruppen zu je vier Bahnen. Der Obergaden darüber ist durch ein riesiges, neunbahniges Maßwerkfenster geöffnet, das von einem einzigen Bogen überfangen wird. Wie die Gesimsform über der Petrusfigur belegt, war zunächst eine andere Konzeption vorgesehen, die sich im Maßwerk heute noch abzeichnet. Man muß sich statt der mittleren Fensterbahn und der bekrönenden Rose eine geschlossene Wandfläche vorstellen, die zwei vierbahnige Einzelfenster geschieden hätte. Damit wäre eine dem Hauptchorpolygon sehr ähnliche Lösung entstanden. Durch die Umwandlung in ein riesiges Einzelfenster wurden die verbleibenden Wandflächen zu einem Minimum an den Strebepfeilern und in den Bogenzwickeln reduziert. Noch während der große Bogen über dem Fenster entstand, kam dem Baumeister die Idee, selbst die Restzwikkel durch ein aufgeblendetes vertikales Stabwerk aufzulösen. Dieses Stabwerk bleibt ohne die sonst übliche Profilierung. Es stützt und durchbricht den abschließenden Laufgang, dessen Rückwand zurückgesetzt ist, so daß das Stabwerk sich zu einem frei vor dem Giebel stehenden Gitterwerk entwickelt hätte. Der Giebel selbst wurde im Mittelalter wegen der noch ausstehenden Planung des Vierungsturms nicht mehr gebaut. Geplant war ein relativ flaches Giebeldreieck, das bei der Vollendung im 19. Jahrhundert wesentlich steiler ausgeführt wurde, dabei jedoch die räumliche Disposition des ursprünglich geplanten Gitterwerks getreulich übernahm.

War das kantige Stabwerk bereits eine ungewöhnliche Lösung, so überrascht erst recht die Form und Anordnung der hier reich verteilten Bauplastik. Statt durchlaufender Laubwerkfriese werden die Punkte betont, wo sich die aufgeblendeten Architekturglieder durchdringen. Das Auflager des Stabwerks auf dem Stirnprofil des großen Fensterbogens markiert je eine Blattmaske (Abb. 42). Am Schnittpunkt des Stabwerks mit dem Laufgang sitzen Konsolmasken (Abb. 42 links oben).

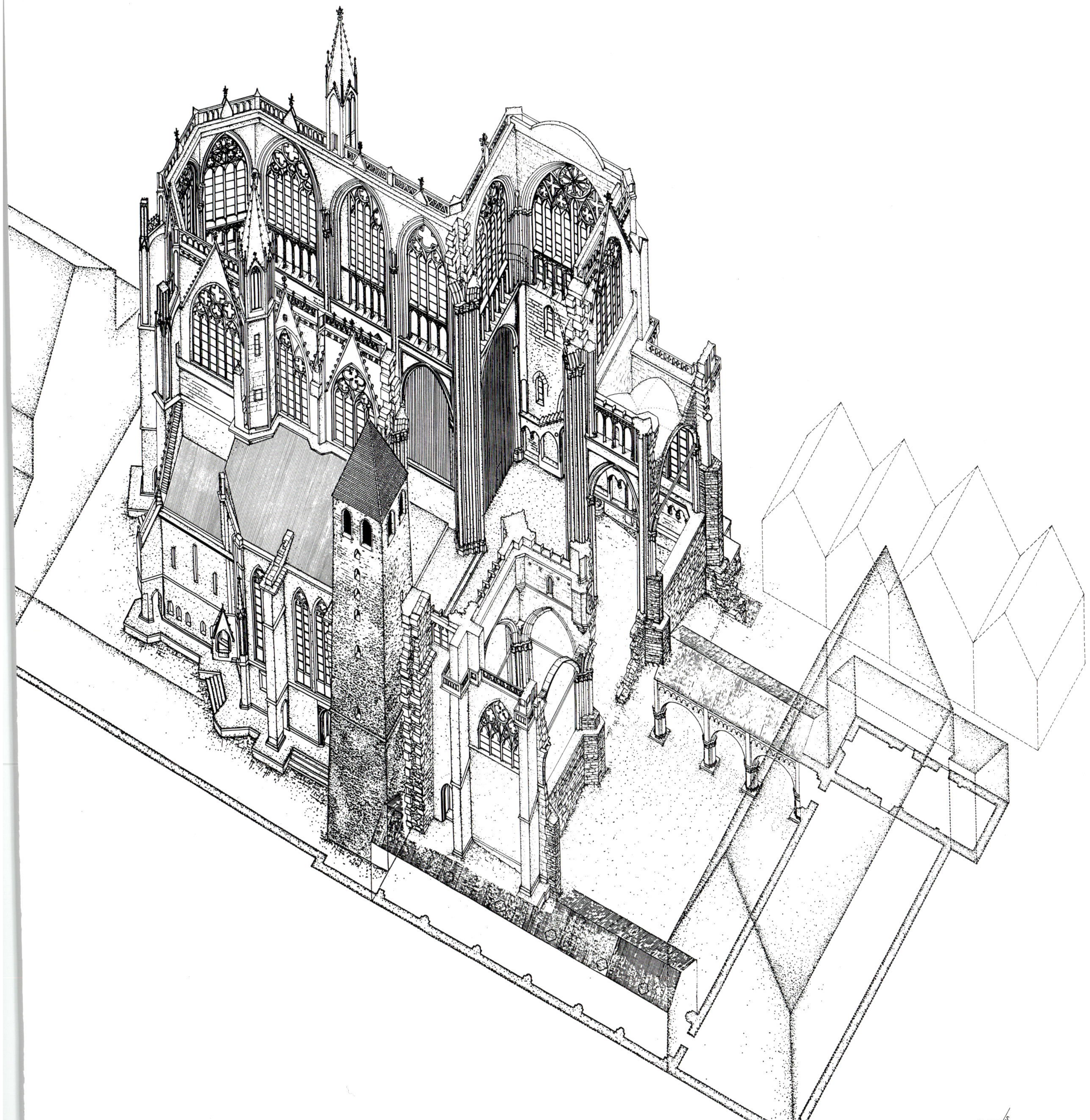

*Abb. 41: Zustand des Domes um 1310/15.*

*Abb. 42: Südquerhaus, Obergadenzone, Blattmasken im großen Fensterbogen: Um 1310/15.*

*Abb. 43: Südquerhaus, Obergadenzone, Figuren im Fries unter dem Giebelansatz. Um 1310/15.*

Unter dem Laufgang erscheinen Menschen, Tiere und Fabelwesen (Abb. 43), die beinahe gewaltsam zwischen die Stäbe und Kragplatten eingezwängt sind. Die Bildwerke zeigen eine Formensprache, wie sie bisher am Dom nicht in Erscheinung trat: Lapidar und doch mächtig sind sie auf elementare kubische Grundformen reduziert. Die Gewänder spannen sich mit wenigen Falten über die Gliedmaßen; die großflächig und scharfkantig geschnittenen Gesichter spiegeln einen dumpfen Fatalismus. Der Stil dieser Figuren hatte nicht nur keine Vorläufer, sondern blieb auch ohne Nachfolger in der deutschen gotischen Plastik. Er scheint dagegen Verwandtschaft mit der gleichzeitigen Skulptur in Oberitalien zu haben.
Bauplastik und Architektur sind in diesem Bereich so eigenwillig gestaltet, daß man eine gemeinsame Handschrift vermuten möchte, also eine Personalunion von Bildhauer und Baumeister. Die Vermutung wird dadurch bestärkt, daß im Nordquerhaus eine ähnlich unorthodoxe Konzeption, wohl von derselben Werkstatt, auftaucht. Dort stand der Bau allerdings erst bis zur Triforiumshöhe an, während im Süden bereits alle drei Seiten des Querhausobergadens vollendet waren (Abb. 41). An der Westwand des Querhauses und beim anschließenden ersten Joch der nördlichen Hauptschiffwand verzichtete man – als der einzigen Stelle im Dom – auf den Blattfries über dem Triforium und ersetzte ihn durch einen glatten Stab. Eine ebenso ungewöhnlich nüchterne und klare Auffassung zeigt das Kapitell des nordwestlichen Vierungspfeilers mit seinen monumentalen, fleischig skizzierten Einzelblättern; die gleichen Blätter finden sich außen am Abschlußfries des Südquerhauses wieder.
Nachdem alle Mauern des Hauptchores und des Querhauses bis zum Dachansatz hochgeführt waren, stand die große Aufgabe des Einwölbens an. Für diese neuen Anforderungen wählte man, zumindest im Bereich der Skulptur, eine ganz andere Werkstatt. Indiz dafür ist der mächtige Schlußstein im Hauptchorpolygon (Abb. 44). In einer für diesen Ort ungewöhnlichen szenischen Darstellung überreicht Christus dem hl. Petrus die beiden Schlüssel der geistlichen und der weltlichen Gewalt, die auch bei der Petrusfigur des Erminoldmeisters (Abb. 18) auffällig dargestellt sind. Die Relieffiguren besitzen schmale Schultern und kurze, eng am Körper anliegende Arme, mit denen sie gleichwohl intensiv agieren. Die Gestalt des Petrus ist in der Hinwendung zu Christus wie ein Bogen gerundet. Kennzeichnend für die Köpfe ist die in den Gesichtern deutlich vorgetragene geistige Anspannung, die geradezu in Kontrast steht zu den schönheitlich ornamentierten Locken der Haare und des Bartes. Das Vorbild für diesen Figurenstil waren Skulpturen aus dem rheinischen Kunstkreis, dessen Ausstrahlung sich in Süddeutschland mehrfach nachweisen läßt. Damit wandte man sich wieder westlichen Anregungen zu.
Schon lange vor dem Versetzen des Schlußsteins war der Bau des Gewölbes vorbereitet worden. Bereits beim Hochziehen der Obergadenwände wurden die Gewölbeanfänger im Verband mit der Mauer versetzt (Abb. 46). Die drei gebündelten Dienste der Wandpfeiler verweisen bereits auf die Gewölbekonstruktion. Sie werden durch ein zusammenfassendes Kapitell mit einer gemeinsamen Deckplatte bekrönt. Das Gewölbe setzt mit einem kompakten Profilblock an, in dem die Diagonalrippen und der Gurtbogen vereinigt sind. Erst nach drei horizontalen Steinlagen lösen sich die einzelnen Gewölbestränge von der Wand; damit endet der Gewölbeanfänger in einer ersten radial geschnittenen Fuge.
Vor dem eigentlichen Wölbprozeß (Abb. 45) mußten die Wände bis zum Dachansatz hochgeführt gewesen sein; wahrscheinlich war bereits der Dachstuhl aufgesetzt. Am Beginn der Wölbung stand eine hölzerne Stützkonstruktion, das sogenannte Lehrgerüst. Es zeichnete ausschließlich die Formen der Gurtbogen und der Diagonalrippen vor. Als erstes mußte der »Schlußstein« gesetzt werden, dessen Bezeichnung also nicht aus dem Bauablauf heraus erklärt werden darf. Die mit dem Schlußstein aus einem Steinblock herausgearbeiteten Rippenansätze gaben zusammen mit den Gewölbeanfängern unten den exakten Richtungsverlauf für die einzelnen Bögen an. Der Lehrbogen stützte die steinernen Rippenstücke, bis der Bogen geschlossen war. Der hohe Druck, dem die Rippenbögen ausgesetzt sind, verlangte einen besonders sorgfältigen Mörtelverguß der einzelnen Steine; in der obersten Lage vor dem Schlußstein wurden die Fugen des letzten Paßstückes sogar mit Blei vergossen.
Das Schließen der zwischen den Rippen offenen Gewölbefelder durch 30 cm starke Kappen aus Backstein konnte anschließend ohne zusätzliche Gerüstbauten aus-

*Abb. 44: Die Schlüsselübergabe durch Christus an Petrus. Schlußstein des Hauptchorpolygons. Um 1315/20. Farbige Fassung der Barockzeit, mit freigelegter mittelalterlicher Rippenbemalung.*

geführt werden. In dem unteren, steil hochführenden Gewölbedrittel konnten sich die Backsteine ohne weitere Unterstützung selbst tragen; hier genügte die Haftungsfähigkeit des Fugenmörtels. Darüber legte man während des Wölbvorgangs in Längsrichtung des Gewölbes Bohlen, die vom Gurtbogen zur Diagonalrippe gespannt waren (Abb. 45 links oben). Im Scheitelbereich lagen in allen vier Richtungen verstärkte Kanthölzer. Gleichartige Kanthölzer überbrückten im parallelen Abstand von je 50 cm die größere Entfernung zu den Außenwänden. Quer zu diesen Kanthölzern waren kurze Bretter Stoß an Stoß gelegt. Auf diese in den oberen Teilen vollflächige Schalung konnten nunmehr die Backsteine der Kappen in einem Mörtelbett verlegt werden. Da die gesamte Schalung aus Brettern und Kanthölzern relativ schwach dimensioniert war, bog sie sich unter dem Gewicht der Kappen leicht durch, bis der Mörtel erhärtet war. Diese etwas nach unten durchhängende Scheitel- und Kappenform ist charakteristisch für die beschriebene Wölbtechnik, die auf den ersten Blick ungewöhnlich wirkt, aber inzwischen bei weiteren Bauten des 13. und 14. Jahrhunderts nachgewiesen werden konnte.

In den Jahren bis etwa 1320 gelang es, den gesamten Chorbereich, das Querhaus und das erste Joch des Langhauses unter Dach zu bringen (Abb. 47). Etwas mehr als die Hälfte der geplanten Grundfläche war benutzbar, so daß alle Funktionen der Domliturgie im Neubau vollzogen werden konnten. Bischof und Domkapitel zogen um; der alte Dom wurde zum Abbruch freigegeben. Damit für die liturgische Nutzung eine möglichst große Grundfläche zur Verfügung stand, nahm man einige Provisorien in Kauf, welche die Außengestalt des Neubaus prägten. Besonders fällt das Fehlen des Obergadens im ersten Joch des Langhauses auf; hier war über dem Triforium ein Notdach aufgesetzt und das verbleibende Loch im Vierungsbogen durch eine Bretterwand geschlossen. Ein riesiges Satteldach spannte sich von der Südfassade zur Nordfassade über das gesamte Querhaus. Die Dachneigung fiel mit 20,5 Grad extrem flach aus, da sie mit ihrem First an das niedrige Chordach anschloß. Deckt man wie in Abbildung 48 das Querhausdach ab, so versteht man, daß es nur als vorübergehende Lösung gedacht war, auch wenn es wie viele Provisorien einen langen Bestand haben sollte. Denn während die beiden Querhausarme überwölbt waren, klaffte in der Mitte über der Vierung eine gewaltige Öffnung, die immerhin in einer Höhe von 33 m lag. Ihr Grundriß entstand durch die Überleitung des Vierungsquadrats in ein Achteck durch unterwölbte steinerne Brücken, sogenannte Trompen. Die bis heute erhaltene Befundsituation zeigt als Abdeckung des Oktogons einen Kranz von steinernen Deckplatten, deren Profilierung und Tiefe exakt den Bodenplatten der Triforiumslaufgänge entspricht. Wie dort kennzeichnen Ritzlinien die Position von Triforiumsstäben, die allerdings nie ausgeführt waren. In den Oktogonecken liegen die Ansätze vertikaler Dienste, die von unterschiedlich gestalteten, nach unten blickenden Kopfkonsolen getragen werden (Abb. 50). Dieser Bestand läßt nur einen Schluß zu: Über der Vierung war ein gewaltiger, achtseitiger Turm geplant, wie dies Abbildung 49 zeigt. Über der durchbrochenen, aber dunklen Triforiumszone muß man sich einen hohen, durch große Fenster belichteten Obergaden vorstellen. Jetzt versteht man, warum damals über dem Hauptchor ein ausgesprochen niedriges Dach aufgesetzt war: Die Firsthöhe schloß mit dem Triforium des Vierungsturms ab, so daß dessen Obergadenfenster völlig frei gewesen wären. Wir wissen nicht, wie die Bekrönung des Turms aussehen sollte; zu denken wäre an eine einfache hölzerne Dachkonstruktion oder an einen durchbrochenen Steinhelm. Wäre dieser geplante Turm zur Ausführung gekommen, kann man sich seine Auswirkung auf den Dom außen wie innen nicht bedeutend genug vorstellen. Für die Fernsicht über die Stadt hinweg hätte er eine prägende Dominante gebildet. Dies hätte auch eine Steigerung gegenüber dem ersten Vorhaben der Ummantelung des Eselsturms bedeutet, so daß man versteht, warum diese Idee in Höhe der Querhausgewölbe aufgegeben wurde.

Obwohl für diesen Vierungsturm alle Vorbereitungen getroffen waren, konnte er um 1320 nicht aufgesetzt werden, da das erforderliche Widerlager nach Westen noch fehlte. So wird man das Loch über der Vierung zunächst mit einem flachen Holzdeckel geschlossen haben, der aber dann wie das provisorische Dach darüber bis 1697 Bestand hatte. Bis zum Ende des Mittelalters hielt man an der Turmplanung fest, konnte sie aber

*Abb. 45: Darstellung des Wölbprozesses, in der Abfolge von rechts unten nach links oben:*
*a) das Lehrgerüst mit dem bereits aufgelegten Schlußstein;*
*b) Setzen der Rippen und Gurtbögen, sowie Vorbereitung der Strebebögen außen;*
*c) Einwölben der Kappen und Fertigstellung der Strebebögen.*

Katerina Papajanni , September 1994
0
5
10M

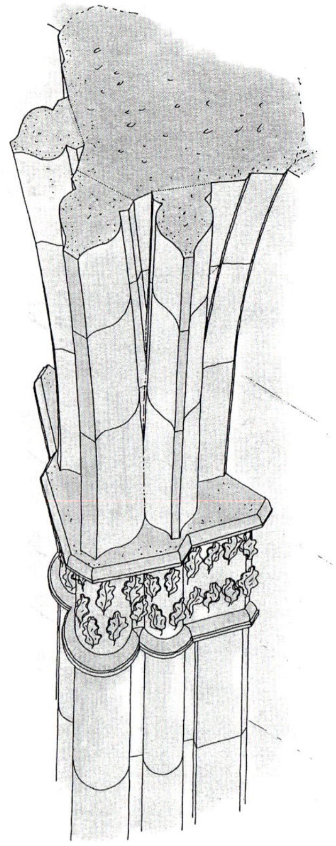

*Abb. 46: Gewölbeanfänger der gotischen Rippenwölbung im Verband mit der Mauer.*

schließlich genauso wie die Türme der Westfassade aus finanziellen Gründen nicht vollenden. Erst die Barockzeit griff die Idee wieder auf und schuf eine zeittypische Lösung in Form einer großen, bemalten und stuckierten Pendentifkuppel. Im 19. Jahrhundert störte dieser »stilfremde« Einbau; man brach ihn ab und ersetzte ihn durch das bis heute vorhandene Kreuzrippengewölbe. Damit war die ursprünglich geplante Bedeutungssteigerung der Vierung endgültig aufgegeben. Da das Langhaus ungewöhnlich kurz ist, wäre einer Ausweitung des Raumes nach oben und einer zusätzlichen Belichtung der Vierung größte Bedeutung zugekommen.

Selbst ohne das Gewicht des Turmes erforderte der Seitenschub der Vierungsbögen und der Querhausgewölbe nach Westen eine statische Absicherung (Abb. 48). Dazu diente das jeweils erste Joch der Seitenschiffe im Süden wie im Norden, das durch seine bereits vorhandene Wölbung zusätzliche Stabilität erlangt hatte. Das Triforium und die darunter befindliche Mittelschiffarkade stützten den schlanken Vierungspfeiler nach Westen ab. Das statische System entsprach dem eines offenen Strebebogens, wie er ähnlich zur Kraftableitung außen am Obergaden eingesetzt wurde. Die Arkadenbögen waren zusätzlich durch hölzerne Zuganker untereinander verspannt, die nach Fertigstellung des Langhauses, also nach der Stabilisierung aller statischen Kräfte, wieder herausgesägt wurden. Durch die archäologischen Ausgrabungen wissen wir, daß darüber hinaus der erste Langhauspfeiler jeweils im Westen durch eine provisorische Ummantelung verstärkt war, welche die Funktion eines Strebepfeilers übernahm. Die Pfeilerummantelung war eingebunden in eine massive Sockelmauer, die den Domtorso nach Westen abriegelte. Auf ihr stand eine dünne Ziegelwand, welche die drei Schiffe provisorisch abschloß.

In den Jahren von etwa 1320 bis 1330 vollendete man nicht, wie zunächst zu vermuten wäre, den Obergaden des ersten Langhausjoches, sondern begann, die nutzbare Fläche des Domes nur im Erdgeschoßbereich um ein weiteres Joch nach Westen vorzuschieben. Wie willkommen jede Raumerweiterung gewesen ist, zeigt das rasche Handeln des damaligen Domdekans Ulrich von Au: Bereits während des Baus ließ er im Jahre 1322 eine Altarkapelle zu Ehren der hl. Katharina zwischen die beiden Strebepfeiler des zweiten nördlichen Seitenschiffjoches einfügen. Mit der Stiftung legte er noch zu Lebzeiten seinen Begräbnisort fest und ließ vor dem Altar seinen Grabstein verlegen (Abb. 61).

Im Gegensatz zu bisher waren die Bauarbeiten diesmal an der Nordseite schneller vorangeschritten. Im Süden standen nämlich vier Mietshäuser im Weg, die dem Stift St. Johann gehörten (siehe Abb. 7). Erst am 8. Juli 1325 konnten sich das Domkapitel und das Kapitel von St. Johann in einem Vertrag darauf einigen, daß gegen eine stattliche Entschädigung die Häuser abgebrochen werden durften. Damit war der Weg frei, die südliche Außenwand des zweiten Joches hochzuziehen. Nachdem die beiden neuen Seitenschiffjoche gewölbt waren, verlängerte man das Notdach des Mittelschiffs im Anschluß an das erste Joch, wieder in Triforiumshöhe (Abb. 51).

Die bisherige provisorische Trennwand vor dem ersten Joch riß man ab und baute sie als neuen Westabschluß wieder auf, teilweise unter Verwendung des alten Materials, wie sich durch Ausgrabungsbefunde nachweisen ließ. Sogar ein derartiges Provisorium war funktional durchdacht: Man gab der Ziegeltrennwand eine breite Sockelmauer aus Bruchsteinen, deren Stärke so konzipiert war, daß sie einen außen vorkragenden Laufgang aufnehmen konnte. Er schloß mit seiner Höhe unmittelbar an die Laufgänge vor den Seitenschiffenstern an,

*Abb. 47: Zustand des Domes um 1320. Aufgabe der begonnenen Ummantelung des Eselsturms.*

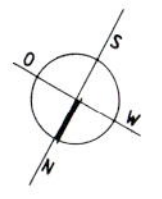

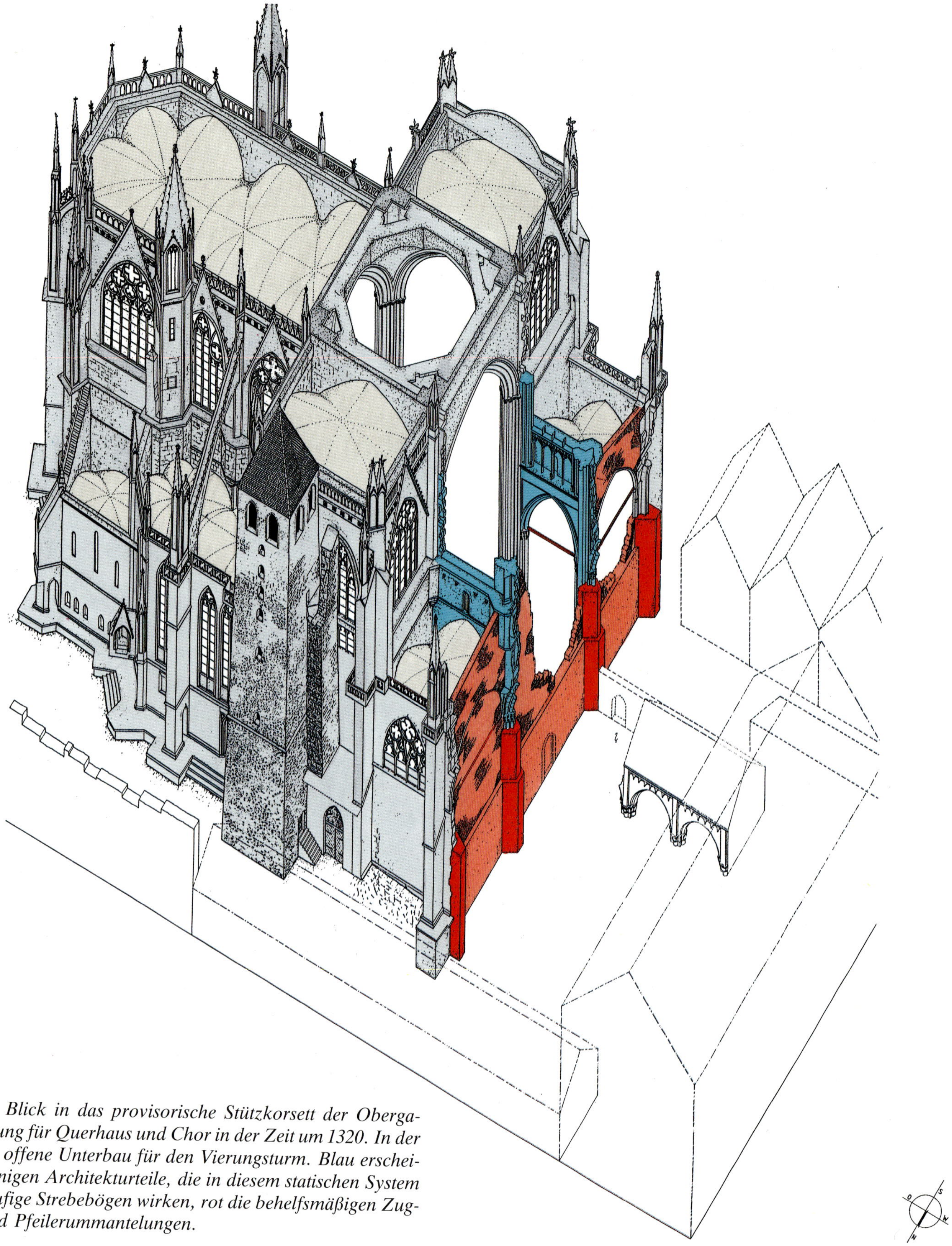

*Abb. 48: Blick in das provisorische Stützkorsett der Obergadenwölbung für Querhaus und Chor in der Zeit um 1320. In der Mitte der offene Unterbau für den Vierungsturm. Blau erscheinen diejenigen Architekturteile, die in diesem statischen System als vorläufige Strebebögen wirken, rot die behelfsmäßigen Zuganker und Pfeilerummantelungen.*

verband Norden und Süden und komplettierte das für die Nutzung wichtige Ringsystem. Es fällt auf, daß an die Mittelschiffpfeiler provisorische Strebemauern angeschoben wurden, die weitaus mächtiger dimensioniert waren als die Ummantelung im ersten Joch. Sie bereiten schon den nächsten Bauabschnitt vor: Das Mittelschiff erhielt in beiden Jochen seine endgültige Höhe, seine Gewölbe und sein offenes Strebewerk (Abb. 52). Die provisorische Mittelschiffmauer wurde mit Backsteinen bis zum neuen Dachstuhl erhöht. Da sie bei einer Höhe von 25 m nur etwa 30 cm stark war, mußte sie durch ein waagrechtes Zugband aus Eisen stabilisiert werden. Die abgekappten eisernen Stummel stecken heute noch in den Stirnen der Mittelschiffpfeiler. Nach Vollendung dieser vorläufigen Westfassade, die mehr als 100 Jahre Bestand haben sollte, konnte die behelfsmäßige Abdeckung über dem Triforium beseitigt werden. Zum ersten Mal war so um 1335 ein wesentlicher Teil des Langhauses in seiner vollen Raumwirkung zu erleben. Auch außen bot der Dom von nah und fern einen stattlichen Anblick.

Während dieser Jahre, in denen die Bauarbeiten zügig voranschritten, hatte man sich auch stets um die reiche Innenausstattung des Domes gekümmert. Als um 1320 der Dom bezogen wurde, müßte bereits der den Hauptchor abschließende Lettner gestanden haben. Der Lettner schloß einerseits den Bereich des Domkapitels und das Sanctuarium vom übrigen Raum ab; andererseits bildete er eine von Gewölben getragene Bühne, Ort für Lesungen, Musik und Gesang. Der Lettner ist uns nur durch Abbildungen in barocken Kupferstichen überliefert (Abb. 53), da er 1644 abgebrochen worden war. Seine Vorderseite spannte sich, von fünf Arkadenöffnungen durchbrochen, zwischen die beiden östlichen Vierungspfeiler. Die spitzbogigen Öffnungen wurden durch krabbenbesetzte Wimperge überfangen, zwischen denen offensichtlich vollplastische Figuren auf Säulen unter Baldachinen standen. Die Vogelschau-Abbildung 54 versucht, den Lettner nach den alten Abbildungen und den Befunden vor Ort in die bestehende Chorarchitektur einzubinden. Dabei wird klar, daß der Zugang über die seitlichen Treppentürmchen erfolgte, die geschickt in die Zwickel der Nebenchor-Polygone eingebaut sind. Sie führen zu den Laufgängen, die heute unmotiviert an den Vierungspfeilern enden, ursprünglich aber direkt die Lettnerbühne erschlossen.

*Abb. 49: Schematische Rekonstruktion des geplanten Vierungsturms. Grau gekennzeichnet der bis heute erhaltene Bestand, rot die Ritzlinien auf den Triforiumsplatten.*

*Abb. 50: Kopfkonsole, als Auflager der Oktogondienste für den geplanten Vierungsturm vorgesehen (heute durch das Vierungsgewölbe des 19. Jahrhunderts verdeckt).*

*Abb. 51: Zustand des Domes um 1325/30.*

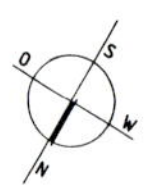

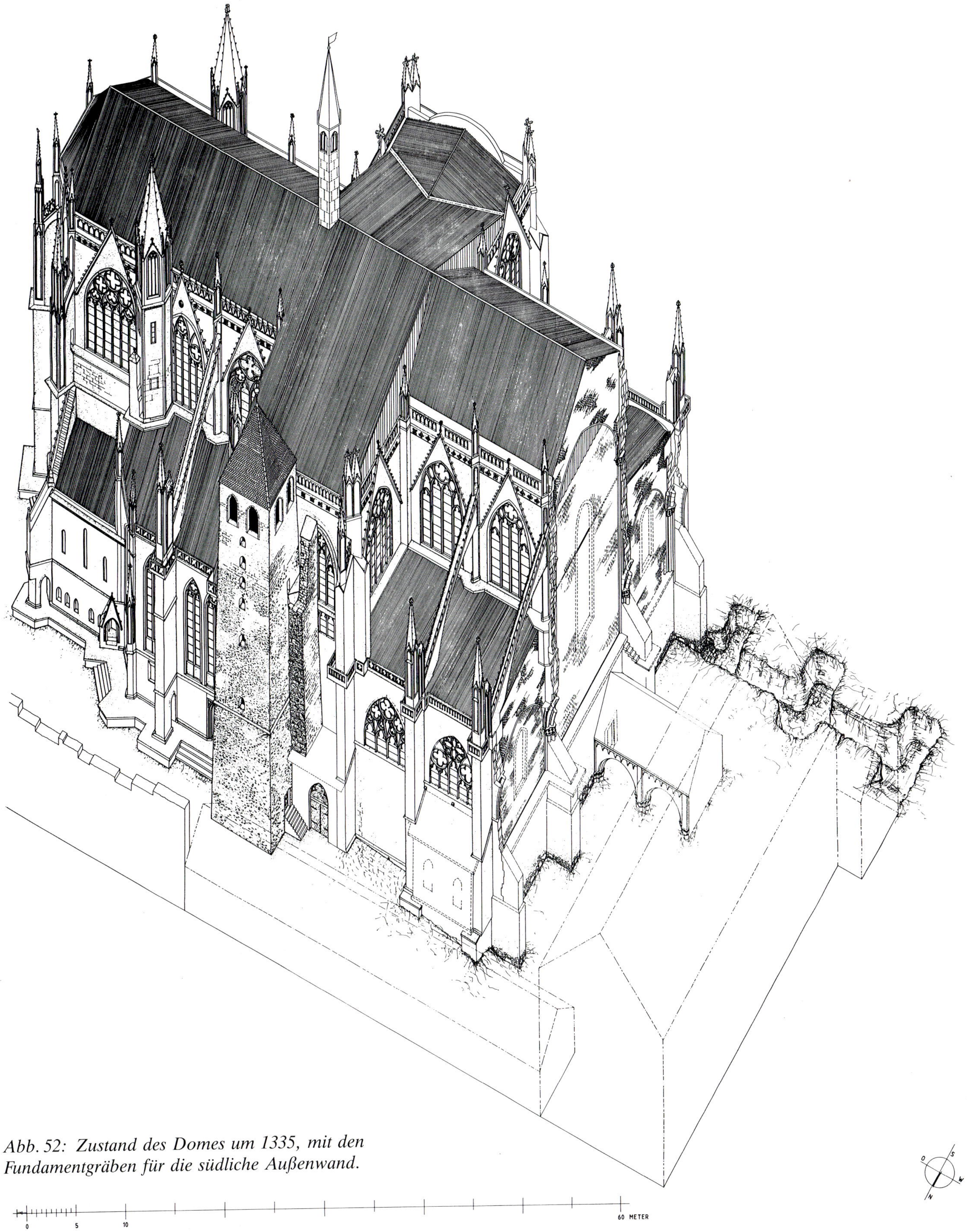

*Abb. 52: Zustand des Domes um 1335, mit den Fundamentgräben für die südliche Außenwand.*

*Abb. 53: Der Lettner des Domes. Ausschnitt aus einem Kupferstich von Johann Hauer (Nürnberg) mit einer Darstellung der Krönung der Kaiserin Eleonora am 7. 11. 1630.*

In der mittleren Baldachinöffnung des Domlettners stand der Kreuzaltar, der für die Laien von besonderer Bedeutung war. Die beiden seitlich anschließenden durchbrochenen Arkaden bildeten den Zugang zum Hauptchor und waren durch eiserne Gittertüren verschließbar. Vor den äußeren Öffnungen erhoben sich nochmals zwei Altäre. Für die Liturgie und den Raumeindruck im Mittelalter setzte der Lettner entscheidende Akzente.

Die frühesten Schriftquellen zum Lettner sprechen von seiner Beleuchtung: Schon vor 1341 stellte man dort zu Ostern 32 Kerzen auf, wenn das »*Tedeum*« gesungen wurde. 1532 heißt es ausdrücklich, daß die Sänger des »*Tedeum*« auf dem Lettner standen. Er wurde also für die festlichste Musik überhaupt genutzt, wahrscheinlich dann auch zu anderen großen Kirchenfesten. Denn es gibt Nachrichten über Lettnerkerzen zu Himmelfahrt, zu den Bittagen, auch zu Allerseelen; dann benutzte man die schwarzen Eisenleuchter der acht Bruderschaften. Beim Lettner fand am Palmsonntag die Weihe von Zweigen und Blumen statt. Der Blick durch die beiden Gittertüren muß auch Laien möglich gewesen sein, denn Klerus und Volk sahen zu, als 1420 der Bischof im Chor einen Priester degradierte, der hussitischen Lehren nicht abschwören wollte, und ihn dann der weltlichen Gewalt zum Feuertod übergab; so berichtet der Geschichtsschreiber und Chorherr Andreas vom Augustinerstift St. Mang in Stadtamhof als Augenzeuge.

Es scheint auch, daß hoher Besuch oben auf dem Lettner Platz nahm und so für Klerus wie Laien bestens sichtbar war. Ausdrücklich erwähnt wird das 1532 für Kaiser Karl V. mit König Ferdinand und dem jungen König von Dänemark. Für diese Gelegenheit hatte man den Lettner mit Goldstoffen und Teppichen geziert.

Mindestens zwei Altäre standen auf der Lettnerbühne. Einer wird 1463/64 bei einer Strafe für versäumte Messen erwähnt. Einen weiteren stiftete der 1537 verstorbene und unterhalb des Altars beigesetzte Dompropst Christoph von Welser zu Ehren seines Namenspatrons, mit

*Abb. 54: Rekonstruktionszeichnung des Hauptchores im Zustand um 1320. Eingestrichelt sind der Hochaltar mit dem Bischofsgrab, die Sedilien, das Chorgestühl und der Lettner. Die Verkündigungsgruppe des Erminoldmeisters steht am originalen Standort.*

zwei Wochenmessen, auch Kelch, Meßbuch und braunsamtnem Ornat. Die Messen dort mußten bei Festen *(in plenis officiis)* zeitlich verschoben werden, weil dann beim Christophorusaltar Epistel und Evangelium gelesen wurden statt wie sonst beim Hochaltar; es müssen sich dort also Pulte befunden haben. Natürlich wurde auch das Patroziniumsfest am 25. Juli beim Altar gehalten. Die Lettneraltäre wurden nicht, wie etwa die im nördlichen Nebenchor befindlichen, durch Übertragung ihrer Titel und Meßpfründen auf andere Domaltäre oder auch nur durch eine Memorialinschrift in den Dom-Traditionen bewahrt. Anders steht es mit den Altären unter dem Lettner, dem zentralen Kreuzaltar, dem schon 1325 neugestifteten Marienaltar im Süden und seinem später Krönungsaltar genannten Pendant im Norden. Nach dem Lettnerabbruch 1644 versetzte man sie, sie existierten, mehrfach erneuert, bis zum Ende des alten Domstifts.

Vor den glatten Wandflächen zwischen dem Lettner und den Türen, die zu den Nebenchören und den Treppentürmchen führen, dürfte vor Bezug des Hauptchores ein holzgeschnitztes Gestühl errichtet worden sein (Abb. 54), denn ohne entsprechende Sitzgelegenheiten mit den nötigen Buchablagen und Lesepulten war kein Chorgebet zu halten, wichtigste Pflicht der Domherren. Von diesem im 17. und im 19. Jahrhundert jeweils ausgewechselten Gestühl läßt sich immerhin sagen, daß es auf jeder Seite aus 24 Sitzen in zwei Reihen bestanden haben dürfte. Die sicherlich reiche Chorgestühlarchitektur setzte die aufwendige Arkadengliederung des Chorschlusses und der angrenzenden Sedilien fort, lag allerdings – dem liturgischen Rang entsprechend – gegenüber dem Sanctuarium um vier Stufen tiefer. Es mußten dort auch Domvikare und Domschüler untergebracht werden, außerdem die Kleriker der beiden »Nebenstifte« St. Johann und Alte Kapelle. Am dritten Tag der Bittwoche sah man dort auch die drei Frauenkonvente der Stifte Nieder-, Mittel- und Obermünster; aus Respekt vor den Äbtissinnen breitete man Teppiche aus. Auch das Schreibpersonal des Domkapitels – später Syndikus, Rentmeister, Kastenschreiber – stand dort gelegentlich und wurde mit Weihwasser besprengt.

1428 wurde ausdrücklich betont, daß bei der Inthronisation des neuen Bischofs Klerus und Volk im Domchor versammelt waren. Zu anderen Zeiten herrschte allerdings erschreckende Leere: Listen des 16. Jahrhunderts erweisen, daß selbst zu Festen nur eine Handvoll Domgeistlicher im Chor, das heißt auf der Seite des Dompropstes (= Süden) bzw. des Domdekans (= Norden) saßen und psallierten. Nicht ohne Häme berichtet Widmann, daß 1521 die Mette am Franziskusfest regelrecht verschlafen wurde, nur zwei der Domvikare waren zur Stelle.

Wie oben erwähnt, wissen wir wenig über die Gestalt des ersten Hochaltars im neuen Chor. Es gibt gute Gründe, ihn mit Baldachin zu rekonstruieren (vgl. Abb. 54), aber die Schriftquellen schweigen. Umgestaltungen des Hochaltars, die eine Neuweihe nötig machten, sind um 1404 zu vermuten, die Urkunde fand sich beim Abbruch des Altartisches 1785. Sie zählt die Patrone auf, an erster Stelle Petrus und Paulus, auch die Ortsbischöfe Erhard, Wolfgang und Emmeram, zuletzt Florinus, dem kurz zuvor der spätere Bischof Albert der Stauffer von Stauffenberg Kapelle und Altar geweiht hatte (s. S. 104). Auch zu dieser Zeit könnte, analog zu anderen Domaltären, ein steinerner Baldachin zugefügt oder erneuert worden sein, der anscheinend unter Bischof Albert von Törring, jedenfalls vor 1650, verlorenging.

Der Altar erhielt im 15./16. Jahrhundert, im groben datierbar durch Wappen, eine ganze Reihe von nicht sehr großen Silberfiguren, eine Kreuzigungsgruppe und Heilige, auch einige der 1404 aufgezählten Altarpatrone; die vollständigste Liste, mit Gewichtsangaben, stammt von 1644 und verzeichnet einschließlich der Kreuzigung 17 Figürchen. Sukzessive wurden immer wieder ältere Silberfiguren eingeschmolzen, neue beschafft, bis der Silberaltar in seiner heute vertrauten Form zusammengewachsen war. Stets jedoch waren die Reliquien in den figürlichen Reliquiaren nur zu bestimmten Zeiten sichtbar, sonst entweder in der Sakristei verschlossen oder doch verdeckt. Dafür gab es, je nach Form des Altars, verschiedenartige Vorkehrungen. Auch an einem gotischen Steinbaldachin konnte man Stangen für Vorhänge, Fastentücher, Bildverdeckungen anbringen; bei anderen Baldachinaltären des Domes erwähnen die Custodierechnungen oft Reparaturen an Eisenstangen und Aufhängeringen. Der vor Mitte des 17. Jahrhunderts umgestaltete Hochaltar hatte nach den Schriftquellen auswechselbare Stoffbaldachine in liturgischen Farben. Zur frühklassizistischen Fassung der hölzernen Tribünen und der Lamberien (Holzverkleidungen) im Chor paßte der weiß-goldene Schutzkasten von 1786. Erst dem Historismus blieb es vorbehalten, diesen Bereich – ganz ahistorisch – das Kirchenjahr hindurch fast unverändert zu lassen.

Die schon übliche Bestückung des Hochaltars mit zum jeweiligen Fest gehörigen Reliquien wurde durch eine Stiftung des Domherrn Christian von Stinglheim († 1452) feierlicher gestaltet, nämlich durch zwei »gute Wandelkerzen«, die der kleinen Prozession mit Reliquien von der Sakristei zum Hochaltar und wieder zurück vorangetragen wurden. Der Ausdruck wird oft für Prozessionskerzen gebraucht, allgemein auch für große Kerzen. Da die zugehörigen Leuchter 1596/97 in Engelsform erneuert wurden, ist es denkbar, daß auch schon im 15. Jahrhundert gewissermaßen dienende Engel die in ihren Reliquien präsenten Heiligen ehrten. Im mittleren 16. Jahrhundert liest man von Chorleuchtern in Gestalt von Seraph und Cherub. Noch Mesnerbücher des späten 18. Jahrhunderts beschreiben nicht nur den sinnvollen Wechsel von Weisen und Verhüllen, sondern auch das Aussetzen von Reliquiaren zum Fest des Tagespatrons. Das gilt z. B. für den erhaltenen silbernen Sebastian aus dem späten 15. Jahrhundert (vgl. S. 148, Abb. 135).

Doch gehörten auch Silberobjekte zur Dauerausstattung des Hochaltars, so der silberbeschlagene Schrein des hl. Florinus, zuerst 1509 – aber bei einer Prozession – erwähnt, wie der Historiker Eberhard Wassenberg in seiner

1654–59 verfaßten Regensburger Bistumsgeschichte berichtet. Bischof Albert von Törring ließ den Schrein 1615 öffnen und visitieren. Das Ergebnis war enttäuschend: wenige Knochenfragmente in einer inneren Lade, keine Authentik. Bei dieser Gelegenheit putzte ein Goldschmied den arg verstaubten Schrein. Spätestens 1593 gab es auch, wie in fast allen Dom- und Stiftskirchen, eine silberne Tafel beim Altar, der Mesner hielt sie sauber. Ob sie die vielen kleinen Silberfiguren umschloß, analog zu Schnitzaltären des frühen 15. Jahrhunderts mit Zentralgruppe und seitlich aufgereihten Heiligen, ist derzeit nur zu fragen. Oftmals liest man, daß beide Objekte der schwedischen Plünderung von 1633 zum Opfer fielen, während der Domschatz nach Burghausen in Sicherheit gebracht wurde. Doch verbucht ein Kapitelsprotokoll von 1646 achtzehn Mark Silbers von dem »sarch« (nach Regensburger Sprachgebrauch = Schrein, sonst: Predella), was bedeutet, daß der Schrein damals noch in Regensburg vorhanden war. Auch Schrein und Tafel waren wohl nicht immer sichtbar, denn bis ins 17. Jahrhundert gibt es häufig Extra-Geld für einen Mesner, damit er die Flügel beim, das heißt hinter dem Hochaltar öffnet und schließt. Noch 1785 hat man gemalte Altarflügel mit der Passion Christi zwar entfernt, aber aufbewahrt.

Auf der Mensa des Hochaltars standen Leuchter mit Wachskerzen, je nach Zeit des Kirchenjahres aus Silber oder aus Messing. Dazu gab es über dem Altar eine Lichtkrone, 1530 Apostelkrone genannt. Eine Liste von 1431 zählt Feste auf, zu denen Kerzen »auf der Krone im Chor« angezündet wurden. Als sie dem barocken Altaraufbau weichen mußte, wurden ihre 24 Kerzen auf dem Laufgang hinter dem Altar postiert, man nannte sie Kronkerzen und den Tag ein Kronenfest. Außerdem gab es im Chor, aber an unbekanntem Platz, einen Marienleuchter mit sieben Ampeln, wohl mit einer entsprechenden Figur der Madonna, zu der nach der Geheimen Offenbarung des Evangelisten Johannes die sieben Lampen um den Thron des Höchsten gehören. Sie brannten die ganze Weihnachtsnacht und bei anderen, nicht nur marianischen Festen und erinnerten daran, daß Maria Mitpatronin von Dom und Hochaltar war.

Der Hochaltar diente auch einer heute sehr fremdartig gewordenen Zeremonie: Nach der Wahl wurde der neue Bischof wie in vielen anderen deutschen Domen während des *»Tedeums«* auf den Hochaltar gesetzt. Belege fanden sich bisher nur in den genauen Protokollen des 18. Jahrhunderts, doch sicher nicht als neue Erfindung, sondern in althergebrachter, mittelalterlicher Tradition. Gleiches geschah auch 1636 nach Wahl von Kaiser Ferdinand III., wie am rechten Wahlort – Frankfurt – seit alters üblich (Wassenberg).

Außer Stundengebet und Messe fanden im Chor einige spezielle, nur den Domklerus betreffende, mit Festriten verbundene Aktionen statt. Das begann innerhalb des Kirchenjahres mit Epiphanias: Zum Fest der Heiligen Drei Könige wurden ihre Gaben ausgeteilt, und zwar in Schälchen aus grünem und gelbem Wachs, zeitweilig mit Wachsblüten oder Rauschgold verziert. Sie enthielten Gold für jeden Domherrn (1577/90 noch als Goldstück, das jeweils zurückgekauft wurde, später ein Dukaten), außerdem etwas Weihrauch und – nach den Ankäufen um Neujahr zu urteilen – auch Myrrhe. Auch das Dompersonal bis hin zu den Mesnern erhielt solche Näpfchen, aber leer. Da bis zum Ende des alten Domkapitels 1810 viele Wachsschälchen und auch Weihrauch nach alter Gewohnheit ins Rathaus geliefert wurden, zum »lutherischen Dreikönigsfest« (des julianischen Kalenders), muß der Brauch auf vorreformatorische Zeiten zurückgehen. Zum Fest des hl. Sixtus (6. August) wurden, wie gebräuchlich, neue Trauben geweiht und ausgeteilt, am Wolfgangsfest trank man süßen Wein aus der Onyxschale des hl. Wolfgang (Domschatz). Auch das sogenannte Präsenzgeld, das man sich durch die Anwesenheit bei bestimmten Festen, Messen oder Anniversaren verdiente, wurde im Chor ausgezahlt, erst Ende des 18. Jahrhunderts in diskreterer Form, nämlich portionsweise in Papier gewickelt. Andererseits wurde zu bestimmten Festen auch bei den Domherren Geld gesammelt, mit dem »Peters-Trühlein«.

Etwa gleichzeitig mit dem Lettner entstand um 1320 der älteste erhaltene Baldachinaltar des Domes (Abb. 55). Er steht seit dem 19. Jahrhundert im dritten Joch des nördlichen Seitenschiffs; ursprünglich war er jedoch weiter östlich im ersten Joch aufgestellt, in gleicher Position wie heute vor der Wand. Die das Gewölbe einfassenden Arkadenbögen ruhen auf kompakten dreiteiligen Säulenbündeln; Wimperge ragen in die abschließende Maßwerkbrüstung. In die beiden freien Kanten sind Figurentabernakel mit hohen Baldachinhelmen eingeschnitten. Darin stehen die Bildwerke der Heiligen Heinrich und Kunigunde, die sich – der Architektur folgend – diagonal

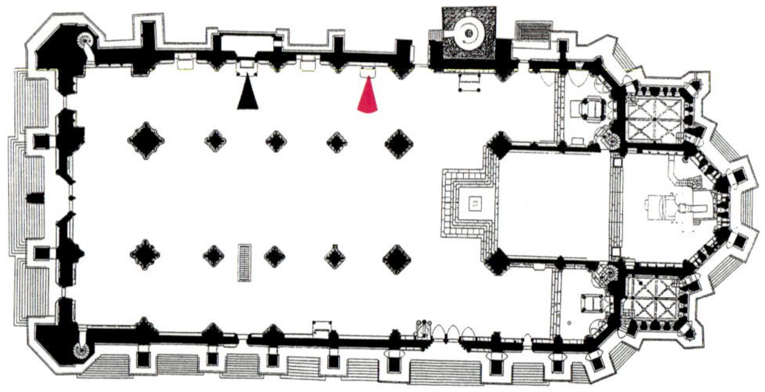

*Abb. 55: Heinrich- und Kunigunden-Altar, nach dem Altarbild von 1839 auch Rupertus-Altar genannt. Um 1320. Im Grundriß schwarz der heutige, rot der ursprüngliche Standort.*

nach außen wenden. In die beiden Zwickel zwischen Figuren und Wimperg der Frontseite sind Rundscheiben mit Reliefdarstellungen eines männlichen und eines weiblichen Kopfes eingearbeitet, die sicherlich das Stifterpaar darstellen. Zu ihm gehören auch die Wappen, die sich unter den Konsolen der Figuren befinden, in raffinierter Verschränkung mit den Evangelistensymbolen, die zugleich die Wimpergschenkel tragen. Architektur und Skulptur sind gerade bei dieser Ecklösung untrennbar miteinander verknüpft.

Stilistisch schließen sich die Bildwerke des Altars unmittelbar an den großen Schlußstein des Hauptchorpolygons an (Abb. 44). Nach den Wappen und den dargestellten Heiligen dürften die Stifter mit Heinrich von Hohenfels und seiner Gemahlin Kunigunde zu identifizieren sein, die aus einflußreichen Adelsfamilien der Oberpfalz stammten.

Innerhalb der prunkvollen Ausstattung einer Kathedrale dürfen die liturgischen Gewänder nicht vergessen werden, die Bischof und Klerus bei Gottesdiensten und Prozessionen anlegten. Aus der Zeit um 1320/30 stammt ein besonders kostbares Kleidungsstück, ein Rationale, das normalerweise nur vom Bischof benutzt werden durfte, der es an Hochfesten über dem Meßgewand trug (Abb. 56). Es handelt sich um ein doppeltes, Brust und Rücken bedeckendes Textil, dessen Vorder- und Rückseite durch kreisförmige Schulterstücke verbunden sind. Der naturfarbene Leinengrund verschwindet völlig unter einer prächtigen Stickerei aus Gold- und Silberfäden und farbiger Seide. An den Säumen hingen ursprünglich 68 silbervergoldete Glöckchen, die bis auf drei verlorengingen; ansonsten ist das Rationale aber vorzüglich erhalten. Das komplizierte Figurenprogramm ist in einer ungewöhnlich historisierenden Darstellungsweise nach dem Vorbild des berühmten, aus dem mittleren 11. Jahrhundert stammenden Gegenstücks im Bamberger Domschatz wiedergegeben. Auf der Vorderseite (Abb. 56) erscheint eine Allegorie der Kirche in einem zentralen, stilisierten Prunkgebäude, begleitet von sechs Aposteln in Ädikularahmen. Die Rückseite zeigt das Jüngste Gericht nach der Apokalypse des Evangelisten Johannes, wiederum durch sechs Apostel gerahmt. Die Ähnlichkeit

*Abb. 56: Rationale. Liturgisches Prachtgewand des Bischofs. Um 1320/30. Domschatzmuseum.*

der Figurenzeichnung mit gleichzeitigen Glasfenstern im Dom und mit der Regensburger Buchmalerei legen eine Herstellung des Rationale in Regensburg nahe.
Nach einer aufgestickten Inschrift war das Rationale ein Geschenk des damaligen deutschen Königs und späteren Kaisers Ludwig des Bayern. Er mißachtete damit bewußt die kirchliche Tradition, nach der nur der Papst ein Rationale als besondere Auszeichnung verleihen darf. Das kostbare Geschenk sollte wohl auch den politischen Absichten des Königs dienen: Einerseits versuchte er den Bischof, der ihm in den ersten Regierungsjahren treu ergeben war, weiterhin an sich zu binden; andererseits maßte er sich – im Vorfeld der aufkeimenden Auseinandersetzung mit Rom – päpstliche Rechte an. Langfristig erreichte Ludwig der Bayer sein Ziel allerdings nicht, da er bereits 1324 von Papst Johannes XXII. mit dem Bannfluch belegt wurde und sich Bischof Nikolaus wenig später von ihm abwandte.

Der Machtkampf zwischen Kaiser und Papst, der damals das Reich erschütterte, könnte seinen Niederschlag auch in einem wichtigen Skulpturenprogramm des Domes gefunden haben. Das bislang bildlose südliche Querhausportal – damals ja das Hauptportal des Domes – erhielt eine Aufwertung durch Figuren, die innen in bewußtem Bezug zum Portal aufgestellt wurden. Zunächst entstanden um 1320 die steinernen Bildwerke der Dompatrone, des hl.Petrus und der Muttergottes (Abb. 57). Heute befinden sich diese Figuren getrennt voneinander am nordöstlichen Vierungspfeiler und im südlichen Nebenchor. Ursprünglich standen sie an den dem Portal zugewandten Schrägen der beiden südlichen Vierungspfeiler. Hinter den Skulpturen war je ein farbiges Wandfeld auf die sonst weißen Dienstbündel der Pfeiler gemalt. Die Figuren selbst waren ebenfalls bunt gefaßt und vergoldet; ihr heutiges Aussehen ist allerdings das Ergebnis späterer, zu unterschiedlichen Zeiten erfolgter Übermalungen.
Betrat damals ein Besucher den Dom, müssen ihm zuerst die prächtigen, überlebensgroßen Skulpturen aufgefallen sein, die ihrerseits Bezug auf ihn nahmen. Die westlich – also vom Portal aus am linken Pfeiler – stehende Petrusfigur wandte sich mit ihren Gebärden dem Betrachter zu, verwies aber auch mit dem hochgehobenen Buch in der linken Hand hinüber zu Maria. Diese richtete ihren Blick auf Petrus, präsentierte jedoch das Jesukind so, daß es den Besucher ansah und mit der Rechten segnete. Nur vom ursprünglichen Standort her versteht man die durchdachte Komposition. Ihr entspricht die hohe Qualität der Bildwerke, deren Stil dem etwa zeitgleichen Heinrich- und Kunigunden-Altar verwandt ist. Der leicht S-förmige Schwung der schlanken Körper, der Kontrapost mit einem auffällig vorgestellten Bein, die flach gekurvten Schüsselfalten und vielfach geschwungenen Wellensäume der Gewänder sowie der introvertiert-empfindsame Gesamteindruck lassen erneut Einflüsse aus dem Westen vermuten.
Die Darstellungen der Patrone gehören zunächst zur erwartungsgemäßen Ausstattung des Domes. In einer ungewöhnlichen Aktion wurden sie wenige Jahre später – um 1330 – durch eine dritte Steinfigur ergänzt, deren Sinn man zunächst nicht ohne weiteres versteht. Es handelt sich um die ebenfalls überlebensgroße Skulptur einer recht wenig bekannten Heiligen, der hl. Petronella (Abb. 58), die einen prominenten Standort erhielt, nämlich innen am Mittelpfeiler des südlichen Querhausportals, gegenüber den Figuren von Petrus und Maria (Abb. 57). Das Bildwerk steht heute noch am alten Platz, zeigt die ursprüngliche Fassung mit weißen, rot gefütterten Gewändern sowie reicher Vergoldung und wurde durch ein farbiges Wandfeld betont, das innerhalb eines zinnoberroten Rahmens gelb-blau gemustert war. Ein abgebrochenes Spruchband mit den Anfangsbuchstaben *»S. PE...«* gibt den Hinweis auf die Identifizierung, die durch die in Quellen faßbare Erwähnung eines Altares der hl. Petronella im Dom unterstützt wird.
Bei der Untersuchung der Portalzone stellte sich heraus, daß erhebliche Umbauten nötig gewesen waren, bis damals die Petronella-Figur aufgestellt werden konnte. Denn als um 1280/90 die Portalwand errichtet worden war, hatte man nur Platz für eine kleine Statue vorgesehen; der den Dom umziehende Laufgang führte in einer symmetrischen Treppenanlage knapp über das Portal hinweg, mit einer schmalen Plattform über dem Scheitel der Portalbögen (orange markiert in Abb. 59). Die darüber erscheinenden, in Resten bis heute sichtbaren Ritzlinien von Maßwerkformen werden verständlich, wenn man das Portal von außen betrachtet: Sie entsprechen nämlich der aufgeblendeten Maßwerkrose, die das Tympanon des Portals bekrönt und ursprünglich – ohne das Kreuzigungsrelief – das reine, aus Spitzbögen gebildete Fünfblatt zeigte.

*Abb. 57: Figuren des hl. Petrus und der Muttergottes. Um 1320. Heutiger Standort der Petrusfigur am nordöstlichen Vierungspfeiler, der Marienfigur im Südchor über dem Geburt-Christi-Altar. Zu den ursprünglichen Positionen siehe Abb. 58. Foto Petrus um 1920, Foto Maria 1988.*

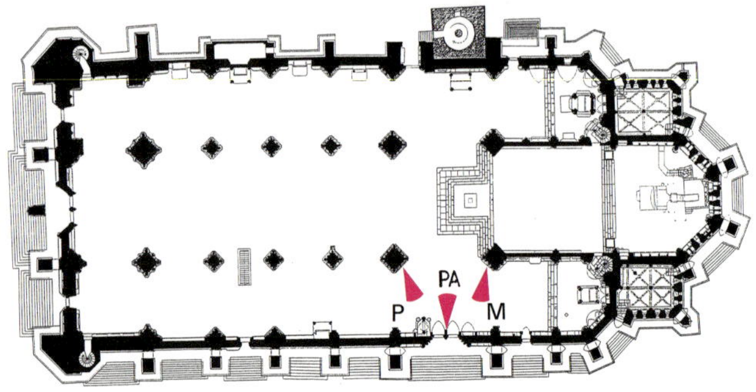


*Abb. 58: Figur der hl. Petronella. Um 1330. Im Grundriß: Ursprüngliche Standorte der aufeinander bezogenen Figuren des hl. Petrus (P), der Muttergottes (M) und der hl. Petronella (PA).*

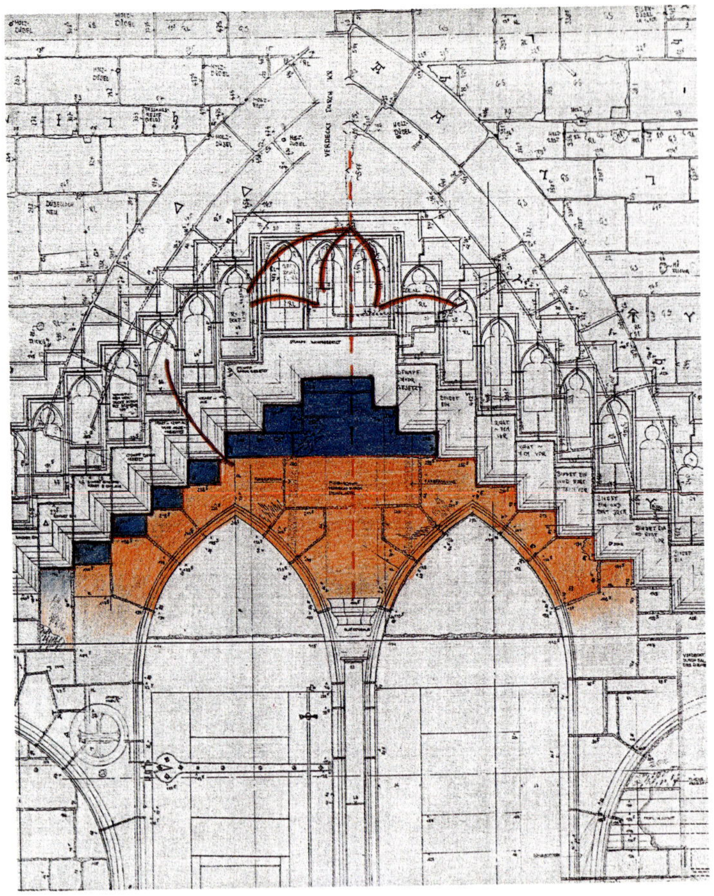

*Abb. 59: Aufriß der Innenwand des südlichen Querhauses. Orange markiert der ursprüngliche Treppenverlauf über dem Portal, blau der Umbau für die Aufstellung der Petronella mit Verschiebung der Mittelachse.*

Bei dem Umbau um 1330 mußte, um Platz für die große Figur der Petronella zu schaffen, innen die Abtreppung des Laufgangs erhöht werden (blau markiert in Abb. 59). Dabei erfolgte die Aufstockung nicht symmetrisch, sondern derart nach Osten verrückt, daß der Scheitel der Treppenanlage sich nicht mehr zentral über der Mittelachse des Portals befindet. Diese Verschiebung entspricht jedoch genau dem Bildwerk der Heiligen, deren Haupt durch den S-Schwung ihres Körpers ebenfalls nicht in der vom Sockel definierten Mittelachse liegt. Mit anderen Worten: Die Erhöhung der Treppenanlage erfolgte genau nach dem Umriß der Figur; die Architektur wurde buchstäblich um sie herumgebaut.

Wohl zur gleichen Zeit dürfte man das Portal auch außen zusätzlich geschmückt haben. In die Maßwerkrose des Tympanons setzte man eine Steinplatte mit dem Hochrelief einer Kreuzigungsgruppe ein (Abb. 60), was nach den bis heute sichtbaren Flickstellen, den Eisenklammern und den Abarbeitungen mit einiger Mühe verbunden war. Das Relief selbst läßt sich bisher nicht mit anderen Skulpturen des Domes in Verbindung bringen. Die auf Nahsicht berechnete, tief beseelte Darstellung aus der Zeit um 1320 gehört stilistisch zur schwäbischen Plastik der Bodenseegegend und dürfte von einem dort geschulten Bildhauer ausgeführt worden sein. Die hohe Qualität, bis in die sorgsam ausgeführten Details, wird durch die bis heute gut erhaltene Fassung unterstrichen.

Es stellt sich die Frage, warum in Regensburg der sonst weniger bekannten hl. Petronella relativ überraschend eine derartige Bedeutung zuerkannt wurde, daß man für ihre Präsentation den beschriebenen Aufwand in Kauf nahm. Petronella ist eine römische Katakombenheilige, deren Legende im frühen Mittelalter immer weiter ausgeschmückt wurde. Die Ähnlichkeit der Namen Petrus – Petronella führte schließlich zu der Annahme, sie sei die Tochter des hl. Petrus gewesen, von dem man ja weiß, daß er vor seiner Berufung zum Apostel verheiratet gewesen war. Unter Papst Paul I. (755–767) wurden ihre Gebeine in den römischen Petersdom überführt und in einer Kapelle beim südlichen Querhaus bestattet. In Frankreich galt Petronella als Nationalheilige und spezielle Patronin des französischen Königs. Entscheidend dürfte hierfür die Beziehung Petronella – Petrus gewesen sein: Wie Petronella die Tochter des ersten Papstes war, sah sich Frankreich als die älteste und erste Tochter der römischen Kirche. Auch in Regensburg knüpfte man bewußt an diesen Zusammenhang an, der bereits durch die Confessioanlage und die Figur des thronenden hl. Petrus (Abb. 18) betont worden war. So konnte man im Dom noch einmal an die römische Peterskirche erinnern und gleichzeitig auf das Vater-Tochter-Verhältnis anspielen. Mit der Dreiergruppe Petronella–Petrus–Maria empfahl sich die Regensburger Kirche, die als direkte Tochter der römischen Kirche gesehen und mit Petronella identifiziert werden wollte, dem Apostelfürsten Petrus, der diese Empfehlung an Maria und das Jesukind weitergab.

Wie oben angedeutet, dürfte die aufwendige nachträgliche Zufügung der hl. Petronella nicht nur eine fromme Geste gewesen sein, sondern vor allem eine deutliche politische Aussage enthalten haben. Bischof Nikolaus von Ybbs hatte sich im Machtkampf zwischen Kaiser Ludwig dem Bayern und Papst Johannes XXII. bald auf die Seite des Papstes gestellt. Auch das Verhältnis des Kaisers zur Stadt Regensburg verschlechterte sich in den dreißiger Jahren extrem, da Ludwig die Stadtherrschaft an sich reißen wollte, zuletzt 1337 sogar mit Gewalt. Die betonte Verehrung der hl. Petronella bekräftigte also die Anerkennung des römischen Papsttums und enthielt gleichzeitig eine unverblümte antikaiserliche Parole.

*Abb. 60: Südliches Querhausportal außen. Tympanon mit nachträglich eingesetztem Kreuzigungsrelief der Zeit um 1320. Dank des über Jahrhunderte hinweg über dem Portal angebrachten Schutzdaches ist die ursprüngliche farbige Fassung in erheblichen Resten erhalten.*

Wenn man die drei in Beziehung zueinander stehenden Figuren von Petrus, Maria und Petronella vergleicht, setzt sich die Skulptur der Petronella durch ihre säulen-

*Abb. 61: Grabplatte des Domdekans Ulrich von Au. Zwischen 1322 und 1326. Ursprünglich im zweiten Joch des nördlichen Seitenschiffs, heute im Domkreuzgang.*

hafte Starrheit deutlich ab. Sie gehört – auch wenn ihre plastische Qualität nicht der inhaltlichen Bedeutung gleichkommt – zu einer Bildhauerwerkstatt, deren charakteristische Stilformen mit der datierbaren, zwischen 1322 und 1326 entstandenen Grabplatte des Domdekans Ulrich von Au (Abb. 61) verbunden werden können. Dieses Grab gehört wohl zu der oben erwähnten Altarstiftung des Domdekans (vgl. S. 52) und befand sich ursprünglich im zweiten Joch des nördlichen Seitenschiffs. Offensichtlich machten sich in starkem Maße wieder die Einflüsse aus Italien bemerkbar, die wir bereits am Skulpturenfries des Südquerhauses beobachten konnten. Während sie dort in ihrer frischen, direkt importierten Formensprache bis heute fremdartig wirken, verschmelzen sie nun in einem bemerkenswerten Integrationsprozeß mit dem vertrauten Formenrepertoire. Obwohl die Gestalt des Ulrich von Au in verhältnismäßig flachem Relief modelliert ist, wirkt sie ausgesprochen voluminös; der Kopf ist von beherrschender plastischer Wucht. Die Distanz zu den schlanken, S-förmig geschwungenen Bildwerken, wie sie Petrus und Maria nach westlichem Vorbild verkörpern, könnte nicht größer sein. Nur in Einzelheiten wie dem Schnitt der Augen oder der Kalligraphie der Haare wirken deren Stilformen nach, wachsen aber zu einer souverän bewältigten Einheit zusammen.

Eine ganze Reihe großformatiger Skulpturen lassen sich dieser bis etwa 1330/35 tätigen Werkstatt zuweisen. Dabei scheint es innerhalb der Gruppe zwei bestimmende Bildhauerpersönlichkeiten gegeben zu haben, die den beschriebenen Stil zusätzlich differenzierten. Eng verwandt mit dem Grabmal des Ulrich von Au sind die Figuren der stehenden Muttergottes mit Kind an der inneren Nordquerhauswand (über dem Albertus-Magnus-Altar, Abb. 62) und eines hl. Fürsten (?) im nördlichen Nebenchor. Von den beiden Reiterfiguren an der inneren Westfassade gehört hierzu die südlich aufgestellte Darstellung des hl. Georg (Abb. 65). Die Skulptur der Petronella stammt dagegen aus einem Atelier, dessen bedeutendste Schöpfung die Figur des hl. Christophorus an der Außenwand des südlichen Seitenschiffs darstellt (Abb. 63). Ihm lassen sich auch die zwei Figuren der Verkündigung vom Baldachinaltar im Südschiff zuschreiben (Abb. 64), ein Figürchen des hl. Jakobus d. Ä. im nördlichen Turmjoch sowie die nördlich plazierte Reiterfigur des hl. Martin an der inneren Westfassade (Abb. 66).

Abb. 62: Figur der Muttergottes mit Kind. Um 1325/30. Nordquerhaus innen, über dem Albertus-Magnus-Altar. Das Bildwerk läßt sich in seiner kompakten, aber doch lebendigen und frischen Darstellung unmittelbar dem Atelier der Grabplatte des Ulrich von Au und der Reiterfigur des hl. Georg (Abb. 65) zuschreiben.

Abb. 63: Figur des hl. Christophorus. Um 1325/30. Südliches Seitenschiff außen, 2. Joch von Osten. Der monumentale Gesamteindruck paßt zu der ungewöhnlichen, entschlossen wirkenden Physiognomie. Daneben fallen einige Unsicherheiten der Körperhaltung auf (Beine, linker Arm und linke Hand, Beinhaltung des Jesukindes), wie sie für die Werkstattgruppe um die Reiterfigur des hl. Martin (Abb. 66) typisch sind.

Die stilistischen Unterschiede zwischen den parallel nebeneinander tätigen Werkstattgruppen lassen sich am besten bei den Reiterfiguren aufzeigen, die auf den ersten Blick wie ein Zwillingspaar wirken. Sie sind auch bewußt als aufeinander bezogene Gegenstücke konzipiert und sicher zur gleichen Zeit entstanden. Betrachtet man beispielsweise die Köpfe genauer, unterscheidet sich aber der puppenhaft rundliche, liebenswürdige Kopf des hl. Georg deutlich von dem schärfer konturierten, strengeren des hl. Martin, der um mehr individuelle Züge bemüht ist (Abb. 65 und 66). Dem Bildhauer des Georg gelang es, einen harmonischen Ablauf der Körperhaltungen vorzuführen, während die Martinsgruppe mit vorzüglich charakterisierten Details aufwartet (z. B. Kleidung des Bettlers oder Schweif und Mähne des Pferdes), insgesamt aber die anatomischen Zusammenhänge weniger berücksichtigt sind. Bei beiden Bildhauern spürt man, daß die Wiedergabe großer Pferde nicht zu ihren alltäglichen Aufgaben gehörte. Dennoch zeigen sich trotz gleicher Grundhaltung auch hier die Unterschiede: Das Pferd des Georg führt in relativ genauer Naturbeobachtung eine tänzelnd stolze Haltung vor, während das Roß des Martin ein wenig »hölzern« geriet. Selbst in der Gestaltung der Bodenplatten und der Stützen für die Pferdeleiber wählte jeder Bildhauer eine eigene formale Lösung, abgesehen davon, daß ikonographisch der hl. Georg in einer »Waldwüste«, der hl. Martin vor einem Stadttor dargestellt werden. Außerdem forderte die aus zwei Steinblöcken zusammengesetzte Georgsgruppe eine konstruktive Zweiteilung. Hier steht das Pferd auf festem Felsboden; die Stützen sind als zwei Baumstämme charakterisiert, die gleichsam zur Landschaft hinter der Gruppe gehören. Beim Pferd des Martin kleben die Hufe im lehmigen Grund, die Stützplatte ist völlig glatt. Bei der ursprünglichen farbigen Fassung blieben Grund und Platte weiß, um diesen Bereich zu entmaterialisieren.

Unabhängig von solchen kunstgeschichtlichen Fragen lassen sich viele Einzelheiten studieren, die das Bild eines mittelalterlichen Ritters verdeutlichen: Zaum- und Sattelzeug, Sporen, Bewaffnung mit Dolch und Schwert, vor allem aber die Gewandung. Hier sind wohl bewußt die zwei Erscheinungsformen des Ritters gegenübergestellt: gerüstet mit Ringelpanzer, Waffenrock und Tasselmantel, bzw. in vornehmer Kleidung mit Rock und Glockenmantel.

Langfristig dürften die Reiterfiguren tatsächlich für die Position am heutigen Standort geplant gewesen sein, also links und rechts des Hauptportals. Da die Westteile des Domes vor 1330 aber noch nicht einmal begonnen waren, müssen die Reiter zwischenzeitlich anderswo plaziert gewesen sein. In Frage kommen eigentlich nur die provisorischen Abschlußwände im Westen. Jedenfalls waren beide ursprünglich für eine Aufstellung vor einer glatten Wand konzipiert, von der weg sich die Gruppen leicht in den Raum wandten, so daß auch ihre Rückseiten für einen Schrägblick partiell ausgearbeitet werden mußten. Bei der endgültigen Aufstellung um 1420 (vgl. Abb. 104) wurden sie wegen der mehrfach veränderten Portalplanung an die Innenseite der Langhausendpfeiler gerückt und mit Mühe angepaßt: Dabei mußten die Dienste teilweise abgearbeitet und den Reitern die jeweils nach innen ragenden Füße abgeschlagen werden.

Die beschriebene prächtige Ausstattung der in allen liturgischen Bereichen voll genutzten Kathedrale umfaßte auch die farbigen Glasfenster. Wie wir wissen, war um 1330 die Verglasung des Hauptchorpolygons abgeschlossen; ebenfalls dürfte nach den erhaltenen Resten der nördliche Nebenchor zu diesem Zeitpunkt mit Glasmalereien gefüllt gewesen sein. Merkwürdigerweise blieben die seitlichen Obergadenwände des Hauptchores zunächst ausgespart; ihre Ausstattung mit farbigen Glasfenstern begann erst etwa 30 Jahre später. Dafür konzentrierte sich die Fensterproduktion auf die Seitenschiffe und auf das wichtigste und größte Fenster des Domes an der Südquerhausfassade, auf deren damalige Bedeutung als Hauptfassade wir bereits hingewiesen haben. Das Fenster füllt mit seiner Breite von neun Metern die Wandfläche des Querhauses zwischen den Pfeilern aus und verwandelt vom Triforium aufwärts die gesamte Stirnwand in eine farbige Glasfläche (Abb. 69). Bereits beim Bau der Fassade waren um 1315 Komposition und Aufteilung der riesigen Öffnung durch die vertikalen Fensterbahnen und das bekrönende, vielteilige Maßwerk festgelegt. Trotz des beschriebenen Planwechsels (vgl. S. 44) nehmen die Bahnen deutlich Rücksicht auf die darunterliegenden Triforiumsöffnungen, so daß der Eindruck eines einheitlichen Großfensters entsteht. Erst bei genauer Betrachtung offenbart sich die Raffinesse der Komposition. Die langgezogene Lanzettbahn in der Mitte trägt wie ein Blütenstengel die bekrönende Rosenscheibe und trennt die beiden seitlichen, vierbahnigen Fensterhälften, die jeweils ein übergreifender Spitzbogen zusammenfaßt. Unter diesem kann man optisch noch einmal eine Zweiteilung herauslesen: Zwei Bahnen tragen, überfangen von einem steilen Spitzbogen, je einen Vierpaß und erinnern damit an die klassische Grundform der frühesten gotischen Maßwerkfenster. Der Formenvielfalt entspricht auch die Fülle der konstruktiven Einzelteile, die hierfür angefertigt werden mußten, wie sie unsere Abbildung 68 zeigt. Das Fenster besteht aus 75 Werksteinteilen, für die wegen ihrer Achsensymmetrie nur 24 – teilweise spiegelbildlich gedrehte – Schablonen erforderlich waren. Auf die natürlichen Blockgrößen des Steinmaterials wurde keine Rücksicht genommen. Allerdings war die Form der einzelnen Werkstücke so kleinteilig kompakt gewählt, daß sie ökonomisch ohne größeren Arbeits- und Materialverlust gearbeitet werden konnten. Die Gesamtform des Maßwerkes wurde vom Baumeister auf einem Reißboden im Maßstab 1:1 vorgegeben, wo sich die Einzelschablonen unmittelbar abnehmen ließen. Die bereits fertiggestellten Maßwerkblöcke konnten auf dieser Arbeitsebene in horizontaler Lage exakt angepaßt und für die Endmontage numeriert werden, wie wir das auf unserer Abbildung auf den Innenseiten des Bucheinbandes (Vorsatz vorne) zu rekonstruieren versuchten. Die Rißzeichnungen waren auf einem Steinboden oder auf einem glatten Mörtelestrich eingeritzt oder mit Rötel auf einem Bretterboden aufgezeichnet und blieben üblicherweise über einen längeren Zeitraum hin erhalten. Von daher ist es gut möglich, daß – als ein Kanoniker aus der Familie der Auer etwa 15 Jahre später die Glasmalereien für diese prominente Stelle stiftete – der Glasmaler die Rißzeichnung als Grundlage für seinen Entwurf benutzen konnte.

In den Bahnen dieses großen Querhausfensters (Abb. 69) ließ der Stifter drei heilige Bischöfe und drei weibliche Heilige (Margareta, Katharina und Barbara) darstellen, dazu noch sich selbst in Kanonikertracht (rechts außen) und das Wappen der Auer. Darüber erscheinen jeweils hoch aufgetürmte Architekturbaldachine. Stilistisch schließen sich die Figuren eng an den Formenvorrat des frühen 14. Jahrhunderts an, so als sollte ein möglichst einheitliches Erscheinungsbild der Glasfenster im Dom gewahrt bleiben. Lediglich die ornamentalen Scheiben, die in verschwenderischer Vielfalt den Großteil des Fensters füllen, lassen eine Wandlung spüren. Sie sind in der

*Abb. 64: Verkündigungs-Altar, ehemals der hl. Anna geweiht. Um 1330/35. Der Altar steht als einziger der gotischen Baldachinaltäre noch am ursprünglichen Standort im zweiten Joch des südlichen Seitenschiffs. Die Figuren, die von der Verkündigungsgruppe des Erminoldmeisters (Abb. 11) beeinflußt sind, stammen aus dem Atelier der Petronella-Skulptur (Abb. 58).*

*Abb. 65 und 66: Reiterfiguren des hl. Georg (links) und des hl. Martin. Um 1325/30.·Innere Westwand, Süd- und Nordseite des Mittelschiffs (vgl. Abb. 104).*

Farbigkeit transparenter, verzichten häufig auf kleinteilige Details und leben von der betonten Wirkung ausgesucht kostbarer Farbflächen. Meist wird auf die Bemalung mit Schwarzlot verzichtet, so daß die blanken Scheiben umso strahlender leuchten.
In den darunterliegenden Triforiumsfenstern fanden einzelne Felder des Stammbaum-Christi-Fensters, das noch für den alten Dom geschaffen worden war, mit neuer Randeinfassung Platz (siehe S. 9). Bei dessen Abbruch hatte man es offensichtlich nicht übers Herz gebracht, die hervorragenden spätromanischen Glasmalereien zu zerstören; am neuen Standort waren sie in ihrer kleinteiligen Struktur zwar kaum zu sehen, verdanken aber ihre Erhaltung dieser respektvollen Fürsorge.
Ein Ausschnitt aus dem Glasfenster im zweiten Joch des nördlichen Seitenschiffs (Abb. 67), das ebenfalls zur Gruppe der um 1330 entstandenen Glasmalereien gehört, verdeutlicht die besonderen koloristischen Qualitäten: Unter goldgelben Figurentabernakeln stehen vor rotem Grund zwei heilige Bischöfe, die zu einer Reihe der »Vierzehn Nothelfer« gehören. Die Farbkomposition

*Abb. 67: Zwei heilige Bischöfe. Glasfenster, um 1330. Nördliches Seitenschiff, zweites Joch, Detail.*

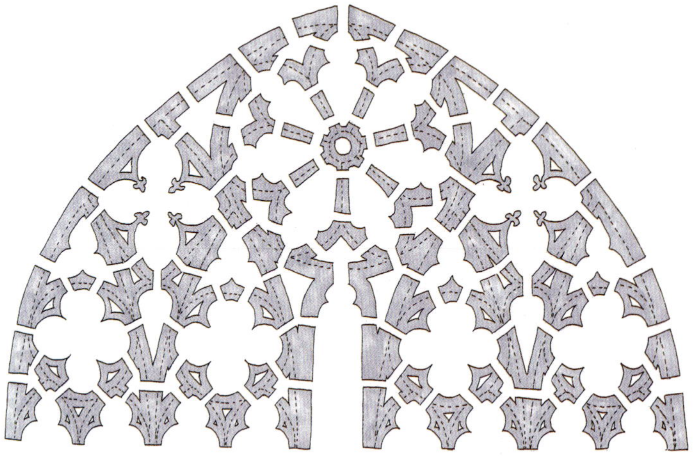

*Abb. 68: Südliches Querhaus, Obergadenfenster, Steinschnitt der Maßwerkbekrönung.*

ist so kunstvoll verschränkt, daß der linke Bischof mit seinem blauen Meßgewand zwar erwartungsgemäß einen goldgelben Heiligenschein besitzt, das gelbe Gewand des anderen Bischofs dagegen als Ausgleich einen sehr ungewöhnlichen blauen Nimbus bewirkte. Beim rechten Bischof ist die Krümme des Stabes gelb, beim linken aber weiß, da sie sich sonst vom Heiligenschein nicht abheben würde.

Mit der Person des Bischofs Nikolaus von Ybbs und seiner bis 1340 währenden Regierungszeit verband sich eine Periode kontinuierlicher und energischer Bauausführung, die mit der beschriebenen reichen Ausstattung Hand in Hand ging. Im Zustand des Domes um 1335, den die Abbildung 52 bereits verdeutlichte, waren in den Ostteilen, dem Querhaus und den zwei Langhausjochen alle wesentlichen, für eine Kathedrale notwendigen liturgischen Handlungen durchführbar. Als ein besonders nach außen repräsentativer Bauteil fehlte noch der Westbau, dessen Hauptakzente nach den französischen Vorbildern die Skulpturenportale und die zwei Türme bilden sollten. In dem bestehenden Torso dürfte die liturgische Ausrichtung nach der damals als Haupteingang benutzten Südquerhausfassade der größte Nachteil gewesen sein.

*Abb. 69. Südliches Querhaus, Glasmalereien in Triforium und Obergaden. Um 1330; im Triforium sind teilweise die Scheiben des Stammbaum-Christi-Fensters aus dem alten Dom eingesetzt (vgl. Abb. 6).*

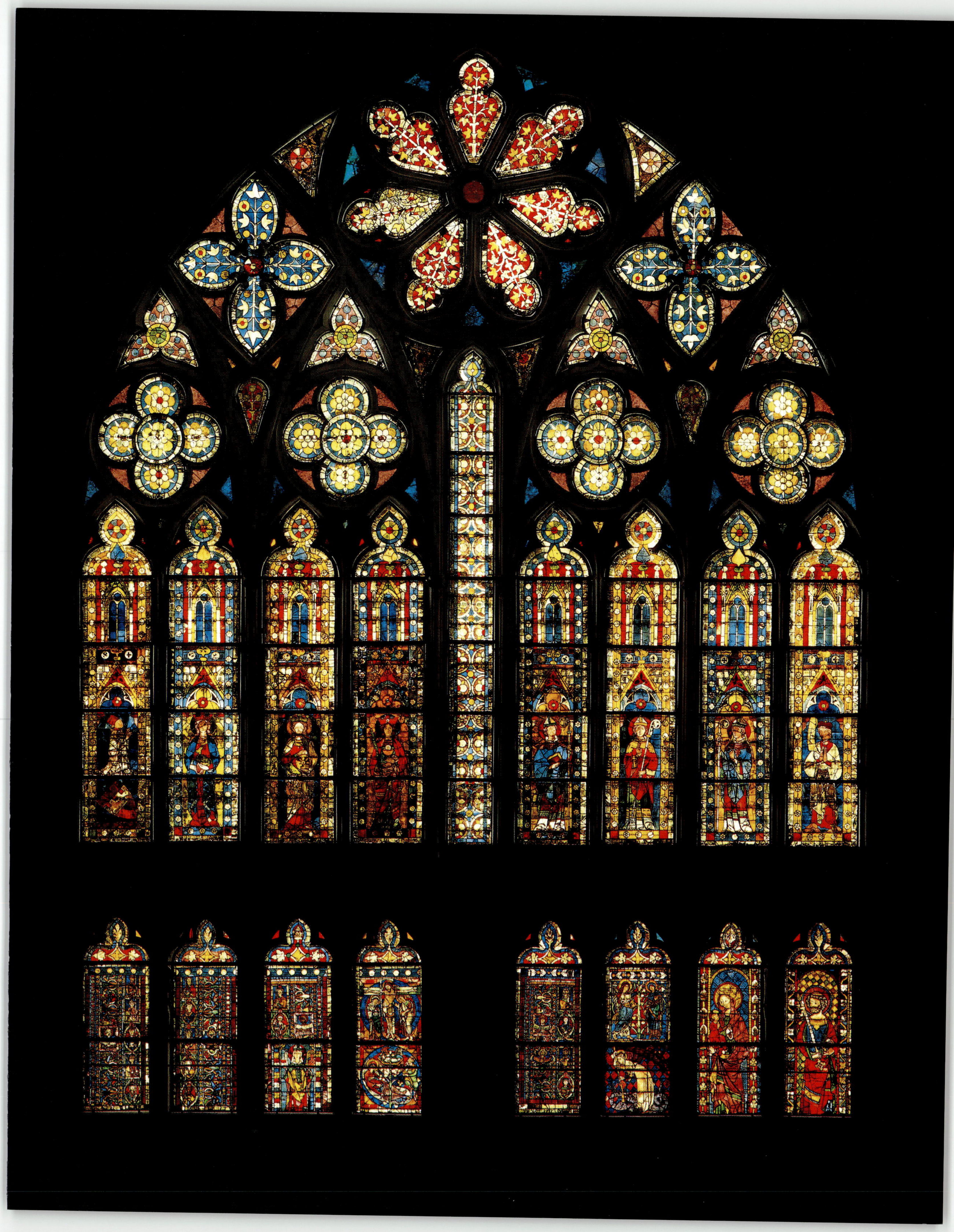

*Abb. 70: Schnittzeichnung zum Architektursystem. Links unten neben den Pfeilersockeln sieht man die erhaltenen Reste des originalen Fußbodens (heute durch das Gestühl verdeckt), große, unregelmäßig geschnittene, aber sauber verlegte Sandsteinplatten.*

*Abb. 71: Blick vom Querhaus ins Langhaus und das südliche Seitenschiff des Domes.*

Mit den beiden Langhausjochen waren ein klassischer dreigeschossiger Aufriß und ein Querschnitt erreicht, die für alle folgenden Bauabschnitte verbindlich bleiben sollten (Abb. 70 und 71). Im basilikalen Querschnitt nehmen die Seitenschiffe und mit ihnen die Scheidarkaden zum Hauptschiff etwa die halbe Gesamthöhe von 32 Metern ein. Über diesen Scheidarkaden entsprechen die großen Maßwerkfenster des Obergadens in Anzahl und Breite der Bahnen dem darunterliegenden Triforium. Die Rückseiten des Triforiums sind nicht durchfenstert, sondern durch eine glatte Wandfläche geschlossen. Die durchlichteten Triforien in den Querhausfassaden und im Hauptchorchluß belegen, daß dies eine bewußte Entscheidung war. Dem entspricht auch ein massives Gewändeteil, das jeweils Fenster und Triforium rahmt und das trotz seiner doppelten Hohlkehle unverkennbar als Rest der Wand charakterisiert wird. Dem Stabwerk aufgelegte Rundstäbchen mit kleinen Kapitellen am Ansatz der Maßwerkbekrönung durchstoßen in der Mitte und an den Seiten des Triforiums die mit einem Laubwerkfries verzierte Fenstersohlbank. Sie enden mit Basen auf den Triforiumsplatten und binden so Obergaden und Triforium zusammen. Es entsteht der Anklang an ein zweigeschossiges Aufrißsystem, dessen Obergeschoß in Rahmenstruktur und Höhe den Scheidarkaden darunter gleicht. Dort sind die Restflächen zwischen Triforium, Arkade und Pfeiler so eingetieft, daß eine charakteristische Rahmung stehen bleibt und sich eine deutliche Trennung zwischen Erdgeschoß und Obergeschoß ergibt.

Die Mittelschiffpfeiler sind als Bündelpfeiler gestaltet und stehen damit in einer Tradition, die vom Neubau der Abteikirche St. Denis bei Paris (begonnen 1231) bis zum Chor des Kölner Domes (begonnen 1248) reicht. Der tragende Pfeilerkern wird dabei durch ein Bündel aus Säulchen und runden Diensten verkleidet, die jeweils einer speziellen Funktion als Auflager für die Arkadenbögen, Gurtbögen und Gewölberippen »dienen«. Im Pfeilerquerschnitt ist eine ungewöhnliche Variante eingeführt. Gewöhnlich schießen nur drei Dienste vom Fußboden bis zum Hauptschiffgewölbe durch. In Regensburg erscheint neben dem Dienstbündel schon ab der Basis ein schräg gestellter, pilasterartiger Streifen, der den das Obergadenfenster einfassenden Schildbogen trägt. Er ist folgerichtig in die aus Deckplatte und einheitlicher Blattmanschette bestehende Kapitellzone integriert. Gleiches gilt für die Seitenschiffe, sowohl an den Wandpfeilern wie an den Pfeilern zum Hauptschiff hin.

Durch diese Beschreibung wird deutlich, daß der Regensburger Dom einerseits in der Tradition der »klassischen« französischen Kathedralen steht, was man auch immer gesehen hat, daß aber andererseits dieses System bewußt modifiziert wurde und somit zukünftige Tendenzen (Wien–Prag) vorwegnimmt. Das Leitthema der Kathedralen des 13. Jahrhunderts, das der Kölner Domchor in hoher Vollendung vorführt, war die weitgehende Entstofflichung der Wand und deren Ersatz durch eine filigrane Skelettstruktur gewesen. Die Architektur erschien als eine ins Monumentale gesteigerte Goldschmiedekunst, überzogen mit einer fein ziselierten Struktur dünner Stäbchen und einem Gespinst zartester Maßwerkformen, die nach Möglichkeit in Glasflächen aufgelöst wurden. An den Bereichen, wo die Wandflächen nicht durch farbige Glasfenster ersetzt werden konnten, trat figürliche oder ornamentale Malerei an ihre Stelle. So erscheinen im Hochchor des Kölner Domes gemalte Engel mit Musikinstrumenten oder Weihrauchfässern auf den letzten Resten der Wand, den Arkadenzwickeln. Zudem waren die einzelnen Architekturglieder durch eine differenzierende farbige Fassung betont. Im Regensburger Dom hatte der Südchor um 1300 eine Raumfassung nach diesen Prinzipien erhalten (siehe S. 30f.). Um 1335, gut zehn Jahre nach der Weihe des Kölner Domchores, setzte der Regensburger Dom ganz andere Akzente. Die Materialfarbigkeit des weißen Kalksteins wurde zur prägenden Farbe aller Oberflächen. Der Stein blieb unbemalt, nur einzelne eingesprengte Grünsandsteinteile wurden weiß überfaßt. Auch die Gewölbekappen tünchte man mit Kalk, so daß eine völlig einheitliche weiße Raumschale entstand. Die einzige Ausnahme bildeten die farbigen Schlußsteine einschließlich einer angrenzenden, manschettenähnlichen Bemalung der Rippenansätze. Umso deutlicher hoben sich die Glasmalereien und die farbig gefaßte Ausstattung (Altäre und Skulpturen) vor diesem einheitlichen Hintergrund ab. Auch der Südchor wurde weiß übermalt und dem Gesamtkonzept angepaßt (vgl. Abb. 28 rechts).

Die oben beschriebenen Details der Wandgliederung passen zu diesem gewandelten Bild einer gotischen Kathedrale, so nebensächlich sie auch für den heutigen Betrachter zu sein scheinen. Ziel ist wie bei der Farbigkeit die Vereinheitlichung des Raums. Dabei kommt es zu einer bemerkenswerten Verschränkung »moderner« Ideen mit älteren Lösungen. So werden die Obergadenfenster zwar mit dem Triforium zu einer Einheit zusammengezogen; andererseits bleibt die Rückwand des Triforiums geschlossen. Die Arkadenzwickel werden gerade in ihrer weißen Steinsichtigkeit als geschlossene Wandfläche präsentiert; durch ihre auffällige Eintiefung erscheint die Wand hier allerdings in einer sehr bewußten, körperlich-plastischen Reliefierung. Diese Einzelbeobachtung entspricht der Tendenz im großen: Der Raumeindruck strebt keine überfeinerte Zerbrechlichkeit und bedingungslose Steilheit mehr an, sondern zeigt wieder kompakte Mauermassen, eine maßvolle Proportionierung und eine auch die Seitenschiffe einbeziehende Weite (Abb. 71).

Hinter dieser formalen Einheit steht ein ausgeklügeltes funktionales und konstruktives System, das seit dem Beginn der Gotik entwickelt und ständig vervollkommnet worden war. Die Schnittzeichnung (Abb. 70) gibt einen Überblick über die Zusammenhänge in ihrer Struktur und Ordnung. Für sich genommen würde die Mittelschiffwand von der Basis bis zur Traufe auf den im Verhältnis zur Höhe doch sehr schlanken Pfeilern ein in Querrichtung ausgesprochen labiles Gebilde darstellen. Das Gleichgewicht wird durch eine Stabilisierung in mehreren Ebenen erreicht. Hierzu gehört die Verspannung durch die primär als Raumabschluß dienenden Gewölbe des Mittelschiffs und der Seitenschiffe. Alle Gewölbe üben einen erheblichen Seitenschub aus, der über die Diagonalrippen und die Gurtbögen jeweils an einem Punkt gebündelt wird. Für die Gewölbe der Seitenschiffe steht hier an der Außenwand die gewaltige Mauermasse der Strebepfeiler als Widerlager. Am Hauptschiffpfeiler ist bei gleichem Schub durch die Seitenschiffgewölbe die Situation schwieriger. Der schlanke Pfeiler kann die Kräfte nur durch die erhebliche senkrechte Belastung der bis zur Traufe aufgetürmten Steinmasse auffangen. Der Seitenschub wird schlichtweg ins Fundament hinabgedrückt. Voraussetzung hierfür ist allerdings die Fertigstellung der Obergadenwand; bis dahin mußten provisorische hölzerne Zuganker in Höhe der Kapitelle (vgl. Abb. 48) den Druck der Seitenschiffgewölbe auffangen.

*Abb. 72: Querschnitt des Chores mit farbiger Einzeichnung der Laufgänge in Rot.*

*Abb. 73: Wasserspeier und Tiere vom Dom: Elefant als Konsole eines Wasserspeiers und Affe als Wasserspeier, kurz nach 1300 (Strebepfeiler des Hauptchorpolygons). – Hund, um 1280 (über der Pforte zum südlichen Nebenchor). – Hase, kurz nach 1300 (innen im nördlichen Nebenchor).*

*Abb. 74: Tiere und Fabelwesen vom Dom: Affe und Storch, um 1310/15 (auf den Fialenspitzen über den Strebepfeilern des Hauptchorpolygons). – Dämon mit Menschenkopf, im Volksmund »der Teufel« genannt, um 1390/1400 (innere Westwand, neben dem Hauptportal). – Fabeltiere, um 1350 (Westfassade, Südturm, Fries zwischen Erdgeschoß und 1. Obergeschoß).*

*Abb. 75: Mittelalterliche Steinbearbeitung am Dom. Oben: Abschließende Feinarbeit mit der Zahnfläche. Unten die einzelnen Arbeitsgänge (von links nach rechts) bei der Herstellung eines Quaders: Abkanten des Rohblocks mit Eisenhammer und Sprengeisen; Ziehen des Randschlages zum Festlegen der Quaderebene, mit Holzklöpfel und Beizeisen; Abschlagen der Bosse mit Hammer und Spitzeisen; senkrechtes Glätten der Oberfläche mit dem Zweispitz; Endbearbeitung mit verschieden feinen Zahnflächen.*

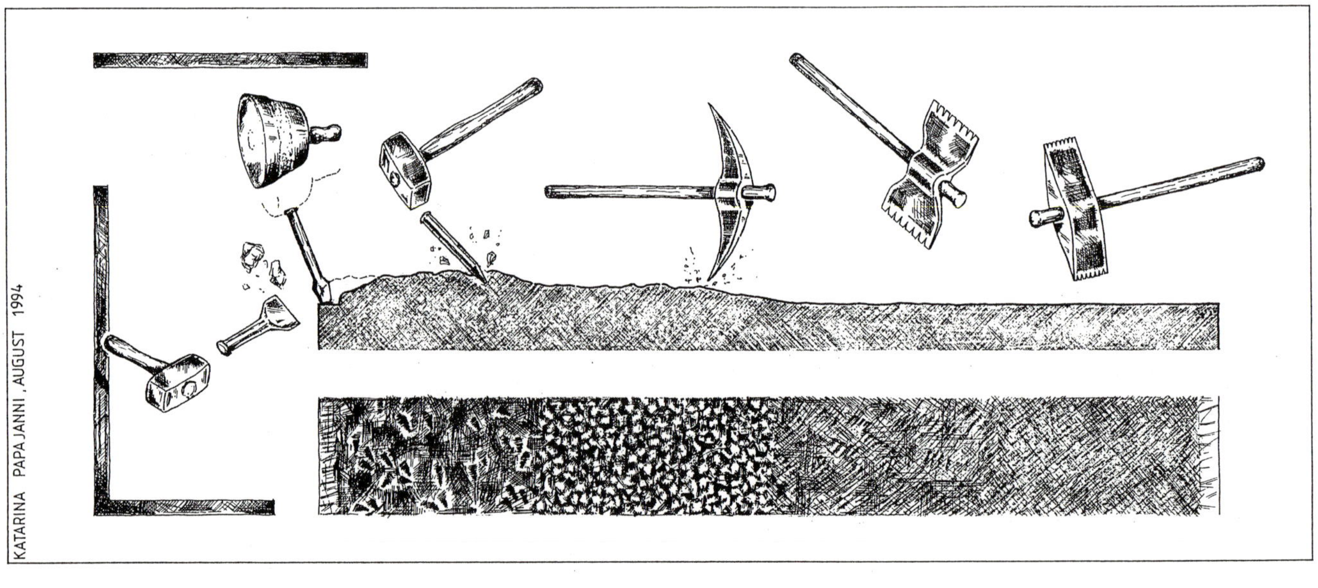

Für die Mittelschiffgewölbe, deren gebündelter Kraftansatz in der enormen Höhe von 26 m ansetzt, bedurfte es zusätzlichen konstruktiven Aufwandes. Man konzentrierte sich genau auf den Punkt, wo der Gewölbeschub nach außen drückt, also nicht auf die obere Gebäudekante, sondern erheblich tiefer (Abb. 70 und 72). Dort setzt ein steinerner Strebebogen an und schlägt eine Brücke hinunter zu dem massiven Strebepfeiler vor der Seitenschiffwand. Außer den Gewölbekräften muß er auch die nicht zu unterschätzenden Lasten aus Winddruck und -sog ableiten, die am Obergaden und dem steilen Dach rütteln. Als Widerlager für den Strebebogen dient eine auf der Pfeilerplattform hoch aufragende Mauermasse, die im Gegensatz zu dem ungegliederten Strebepfeiler mit Blendmaßwerk überzogen und nach außen mit einer Fialenspitze bekrönt ist. Der hochkletternde Krabbenbesatz auf dem Rücken des Strebebogens steigert zusätzlich diese Schmuckwirkungen und belegt, daß die statisch bedingten Grundformen auch optisch in die dekorative Gesamterscheinung der Kathedrale integriert wurden.

Raffiniert nutzte man die vorhandenen Konstruktionen auch für andere wichtige praktische Zwecke, beispielsweise für die Ableitung des Regenwassers. Es wird von der riesigen Dachfläche gesammelt und fließt in den obersten Laufgang an der Traufzone, der als horizontaler Verteiler das Wasser aufnimmt. Von hier aus wird es bei den durch Fialen betonten Jochachsen jeweils senkrecht durch einen offenen Stollen auf den Rücken des Strebebogens weitergeleitet, wo eine Rinne als Aquädukt dient. Das herunterschießende Wasser prallt auf den Strebepfeileraufsatz, spaltet sich dort und stürzt auf den Laufgang vor dem Dachansatz der Seitenschiffe. Dessen steinerne Bodenplatten nehmen zusätzlich das Wasser der Seitenschiffdächer auf und führen es im Gefälle nach außen auf die Plattform des Strebepfeilers. Ein senkrechter, etwa drei Meter tiefer Schacht an der Stirnseite der Strebepfeiler verschluckt die Wassermassen und schleudert sie durch die Mäuler der mächtigen steinernen Wasserspeier weit nach außen, so daß die Durchfeuchtung der Wand verhindert wird. Auch hier wird ein funktionales Element aufgegriffen und zum Schmuck des Domes benutzt.

Gleichzeitig lassen die Wasserspeier, die aus Hunden, Schweinen, Monstren, Drachen und menschlichen Zerrbildern geformt sind, eine figürliche Sinndeutung zu: Sie haben apotropäische, d. h. abwehrende Aufgaben und sollen böse Geister vom Kirchengebäude abhalten, was gerade bei heftigen Unwettern sehr anschaulich gewirkt haben muß. Überhaupt fällt die Vielfalt unterschiedlichster Tiere und Fabelwesen auf, die sich an allen Stockwerken des Außenbaus – und teilweise auch innen – tummeln. Ursprünglich dürfte deren Darstellung wohl ebenfalls symbolische Bezüge gehabt haben, die sich aber recht bald in Bildhauerlaunen aufgelöst zu haben scheinen. Eine kleine Auswahl des schier unerschöpflichen Bestandes soll in den Abbildungen 73 und 74 verdeutlichen, welch skurrile Phantasie sich hier ausleben durfte.

Die beiden genannten Laufgänge dienen auch anderen Zwecken, so der allgemeinen Wartung der neuralgischen Zonen zwischen Dach und Wand. Ihre Breite ist sparsam auf die Schulterweite eines Mannes bemessen. Die dafür erforderlichen Kragplatten sind an ihren von außen sichtbaren Unteransichten zu dekorativen Friesen aus Laubwerk, Rosetten und Fabelwesen umgeformt. Zusammen mit den steinernen Brüstungsplatten der Laufgänge, die mit unterschiedlichen Maßwerkformen durchbrochen sind, bilden sie bekrönende horizontale Abschlüsse, welche die Härte der oberen Gebäudekanten mildern. Insgesamt existieren im Querschnitt des Domes sieben über die gesamte Höhe verteilte Laufgänge (rot im Querschnitt Abb. 72), die nach der Domvollendung als geschlossene Systeme jeweils einen kompletten Rundgang um den Dom ermöglichen sollten. Sie gewährleisten, daß die wichtigsten Wand- und Fensterflächen innen wie außen gut erreichbar blieben. Dies war bereits für die Erstausstattung wichtig, da alle Glasfenster von den Laufgängen aus montiert werden konnten. Folgerichtig sind auch die Fenster im Erdgeschoß und in den durchlichteten Triforien des Chorschlusses und des Querhauses von innen eingesetzt, die im Obergaden von außen. Zudem konnten die inneren Laufgänge im Triforium und in Höhe der Seitenschiffenster für die Liturgie genutzt werden, beispielsweise durch Schmuck mit Kerzen und farbigen Tüchern, wie dies für den Chor nachgewiesen ist.

Als unterste Laufgangsebene dient außen der große Sockel des Domes. Obwohl die Sockelplatten auch um die Strebepfeiler herumführen, sind diese zusätzlich durch spitzbogige Durchgänge geöffnet. Der nächste Laufgang befindet sich innen am Fuße der Seitenschiffenster und deckt die darunterliegende, sehr massive Mauerzone ab.

*Abb. 76: Detail des Wandaufbaus mit Verfüllung aus Bruchsteinen und Mörtelverguß.*

Darüber wird strikt zwischen der Wandfüllung und den Pfeilern unterschieden. Der äußere Strebepfeiler ist hier nach innen gezogen und verschmilzt mit dem Bündelpfeiler. Eine enge Öffnung hinter dem Profilbündel durchsticht den Strebepfeiler. Die Wandfüllung zwischen den Pfeilern – Glas bzw. dünne Mauer – hat keine tragende Funktion. Diese wird übernommen von einem zweischaligen Bogensystem, dessen äußerer Bogen aus dem Fenstergewände und dessen innerer Bogen aus dem Bündelpfeiler entspringt. Dazwischen liegt zurückgesetzt eine schmale Tonne, auf der die dicke Traufmauer lastet. Sie trägt sowohl das Dachgebälk als auch den Laufgang am Ansatz der Seitenschiffdächer. In gleicher Höhe befindet sich im Mittelschiff der nächste Laufgang, das Triforium. Dessen Bodenplatten decken auch hier das starke zweischalige Mauerwerk über den Scheidarkaden ab. Die Rückseite des Triforiums wirkt durch den glatten Quaderschnitt sehr massiv. Dies täuscht, da die Tiefe des Laufganges nur eine 18–25 cm dünne Plattenwand zuließ. Um die schlanken Hochschiffpfeiler, die ja im Gegensatz zu den Seitenschiffen keine äußere Mauerverstärkung besitzen, nicht zu schwächen, durchbricht der Laufgang nicht die Pfeilermasse, sondern umgeht sie rückwärts im Bereich des Seitenschiffdachstuhls.

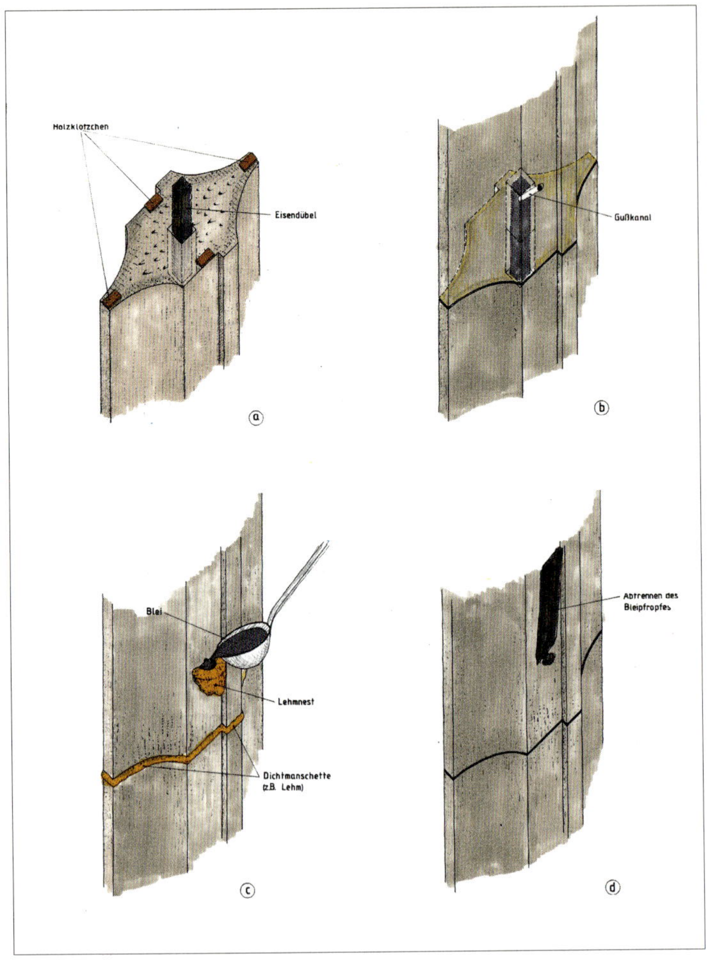


*Abb. 77: Verbindung fragiler Bauteile durch Eisendübel und Bleiverguß.*

Das Triforium wird durch Steinplatten abgedeckt, die von der dünnen rückwärtigen Plattenwand und den fragilen Stabarkaden getragen werden. Die membranartigen Obergadenfenster laufen in der Flucht der Stabarkaden weiter, so daß die Triforiumsdeckplatten nach außen vorkragen und einen weiteren Laufgang über den Pultdächern der Seitenschiffe ergeben. Den letzten und obersten Abschluß bildet in 32 m Höhe der oben erwähnte Laufgang am Dachansatz des Obergadens.

Die isometrische Zeichnung Abb. 70 verdeutlicht, aus wie unendlich vielen Werksteinteilen sich der Dom zusammensetzt. Das Format der Werkstücke wurde einerseits begrenzt durch die natürlichen Größen der Lagerschichten im Steinbruch, aber insbesondere auch durch die Transportmöglichkeiten und die Tragfähigkeit der mittelalterlichen Hebemaschinen, die etwa bei zwei Tonnen lag. Die der Dombauhütte gehörenden Steinbrüche lagen etwa 25 km donauaufwärts bei Kapfelberg und Bad Abbach; wir werden noch ausführlicher darauf und auf die Organisation der Bauhütte zu sprechen kommen (vgl. S. 136). Das anstehende Kalk- und Sandsteinmaterial war nicht homogen, sondern relativ stark zerklüftet, so daß Rohblöcke sehr unterschiedlichen Formats gewonnen werden mußten. Ihre maximale Ausnutzung erlaubte keine Quader in genormten Größen, die – wie bei den Großbaustellen der französischen Kathedralen – mit zu einer erheblichen Arbeitsbeschleunigung durch serielle Vorproduktion beigetragen hätten. Dadurch erklärt sich am Regensburger Dom der ungleichmäßige, immer wieder als »chaotisch« gescholtene Steinschnitt, der eher das Ergebnis einer materialorientiert-ökonomischen Arbeitsweise ist.

Die über ein Meter starken Mauern und Pfeiler bestehen aus einer äußeren und inneren Werksteinschale, zwischen die eine Verfüllung aus Bruchsteinen und Mörtelverguß eingebracht wurde (Abb. 76). Daher mußten die Normalquader nur an fünf von sechs Seiten bearbeitet werden; die Rückseite blieb roh. Selbst diese fünf Seiten erhielten unterschiedliche Behandlung: Die seitlichen Stoßflächen brauchten nur an den Vorderkanten exakte Anschlüsse zu haben, Ober- und Unterlager benötigten vollständig ebene Flächen. Am sorgfältigsten widmete sich der Steinmetz der einzig sichtbaren Seite, dem Quaderspiegel. Nach mehreren Arbeitsgängen mit unterschiedlichen Werkzeugen wurde am Dom für die endgültige Glättung fast ausschließlich ein doppelt gezahntes Beil, die sogenannte Zahnfläche, verwendet, deren Handhabung Abbildung 75 zeigt. Dabei entstand durch die Zahnstruktur eine charakteristische und lebendige Oberfläche. Die Zahnfläche in unterschiedlichen Größen diente auch zur Herstellung komplizierter Formen, etwa Profilen und Maßwerken, aber auch an Skulpturen.

Die fertigen Quader wurden auf dünnen Abstandhaltern – Flußkieseln oder Holzkeilchen – in flüssigem Kalkmörtel versetzt. Den herausquellenden Mörtel verstrich man mit der Kelle, so daß der Eindruck von dicken Fugen entstand, obwohl diese als »Preßfugen« tatsächlich nur wenige Millimeter stark sind. Häufig verband man die nebeneinander liegenden Quader an ihren Oberseiten horizontal durch eiserne Bügelklammern, die in ihre Bettungen mit Mörtel oder flüssigem Blei eingegossen wurden. Diese im Mauerwerk steckenden Klammern sind normalerweise nicht sichtbar; nur an den Laufgängen und Brüstungen liegen sie bis heute offen. Die fragilen Stab- und Maßwerke benötigten eine besonders stabile Verbindung durch vertikale Eisendübel. Flüssiges Blei wurde durch schräg gebohrte Kanäle von oben eingegossen, füllte die Lagerfugen und die Dübelbettung (Abb. 77). So war eine feste Verbindung erreicht, die aber nachgiebig genug blieb, um leichte Bewegungen aufzufangen, ohne daß die empfindlichen Steinkanten absplitterten. Trotz des dominanten Steinmaterials muß man sich also klarmachen, daß im Innenleben einer Kathedrale tonnenweise Metall verbaut ist.

Auch zur Bewältigung der zahllosen bildhauerischen Aufgaben am und im Dom hatte sich eine ausgefeilte Technik entwickelt (Abb. 78). Für die groben Vorarbeiten bei einer Figur dienten ebenso wie bei einem Quaderblock vor allem große »Spitzmeißel« und »Schlageisen«. Je mehr aber das Bildwerk Gestalt annahm, desto spezieller wurden die Werkzeuge ausgesucht. Im Unterschied zur beidhändig geführten Zahnfläche (Abb. 75) wurden die Meißel mit einem Holzklöpfel angetrieben. Neben »Rundeisen« mit glatt geschmiedeter, rundkurviger Schneide gab es »Hohleisen«, deren Schneide einen U-förmigen Querschnitt besaß, beide in allen erdenklichen Größen und Ausformungen. Auch Meißel mit gezahnter oder einfacher, gerader Schneide wurden vielfach verwendet, beispielsweise das nur etwa einen Zentimeter breite »Beizeisen«, das bevorzugt für Haare und Gesicht zum Einsatz kam. Insbesondere bei der Endbearbeitung von Gewandzonen haben einige Bildhauer gerne auch mit einem besonders kleinen Zahnbeil, der Pille, gearbeitet.

Da schon schlichte Quaderspiegel individuelle Eigenheiten der Werkzeugführung erkennen lassen, spricht bei der Bauornamentik und bei den Figuren umso mehr aus den Werkzeugspuren die künstlerische Handschrift. Es zeigt sich sogar, daß einige Bildhauer diese Spuren als zusätzliches Gestaltungsmittel erkannt und bewußt eingesetzt haben. Durch gezielte Auswahl und Richtungsführung der Werkzeuge ließen sich willkommene Oberflächenstrukturen erzeugen, die den messerscharfen Schnitt energisch angespannter Gesichtszüge, den Bewegungsfluß und die Plastizität eines fülligen Bartes oder auch den Verlauf von Gewandfalten nachdrücklich herauskehren. Bevorzugt wurden diese Möglichkeiten bei

der Gestaltung von Dämonen und beim Laubwerk angewendet. Die Rillenspuren der gezahnten Werkzeuge eigneten sich hervorragend , um damit die wilde, ruppige Naturhaftigkeit dieser Phantasiewesen oder die wuchernde Kraft der Pflanzenwelt augenscheinlich vorzuführen.

Eine bedeutende Stiftung des Bischofs Nikolaus von Ybbs aus dem Jahre 1333 könnte als Signal dafür gewertet werden, daß man damals bereits ernsthaft an den Bau der Westfassade, zumindest des Südturms gedacht hat: Es handelt sich um die mit etwa 100 Zentnern Gewicht riesige ehemalige Marien- oder Frauenglocke, die später Predigtglocke genannt wurde. Sie ist die älteste erhaltene Glocke des Domes. Bei Bränden von 1073 und 1273 gingen Glocken des alten Domes verloren. Aber gleichzeitig mit dem Hochwachsen des neuen Chores sorgte man wieder für ein vollständiges Geläut, für das zunächst

*Abb. 78: Bildhauertechniken: Links Königskopf von einem Schlußstein des Südchores (um 1300). Oberflächenbearbeitung ausschließlich mit dem scharf schneidenden Beizeisen, hier ganz ohne glättendes Überschleifen. Rechts Kopf des hl. Paulus vom südöstlichen Vierungspfeiler (um 1370/80, vgl. Abb. 92). Kopf und Haare mit dem Beizeisen und kleinen Rundeisen in kurzer Schlagfolge herausgearbeitet und wie mit einem Modelliermesser geformt. Stirn, Augenpartie und Nasenrücken leicht überschliffen. Gewand virtuos mit der doppelhändig geführten Zahnfläche gestaltet.*

nur Platz im Eselsturm war (aber man konnte natürlich auch für neue, zu große Glocken ein provisorisches Holzgestell zimmern lassen). Bischof Heinrich von Rotteneck schenkte eine Petersglocke und eine Glocke der zwölf Apostel. Schon 1281 hörte man zum Michaelsfest wieder lauten Glockenklang, wie auch anderswo *terror* (wörtlich = Schrecken) genannt. Bischof Nikolaus von Ybbs schenkte die beschriebene große Frauenglocke; im Abschnitt über seine Taten erwähnt sie Andreas von St. Mang, zitiert aus der Inschrift. Vor 1800 war sie nicht identisch mit der Predigtglocke. Weitere, kleinere Glokken folgten. Im Gegensatz zum heutigen Usus wurde vor Trauergottesdiensten für Bischöfe oder Herrscher eine ganze Stunde lang geläutet, mit sechs Glocken, 1368 erwähnt, später als großes Fürstengeläut bezeichnet; ebenso bei festlichen Einzügen, dann mischte sich in das Dröhnen aller Glocken von Regensburg noch das Salutschießen der städtischen Artillerie. »Das krachte und rumpelte, als würden Himmel und Erde zergehen, es war ein herrlicher Einzug« (so Widmann 1532); sogar die vielen Trompeter wurden übertönt. Die Glocken auch des Domes wurden also ungemein strapaziert, das Domkapitel hatte oft sorgenvoll über Abhilfe zu beraten, beispielsweise 1694 bei drohendem Absturz der Petersglocke. Schäden waren oft nur durch Umgießen zu beheben, wenn billigere Methoden nicht mehr halfen (Umhängen, Flicken von Kronen und Klöppeln, Reduzierung des Gebrauchs).

Die große Marienglocke läutete über 600 Jahre lang, bis sie 1958 durch einen Sprung unbrauchbar wurde. Man nahm sie ab, zerteilte sie und schmolz sie bis auf das erhalten gebliebene Oberteil mit der Krone ein. Dieses Fragment steht heute im nördlichen Turmjoch des Domes (Abb. 79). Ihre Bedeutung wird durch die wie geflochten modellierten Henkel der Krone und die lateinische Inschrift in erhabenen gotischen Majuskeln unterstrichen. »… EN TVBA SVM REGVM – POPVLVM VOCO – CONCITO CLERVM – SANCTOS COLLAVDO – TONITRVM FVGO – FVNERA PLANGO …« lautet ihr in Erz erstarrter Ruf (»Ich bin eine Trompete der Könige – Ich rufe das Volk – Ich versammle den Klerus – Ich preise die Heiligen – Ich verscheuche das Unwetter – Ich beklage die Toten«). Ihm verdankt sie wohl den späteren Namen Predigtglocke. Auch der Meister, Konrad von Marburg, hat sich in der Inschrift verewigt.

*Abb. 79: Fragment der alten Marienglocke, später Predigtglocke genannt. 1333 datiert. Bis 1958 im Südturm hängend, heute im nördlichen Turmjoch aufgestellt.*

Die Marienglocke von 1333 kann nicht mehr für den bisher als Glockenturm dienenden Eselsturm vorgesehen gewesen sein, da sie mit ihrem ursprünglichen Durchmesser von 180 cm zu groß war. Sie dürfte deshalb von Anfang an für ihren späteren Standort, den Südturm der Westfassade vorgesehen gewesen sein, auch wenn bis zu ihrem ersten Erklingen noch etliche Zeit vergehen sollte. Möglicherweise begann man tatsächlich zur Zeit der Glockenstiftung, den Weiterbau des Domes im Westen einzuleiten. Immer noch stand dort der alte Riegel der Stiftskirche St. Johann und der kleinen, im Süden anschließenden Nikolauskapelle. Seit Jahren zögerte das Kapitel von St. Johann eine Ablösung der Gebäude hinaus, wohl auch um finanzielle Forderungen in die Höhe zu treiben. So scheiterten zunächst alle Pläne, mit dem Bau der Westfassade zu beginnen. Die einzige Möglichkeit, den Dom überhaupt nach Westen weiterzubauen, war in der Verlängerung der südlichen Außenwand der schmale Streifen unmittelbar vor der Nikolauskapelle. Wie erwähnt, waren nach der Vertragsvereinbarung von 1325 die dort plazierten Häuser abgebrochen worden. Der Baubefund zeigt, daß diese Chance, so bescheiden sie war, entscheidend genutzt wurde. Man begann, vielleicht noch während man den Obergaden der ersten beiden Langhausjoche vollendete, direkt neben der Nikolauskapelle mit der Südwand des Turms und der südlichen Seitenschiffwand. In großer Tiefe wurden die Fundamente der Strebe- und Wandpfeiler sowie der dazwischenliegenden Wandbereiche gegründet und dann diese Bauteile bis auf die Höhe der Seitenschifftraufe hochgezogen (Abb. 52 und 80).

Damit wurden noch zu Lebzeiten des Bischofs Nikolaus von Ybbs, der am 11. Oktober 1340 starb, entscheidende Weichen gestellt: Wieder einmal war der Bau im Süden weit vorausgeeilt und zeigte bis zu einer stattlichen Höhe die endgültige Ausdehnung des Domes. Der neue Südturm der Westfassade war so konzipiert, daß das Seitenschiff in einer offenen Turmhalle endete. Um das gewaltige Gewicht der späteren Turmobergeschosse tragen zu können, mußten die Wände und Pfeiler dieses Turmjochs erheblich verstärkt werden. Gleichzeitig hatte man damit das Langhaus auf eine Tiefe von nur fünf Jochen festgelegt, was im Vergleich mit anderen Kathedralen ungewöhnlich kurz erscheint. Möglicherweise erklärt dies die Planung des Vierungsturms, der den Eindruck des Innenraums entscheidend ausgeweitet hätte. Eine Erweiterung des Domes über die fünf Joche hinaus kam anscheinend nicht in Betracht, da die Grenze der Domimmunität unmittelbar westlich von St. Johann lag.
Diese Linie zwischen Straße und Domtreppen war nämlich bis zum Ende des regierenden Domkapitels (1810) eine Grenze zwischen zwei Rechtsgebieten, demjenigen der Stadt und demjenigen des Hochstiftes. Seine »Immunität«, also sein juristischer Bereich, umfaßte unter anderem den Bischofshof mit Nebengebäuden, den Dom und seine Annexbauten. Konflikte entstanden einerseits, wenn bürgerliche Amtsträger, z. B. bei der Suche nach Flüchtlingen, in die Domimmunität eindrangen, andererseits wenn Kleriker auf städtischem Boden Delikte begingen, in Raufhändel, Mord und Totschlag verwickelt und von der Stadtobrigkeit zur Rechenschaft gezogen wurden, obwohl sie allein dem geistlichen Gericht unterstanden. 1321 holten Bürger einen flüchtigen Mörder widerrechtlich aus dem Bischofshof. Der Protest des Bischofs Nikolaus von Ybbs gipfelte im Interdikt, also Gottesdienstverbot, für die Stadt. Dieser Gewaltakt soll den Bischof so tief gekränkt haben, daß er deshalb nicht in seiner Stadt und Kathedrale bestattet werden wollte. 1485 drohte Papst Innozenz VIII. den Verletzern der Immunität hohe Strafen an, was die Bedeutung dieser Grenze nochmals unterstreicht.
1514 ließ der Rat Wolfgang Roritzer in der Dombauhütte gefangennehmen, damals nördlich vom Dom beim Bischofshof, also innerhalb der Immunität. Diesmal verlautet nichts von geistlichem Protest, der Domklerus bat auch nur um Gnade für einen ehemaligen Ratsherrn, nicht für Roritzer und andere Handwerker (Widmann). 1523 führten Stadtknechte einen Geistlichen von St. Paul, bei Schlägerei mit seiner Köchin erwischt, auf der Domtreppe wohl eine Stunde lang allem Volk vor, das nach den sonst berichteten Reaktionen (vgl. S. 131, 146) den Delinquenten gewiß mit unflätigem Spott überschüttete. Gleichfalls 1523 verbot der Rat das Betteln in den Kirchen, der Regensburger Klerus wehrte sich dagegen, 1640 in gleicher Sache mit dem ausdrücklichen Hinweis, Stadtdiener dürften Dom, Kreuzgang und Bauhütte nicht betreten. Man sollte daraus nicht auf bessere Behandlung von »bresthaften Bettlern, müßiggehendem Gesindel« schließen; das Domkapitel beauftragte mehrfach seinen Totengräber, zudringliches Bettelvolk aus dem Dom und auch von den Treppen zu scheuchen, gegen extra Salär. Im 17. und 18. Jahrhundert fand das Hochstift oft Anlässe sich beim Rat zu beschweren, doch die Ärgernisse vor dem Dom waren vergleichsweise harmlos. Mal störte der Schweinemarkt, mal die städtische Kavallerie mit klingendem Spiel zur Zeit des Gottesdienstes (1646, 1755), mal sehr laute »Ärzte und andere Marktschreier« (1673, 1749), mal fand das Kapitel eine Bude, worin exotische Tiere gezeigt wurden, nicht anständig, mal ein Wachsfigurenkabinett (1775 und 1784, 1792). Es blieben aber keine ernsthaften Verstimmungen. Und als die Stadtwächter 1755 nachts eine gerade gebärende arme Frau aus Sulzbach auf der Domtreppe fanden und unter Dach brachten, da teilte man dem Domkapitel gleich entschuldigend mit, man habe wegen der Notlage reagieren müssen, nicht die geistlichen Rechte kränken wollen.

*Abb. 80: Zustand des Domes um 1340.*

# Bischof Friedrich Burggraf von Nürnberg (1340–1365)

Mit Bischof Nikolaus von Ybbs endete die Reihe der bedeutenden und großzügigen Regensburger Bischöfe, die seit Leo Tundorfer gezielt den Dombau vorangetrieben und gefördert hatten. Schon die Wahl des Nachfolgers war ein Fiasko: Das völlig zerstrittene Domkapitel beharrte mit unterschiedlichen Mehrheiten auf drei verschiedenen Kandidaten, von denen einer sofort verzichtete, die anderen beiden aber ihr Amt antraten, so daß es zwei Bischöfe in Regensburg gab. Der eine, Friedrich Burggraf von Nürnberg, der aus dem bedeutenden Geschlecht der Zollern – der späteren Hohenzollern – stammte, wurde von Papst Benedikt XII. und vom Regensburger Stadtrat unterstützt. Der andere Bischof Heinrich von Stein gehörte zum niederbayerischen Geschlecht der Grafen von Abensberg. Ihn förderte – neben den Ministerialen des Hochstiftes – vor allem Kaiser Ludwig der Bayer. Die verfahrene Situation spiegelt so die Fortsetzung der oben (vgl. S. 64–67) beschriebenen Machtkämpfe zwischen Kaiser und Papst wider. Fast fünf Jahre lang regierten beide Bischöfe gleichzeitig und versuchten, sich in blutigen Machtkämpfen gegenseitig zu verdrängen, bis Heinrich von Stein 1345 der Auseinandersetzungen müde war und resignierte.

Durchgesetzt hatte sich mit dem Burggrafen Friedrich ein Bischof, der sich um die geistlichen Belange seines Bistums so gut wie überhaupt nicht kümmerte, sondern sein Amt vorrangig als eine Einnahmequelle betrachtete, um seinen luxuriösen Lebenswandel finanzieren zu können. Dabei verkaufte oder verpfändete er nahezu alle Besitzungen des Hochstiftes. Schließlich wollte er sogar die bischöfliche Burg Donaustauf an Kaiser Karl IV. verkaufen, was das erboste Domkapitel durch ein Protestschreiben an den Papst im letzten Moment verhindern konnte. Die engen Beziehungen, die der seit dem Tod Ludwigs des Bayern 1347 unangefochten regierende Karl IV. mit der Stadt Nürnberg und den dort als Burggrafen eingesetzten Zollern pflegte, schlossen auch den Bischof mit ein, der sich immer mehr dem kaiserlichen Hofstaat zugehörig fühlte. Bald hielt er sich fast nur noch in Prag auf.

Unter diesen Umständen verwundert es nicht, daß Bischof Friedrich am Neubau des Regensburger Domes kein Interesse zeigte; von ihm ist nur eine einzige »Pflicht«-Stiftung für seine Kathedrale bekannt. Andererseits hatte er auf die Kasse der Dombauhütte, die immer noch unter der Obhut des *»procurator fabricae«* und damit eines Regensburger Bürgers stand, keinen Zugriff, so daß trotz der bischöflichen Mißwirtschaft der Dombau nicht ins Stocken geriet. Gleich zu Beginn dieser Periode gelang es dem Gegenbischof Heinrich von Stein im Jahre 1341, beim Kapitel von St. Johann die Erlaubnis zum Abbruch der Nikolauskapelle auszuhandeln. Damit konnten die schon errichteten Partien des Südturms einschließlich des Turmfreipfeilers in den nördlichen Teilen ergänzt und das Turmerdgeschoß bis etwa 1350 fertiggestellt werden. Der Freipfeiler bekam, wie oben erwähnt, einen stärkeren Querschnitt als die unmittelbar anschließenden Langhauspfeiler. Als man im 19. Jahrhundert die Türme vollenden wollte, hatte man dennoch Zweifel an der Tragfähigkeit und überprüfte mit einer Grabung die Fundamente. Dabei stellte sich heraus, daß ein tragfähiger Boden erst in einer Tiefe von acht Metern unter dem heutigen Innenniveau anstand. Dies hatte bereits der mittelalterliche Baumeister erkannt und das Pfeilerfundament äußerst sorgfältig bis zu dieser Tiefe hinabgegründet. An der Westfront war mit der Anlage des südlichen Portals ein wichtiger Schritt zur Gestaltung der späteren Prachtfassade getan.

Nachdem man den letzten fehlenden Mittelschiffpfeiler östlich des Turms bis zur Triforiumshöhe hochgezogen hatte, konnte man an die Einwölbung und Nutzung der drei westlichen Seitenschiffjoche denken. Die Ausführung der Arkaden erfolgte – durch einen kleinen Nivellementfehler nachweisbar – von West nach Ost. Turm- und Mittelschiffwand standen bis einschließlich des Triforiums an, so daß über dem dritten und vierten Joch das endgültige Pultdach aufgesetzt werden konnte. Die drei zum späteren Mittelschiff hin offenen Scheidarkaden erhielten provisorische Abmauerungen, während die jetzt störende Trennwand zwischen dem zweiten und dritten Seitenschiffjoch entfernt wurde. Damit war dieses Seitenschiff in voller Länge fertiggestellt und der Dom vom südlichen Westportal aus betretbar, zum ersten Mal vom Bereich der späteren Hauptfassade her. Unmittelbar nördlich des Südturms hemmte immer noch die Stiftskirche St. Johann den weiteren Ausbau dieser Fassade.

*Abb. 81: Westportal des Südturms, Tympanon. Relief der Befreiung Petri aus dem Gefängnis. Um 1340/45.*

*Abb. 82: Relief der sogenannten Judensau. Südseite außen, Strebepfeiler zwischen dem 2. und 3. Joch. Um 1330. Aufnahme um 1920.*

Wie gewohnt, wurden die neuen Seitenschiffjoche bereits während des Baufortschritts innen wie außen ausgestattet und nach der Vollendung sofort in die liturgische Nutzung einbezogen. Der Stifter der farbigen Glasfenster im dritten Joch, Albrecht Melder, war hochbetagt 1348 gestorben; er dürfte den Einbau der Scheiben wohl nicht mehr erlebt haben. Die Felder dieses Fensters zeigen Szenen aus dem Leben Mariens. Dabei vollzieht sich in den beiden Doppelbahnen ein entscheidender Wandel in der Bildauffassung: Die figürlichen Darstellungen der östlichen Felder erscheinen noch im traditionellen Typus, als Medaillons auf einem bunten, teppichartig gemusterten Grund, der in unendlichem Rapport hinter den Szenen durchzulaufen scheint. Die Scheiben der westlichen Bahnen erhalten zwar noch eine rahmende Bordüre, die Figuren stehen dagegen in einem freien Raum, der durch eine aufwendig gemalte, perspektivische Baldachinarchitektur gefaßt wird (Abb. 84).

Von den Skulpturen an den Außenwänden seien die Reliefs herausgegriffen, die an den Stirnen der südlichen Strebepfeiler in Sohlbankhöhe der Seitenschiffenster sitzen. Sie zeigen ein schillerndes ikonographisches Programm, das teils belehrenden Charakter hat (die »Gänsepredigt«), teils auf Maria und Christus Bezug nimmt (die Jungfrau mit dem Einhorn – Abb. 83 – und Samsons Kampf mit dem Löwen). Völlig aus dem Rahmen fällt das

*Abb. 83: Relief der Jungfrau mit dem Einhorn. Südseite außen, Strebepfeiler zwischen dem 4. und 5. Joch. Um 1335/40. Aufnahme um 1920.*

*Abb. 84: Die Flucht nach Ägypten. Glasfenster, um 1350. Südliches Seitenschiff, drittes Joch von Osten, Detail.*

Relief der »Judensau« (Abb. 82), das die traditionelle Darstellung des Lasters der »luxuria« (Genußsucht) in Gestalt eines Schweines höhnisch verzerrt: Hier saugen Juden an den Zitzen des Schweines. Die antisemitische Szene war in dieser Zeit recht geläufig, zumal 1336–38 eine Welle von Judenverfolgungen das Reich erschüttert hatte und erst recht die Pestkatastrophe von 1349 die Gemüter anheizte, da man die Juden als Schuldige auszumachen glaubte. Die Bürger von Regensburg bildeten hier allerdigs eine Ausnahme; sie verboten alle Gewalttaten und nahmen die jüdische Gemeinde der Stadt unter ihren ausdrücklichen Schutz. Umso weniger versteht man, auf wessen Initiative hin diese Darstellung an den Dom gelangte.

Zur gleichen Skulpturengruppe gehört das Tympanon des Südturm-Westportals (Abb. 81). Der Bildhauer kümmerte sich wenig um angemessene Größenverhältnisse: Er zeigt die »Befreiung Petri« als himmlischen Kraftakt, bei dem der riesige Engel das ganze Obergeschoß des Gefängnisses wegklappt und den verdutzten Apostel herauszieht. Nach wie vor sind Bildhauer am Werk, die ihre hauptsächlichen Anregungen aus Italien beziehen und geschickt mit den erlernten Bildtypen überlagern.

Da die Verhandlungen mit dem Stift St. Johann immer noch zu keinem Ergebnis gekommen waren und so der Weg zum Weiterbau der Westfassade versperrt blieb, mußte sich der Baufortgang zwangsläufig auf den Südturm konzentrieren. Deshalb wuchs dort das erste Obergeschoß hoch (Abb. 85). Es greift das Gliederungssystem der bisher fertiggestellten Obergadenwände bis ins Detail auf, auch wenn die erforderliche Stabilität keine großflächigen Durchbrechungen erlaubte und daher außen wie innen nur Blendfenster möglich waren. Sie werden von kräftigen Strebepfeilern gerahmt, die den Turm auf allen Außenseiten prägen und damit auch ein wichtiges Motiv für die Gliederung der Westfassade vorgeben. Von diesem Turmgeschoß aus konnte dann auch die Verbindung zur bereits stehenden Südfront des Domes geschaffen werden, indem von West nach Ost die zwei fehlenden Joche der südlichen Obergadenwand errichtet wurden. Obwohl hinter den mehr als 32 m hoch aufragenden neuen Wandteilen ein großes Loch klaffte, waren selbst die Maßwerke der großen Fensteröffnungen versetzt. So wurde von der Südseite her die Illusion einer bis zur Traufe fertiggestellten Kathedrale vermittelt (vgl. Abb. 88 und Vorsatz hinten).

*Abb. 85: Zustand des Domes um 1360/70. Das südliche Seitenschiff einschließlich Turmerdgeschoß war um 1350 bis auf Triforiumshöhe vollendet.*

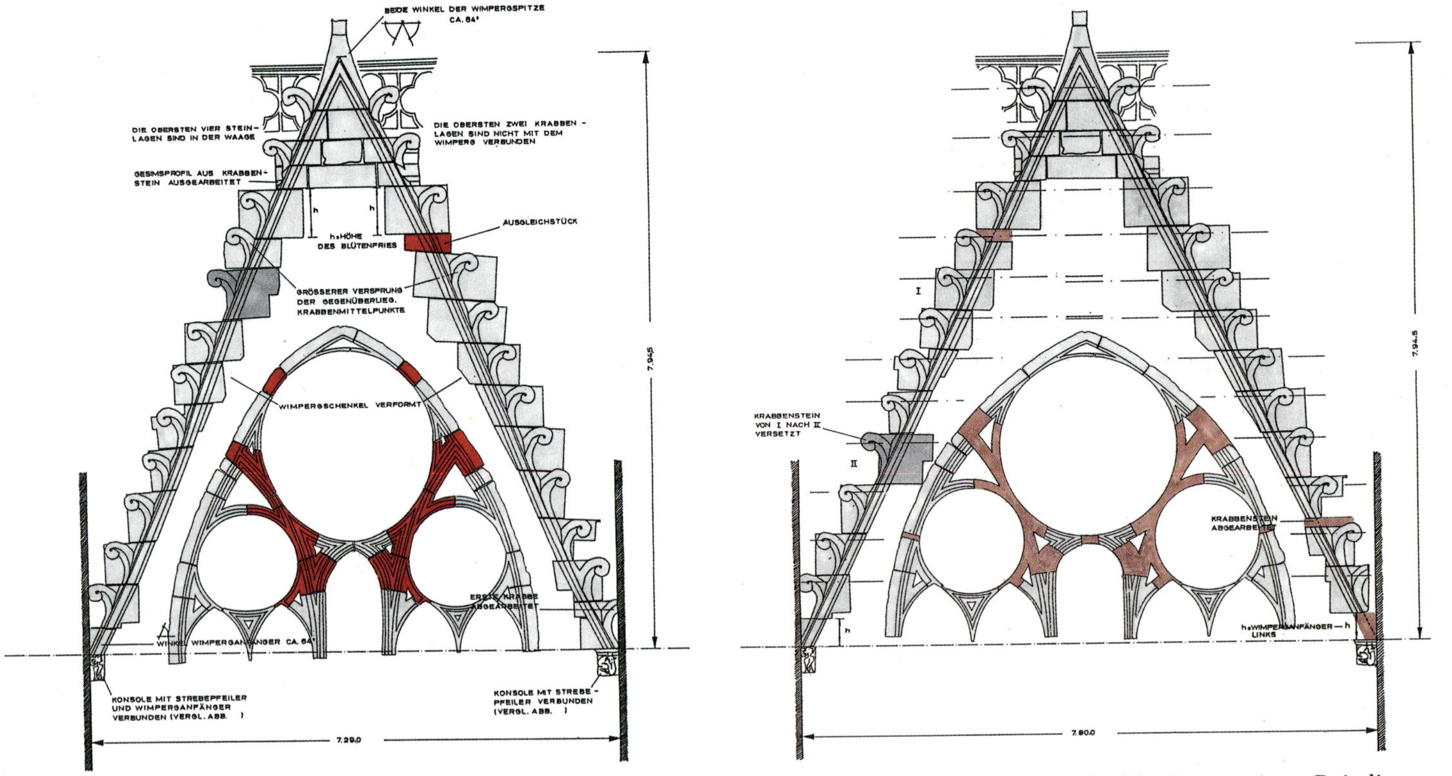


*Abb. 86: Langhaus außen, Obergaden, Wimpergschenkel des dritten Jochs. Links heutiger Zustand mit Verformungen; rot das keilförmige Ausgleichsstück im Wimperg und die neu gearbeiteten Maßwerkteile. Rechts die Rekonstruktion des auf dem Reißboden vorgefertigten Zustandes, der irrtümlich von einer einen halben Meter größeren Jochbreite ausging. Bei diesem ursprünglich geplanten Steinschnitt liegen die Horizontalfugen wie üblich horizontal, und die Krabben befinden sich symmetrisch auf gleicher Höhe. Rosa gekennzeichnet sind die Teile, die beim Versatz herausgeschnitten oder umgearbeitet werden mußten.*

An dieser Südansicht fallen allerdings noch heute die stark verzogenen Wimpergschenkel des dritten Jochs auf. Ein genaues Aufmaß verdeutlicht die Unregelmäßigkeiten (Abb. 86): Die S-förmig verkrümmten Schenkel mit ihrem wackeligen, ungeordneten Krabbenbesatz sind aus einzelnen Werksteinen zusammengesetzt, deren Lagerfugen wider alle Regel schräg verlaufen. Den Anschluß zur »regelmäßigen« Wimpergspitze muß rechts ein keilförmiges Ausgleichsstück schaffen. Die Erklärung hierfür liefern die unterschiedlichen Maße der letzten beiden Langhausjoche: Während das dritte Joch noch die übliche Breite von 8 m ± 10 cm einhält, ist der Jochabstand im vierten Joch um einen Meter erweitert, wohl um die erforderliche Verstärkung des Turmfreipfeilers aufzufangen. In der Ausführung blieb die lichte Arkadenweite des vierten Joches jedoch um einen halben Meter breiter. Im Obergaden konnte deshalb, ähnlich wie schon bei dem noch breiteren Turmjoch, ein fünfbahniges Maßwerk eingeführt werden, während die bisherigen Langhausfenster je vier Bahnen aufwiesen. Der Obergaden im vierten Joch wurde – entsprechend den erweiterten Maßen – mit dem fünfbahnigen Fenster und dem bekrönenden Wimperg aufgerissen. Dieser Riß diente irrtümlich auch als Vorlage für das dritte Joch, obwohl dieses einen halben Meter schmaler war (Abb. 86 rechts). In der Hütte hatte man die unterschiedlichen Jochbreiten offensichtlich nicht berücksichtigt. Das Anliefern der einzelnen Werkstücke dürfte einigen Ärger auf der Baustelle bereitet haben: Weder Wimperg noch Maßwerk paßten in den vorhandenen Zwischenraum! Man entschied sich, so gut es ging das wertvolle, mit hohem Aufwand hergestellte Steinmaterial dennoch zu verwenden. Die Wimpergteile wurden recht und schlecht eingezwängt, konnten aber alle verwendet werden. Beim Maßwerk war die Situation schwieriger; etliche Teile mußten herausgeschnitten, einige der besonders komplizierten Kupplungsteile dem engeren Krümmungsverlauf entsprechend neu angefertigt werden. Für uns sind gerade solche Fehler sehr

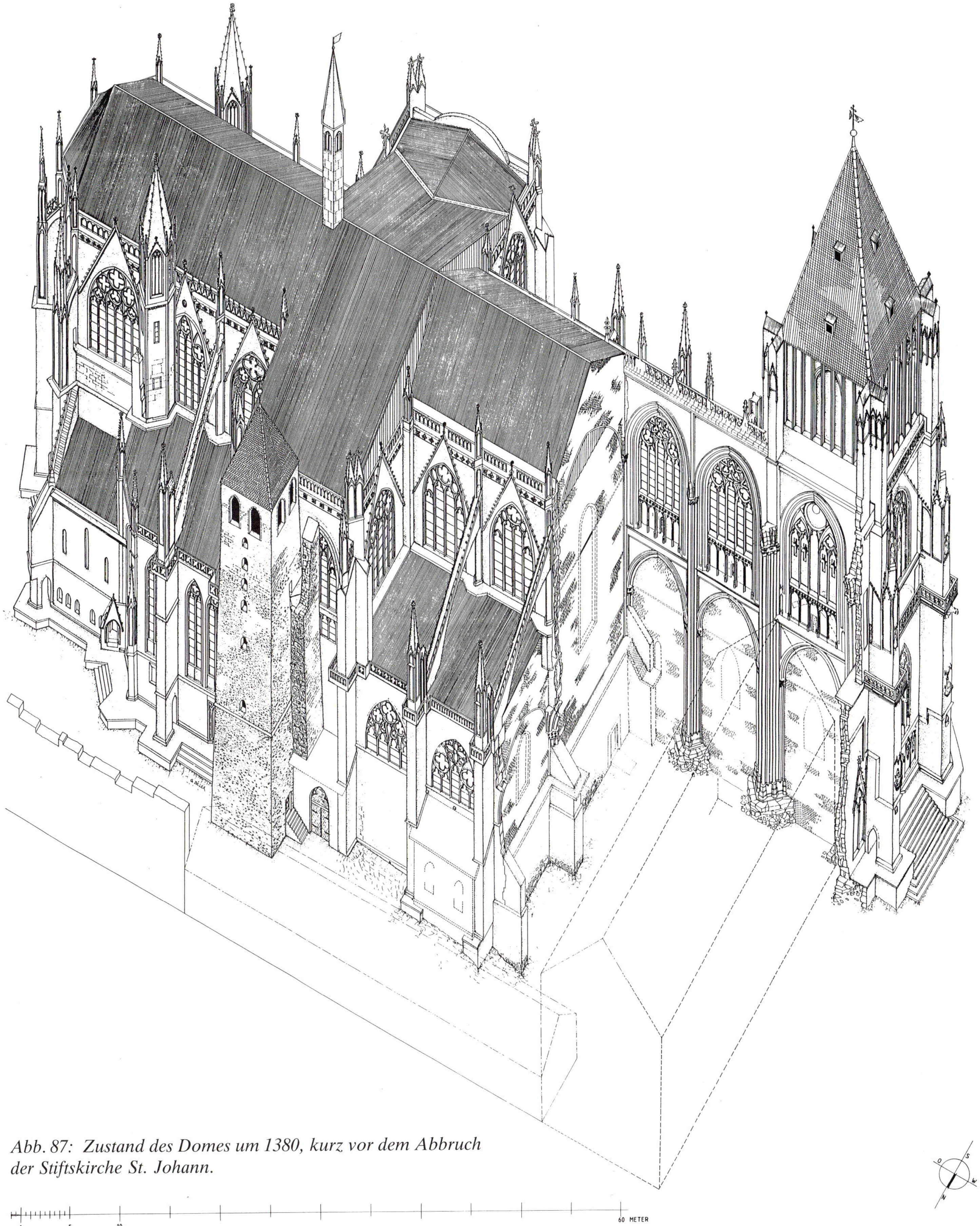

*Abb. 87: Zustand des Domes um 1380, kurz vor dem Abbruch der Stiftskirche St. Johann.*

*Abb. 88: Südseite des Domes. Zustand um 1380.*

aufschlußreich, da sie unmittelbar Einblick in die Baustellenpraxis geben. Sie zeugen von weitgehender Arbeitsteilung innerhalb der Bauhütte: Das Herstellen von Werkstücken mit komplizierten Steinschnitten war Spezialisten überlassen, die unabhängig auf der Grundlage eigens angefertigter Rißzeichnungen arbeiteten. Den Versatz vor Ort übernahm ein ganz anderer Trupp. Das Arbeiten nach Rissen ermöglichte zudem eine über Jahre hinaus planbare Organisation, die auch Winterarbeit ermöglichte. So konnten gerade die erwähnten Maßwerkteile oder Ornamente und Skulpturen, für die sich jeweils eigene Fachkräfte etablierten, im voraus produziert werden. Zwangsläufig mußte sich damit der Baumeister immer mehr zum Architekten entwickeln, der vor allem für Planung und Organisation verantwortlich war, selbst wenn er nach wie vor aus dem Umkreis der Bauhütte kam.

## Bischof Konrad von Haimburg (1368–1381)

Nach dem Tod Bischof Friedrichs im Jahre 1365 war die schwierige Situation des Bistums Regensburg noch nicht beendet, da Kaiser Karl IV. die Wahl eines Nachfolgers bewußt verzögerte. Dafür erreichte er beim Papst, daß der Prager Erzbischof zum ständigen päpstlichen Legaten mit dem Visitationsrecht für Regensburg ernannt wurde, was dieser häufig wahrnahm. Erst 1368 konnte mit dem bisherigen Dompropst Konrad von Haimburg ein neuer Bischof gewählt werden. Trotz angestrengter Versuche gelang es ihm nicht, die von seinem Vorgänger verursachte Schuldenmisere zu bereinigen. Als letzten Ausweg mußte er zugunsten des Domkapitels 1373 auf alle Einkünfte und auf zahlreiche Rechte seines Amtes verzichten. Wie abhängig damit der Bischof wurde, verdeutlicht die Tatsache, daß ihm das Domkapitel nun vierteljährlich ein Gehalt ausbezahlte. Konnten sich bisher die Bischöfe beim Dombau gegenüber dem primär zuständigen Domkapitel immer wieder mit eigenen Vorstellungen durchsetzen, verloren sie diesen Einfluß in der Folge praktisch ganz. Der Wandel der Zuständigkeiten ist auch bei der Verwaltung der Dombauhütte nachzuvollziehen: Während der Regierungszeit des Bischofs wird zum ersten Mal der *»magister fabricae«* als Leiter der Finanzen und der Verwaltung genannt, der in der Folge offensichtlich immer mehr den *»procurator fabricae«* mit gleichem Verantwortungsbereich ersetzt. Während der Posten des *»procurator fabricae«* durchgehend mit Bürgern der Stadt Regensburg besetzt war, wurde das Amt des *»magister fabricae«* immer von einem Kanoniker des Domkapitels wahrgenommen. Das Domkapitel übernahm also sichtlich die Initiative bei der Weiterführung des Dombaus. Dies war umso notwendiger, als sich gegen Ende des 14. Jahrhunderts der allmähliche wirtschaftliche Niedergang der Stadt Regensburg abzuzeichnen begann.

Unbeschadet dieser bedeutsamen inneren Strukturwandlungen ging der Dombau stetig weiter; allerdings gelang es zunächst nach wie vor nicht, das Stift St. Johann zur Freigabe der Stiftskirche zu bewegen. Deshalb blieb man am Südturm und setzte dort das zweite Obergeschoß auf, das frei über die Dachtraufe emporragt (Abb. 87). Mittlerweile muß der Eindruck der damals etwa halbfertigen Westfassade des Straßburger Münsters so stark geworden sein, daß man sich zu einem Wechsel der Formensprache entschloß. Bisher waren für den gesamten Obergaden Großwimperge prägend, welche die horizontale Abschlußgliederung der Maßwerkbrüstungen durchstoßen. An den vier Turmseiten wurden nun die vorgesehenen Wimpergspitzen durch den stark vorkragenden Laufgang gleichsam gekappt. Dafür erhielt das neue Geschoß eine »Harfenbespannung« aus vertikalen Steinstäben, die jene zweischichtige, die steinerne Massigkeit auflösende Gliederung vorgeben, die an Straßburg so fasziniert haben muß. Mit dem Abschluß dieses Turmgeschosses war um 1380 ein Zustand an der Südfront des Domes erreicht, der für das Mittelalter endgültig blieb, da der Turm nicht vollendet werden konnte (Abb. 88). Die prachtvolle Wirkung dieser Schauseite täuschte einen Zustand der Vollendung vor, der bei weitem nicht erreicht war: Es fehlten

*Abb. 89: Figur des hl. Königs Oswald, des Patrons der englischen Könige. Der Kult dieses in Regensburg besonders verehrten Heiligen dürfte durch die irischen Benediktiner der Regensburger Abtei St. Jakob verbreitet worden sein. Um 1380. Südturm, Südseite, zweites Obergeschoß.*

*Abb. 90: Konsole unter der Figur eines heiligen Königs (Abb. 89). Zustand nach der Reinigung 1993, mit gut erhaltener farbiger Fassung.*

schließlich noch zwei Drittel der Westfassade mit dem Hauptportal, der Nordturm und ein beträchtlicher Teil des Langhauses.
Wie gewohnt wurde gleichzeitig mit der Architektur auch an der skulpturalen Ausstattung gearbeitet. Hier setzten sich die künstlerischen Formen durch, welche die erzbischöfliche Kathedrale und andere Bauten der aufblühenden Metropole Prag kennzeichneten. Neben den bisher maßgeblichen Kunstzentren im Westen und im Süden konnten sich dort unter dem kaiserlichen Bauherrn, nämlich Karl IV., die Fähigkeiten eines Peter Parler – Architekt und Bildhauer zugleich – frei entfalten und zu neuen Impulsen führen. Von den lebensgroßen Skulpturen, die am zweiten Obergeschoß des Regensburger Domturms zwischen die Harfenbespannung eingefügt wurden, sei die Figur eines heiligen Königs herausgegriffen (Abb. 89). Sie ist aufs engste verwandt mit dem Bildwerk eines weiteren Königs, das heute im Inneren, im nördlichen Turmjoch aufgestellt ist (Abb. 91). Daneben sei noch eine dritte Figur gezeigt, die den hl. Apostel Paulus darstellt und sich am südöstlichen Vierungspfeiler befindet (Abb. 92). Während seit der Mitte des 14. Jahrhunderts eher ein manierierter, retrospektiv an Werken des 13. Jahrhunderts anknüpfender Stil vorgeherrscht hatte, überrascht nun eine urtümlich-gewaltige Figurenauffassung. Die S-förmig geschwungenen, in sich gedrehten Körper sind in schwere Gewänder gehüllt, die wenige, wulstige Faltenbahnen akzentuieren; die Gliedmaßen scheinen sich nur schwer aus der Gewandmasse lösen zu wollen. Die verhältnismäßig großen Köpfe charakterisiert eine spürbare geistige Anspannung, die nur mühsam eine fast wild anmutende Vitalität zurückhält. Der bewußt unterschiedliche Einsatz der Bildhauerwerkzeuge reicht bei beiden Figuren in gleicher Weise von der grob gezahnten Gewandoberfläche bis zu der kleinteilig-nervösen Differenzierung der Gesichter und verzichtet weitgehend auf jedes nivellierende Überschleifen. Damit vermag der Bildhauer die Individualität der dargestellten Heiligen zu steigern; gleichzeitig wird aber auch seine künstlerische »Handschrift« faßbar.
Erstaunlicherweise wurden die beiden Figuren aus dem Dominneren (Abb. 91 und 92) nicht farbig gefaßt; sie behielten ihre fein strukturierte Oberfläche im natürlichen Weiß des Kalksteins. Lediglich die Pupillen und wenige Einzelheiten der Gesichter sind mit dunkler Farbe akzentuiert. Weniger überraschend ist am Außenbau der Befund von Farbresten an den beiden Königsfiguren des Turmobergeschosses. Während die Figuren selbst nur noch winzige Grundierungsreste besitzen, zeigt die Konsole unter dem westlichen König weitgehend unbeschädigt ihre ursprüngliche Farbigkeit (Abb. 90). Sie vermittelt in kräftigem Grün mit orangefarbener Blumenbemalung und roten Akzenten einen Eindruck, wie die leuchtend bunten Figuren früher vor der riesenhaften weißen Folie der Wand gewirkt haben müssen.
Gleichzeitig mit diesen Arbeiten an Architektur und Skulptur wurde auch systematisch der erhebliche, noch fehlende Bestand an farbigen Glasfenstern im Dom ergänzt. Dazu gehörten nicht nur die Fenster in den gerade fertiggestellten Jochen des südlichen Seitenschiffs, sondern auch die gewaltigen, jeweils etwa 10 m hohen und 5,50 m breiten Obergadenfenster im Langhaus, im Querhaus mit Ausnahme der Stirnflächenfenster sowie an den Langseiten des Hauptchores. Zudem fielen bei den fertiggestellten Fenstern in den Chören bereits Ausbesserungsarbeiten in größerem Umfang an. Im Jahre 1372 schloß das Domkapitel hierfür einen Reparatur- und Wartungsvertrag mit dem Glasmaler Heinrich Menger ab. Noch heute sind umfangreiche Spuren seiner Tätigkeit erkennbar; die ergänzten Partien sind nicht nur in hoher Qualität ausgeführt, sondern passen sich im Stil

*Abb. 91: Figur eines heiligen Königs, ursprünglich wohl zu einer Gruppe der Anbetung der Könige gehörend. Um 1380. Heute im Langhaus innen, Westwand des nördlichen Turmjochs. Aufnahme um 1920.*

*Abb. 92: Figur des hl. Apostels Paulus. Um 1370/80. Heute am südöstlichen Vierungspfeiler. Aufnahme um 1920.*

geschickt dem vorhandenen Bestand an. Von den damals ganz neu geschaffenen Obergadenfenstern sind lediglich die Glasmalereien im Hauptchor und an der Ostwand des Nordquerhauses erhalten. Definierten bisher die steinernen Maßwerkbahnen die kleinteiligen Einzeldarstellungen in ihrer dichten Reihung über- und nebeneinander, beherrscht nun eine einzige Szene die gesamte Fensterfläche. Bei dem um 1370 entstandenen Fenster der »Himmelfahrt Christi« (Abb. 94) scheint man durch die Vergitterung der Maßwerkbahnen in einen dahinterliegenden, geheimnisvollen Bildraum zu schauen. Hinter dem nüchternen, steinsichtigen Weiß des Maßwerks leuchtet eine überirdisch goldene Bogenrahmung auf. Sie faßt die Gruppe der Apostel und Mariens ein, die gebannt auf das Geschehnis über ihren Köpfen schauen. Dort schwebt vor einem blauen, mit goldenen Sternchen übersäten Firmament die von Engeln begleitete Figur Christi. Der Moment der Bewegung wird raffiniert suggeriert, indem die Gestalt Jesu von dem in der Bildmitte befindlichen Berggipfel schräg nach oben hin abgehoben hat und die Mandorla im Aufstieg hinter der leuchtenden Rahmenarchitektur zu verschwinden beginnt.
Bei dem um 1370/75 geschaffenen Fenster mit der Darstellung der »Anbetung der Hl. Drei Könige« (Abb. 93) blickt man in eine aufwendige, kulissenartige Kirchenarchitektur, in deren Mitte Maria unter einem prachtvollen Baldachin thront. Der Versuch, den Baldachin Mariens wie den kleinen, überdachten Sitz für den hl. Josef räumlich darzustellen, verrät die Nachfolge der italienischen Malerei des Trecento. Die in Einzelfelder aufgeteilten, mit zwei Stifterwappen besetzten Sockelquadrate zeigen erste Ansätze einer zentralperspektivischen Wirkung. Vier dieser sechs Hauptchorfenster zeigen die Stifterwappen Regensburger Bürger (Familien der Auer und der Sitauer), die noch immer bereit waren, erhebliche Mittel in die Ausstattung des Domes zu investieren.

Am 29. Juni 1380 war es endlich soweit: In einem Vertrag mit Bischof Konrad und dem Domkapitel erklärten sich die Stiftsherren von St. Johann bereit, dem Abbruch ihrer Kirche zuzustimmen, sobald ein Ersatzbau zur Verfügung stehe. Schon ein Jahr später konnte in unmittelbarer Nähe der heute noch stehende Neubau von St.Johann geweiht werden. Damit war der Weg für den Weiterbau der Westfassade des Domes frei, auf den sich sofort alle Aktivitäten konzentrierten.

## Die Bischöfe Theoderich von Abensberg (1381–1383) und Johann von Moosburg (1384–1409)

Nach dem nur kurzen Episkopat des aus dem Domkapitel gewählten Bischofs Theoderich von Abensberg erschlich sich gegen den Willen des Domkapitels Johann von Moosburg, ein unehelicher Sohn des Herzogs Stephan III. von Bayern-Ingolstadt, vom Papst die Regensburger Bischofswürde. Er betrachtete das Amt als reine Pfründe zur Finanzierung seines Lebenswandels. Mit der unaufhörlichen Beschaffung von Geldmitteln betraute der rücksichtslose Bischof den Domherrn und Generalvikar Peter von Remagen, der rigoros Gelder eintrieb und dabei in seinen Methoden äußerst findig war. So unerfreulich die Situation war, hatte sie den einen Vorteil, daß es Peter von Remagen gelang, die Finanzierung des Dombaus auf eine neue Basis zu stellen. Die schlechte Finanzlage der Stadt Regensburg dürfte der Grund dafür gewesen sein, daß die Stiftungen für die *Fabrica* erheblich zurückgingen. Der Generalvikar führte deswegen eine alljährliche Kollekte für den Dombau ein, die mit päpstlichen Ablaßbriefen verbunden war und in allen Pfarreien des Bistums durchgeführt werden mußte. In einem Mandat aus dem Jahre 1405 drohte der Bischof jedem Pfarrer, der sich diesen Geldeintreibungen widersetzte, mit der Exkommunikation und der sehr hohen Geldstrafe von zehn Pfund Regensburger Pfennigen. Offensichtlich wandte man sich bewußt den Pfarreien im gesamten Bistumsgebiet zu, da – im Gegensatz zur Stadt Regensburg – die umliegenden Regionen durch die Eisenverhüttung in der Oberpfalz und den Getreideanbau in Niederbayern zu erheblichem Wohlstand gelangt waren. Die erzwungenen Kollekten für die Ablaßgelder brachten eine spürbare Steigerung der Einnahmen, die sich noch

*Abb. 93 (vorhergehende Doppelseite links): Die Anbetung der Hl. Drei Könige. Glasfenster, um 1370/75. Hauptchor Obergaden, Nordseite, zweites Joch von Westen (die rechte Bahn des Fensters ist wegen des dahinter hochführenden Treppentürmchens verblendet).*

*Abb. 94 (vorhergehende Doppelseite rechts): Die Himmelfahrt Christi. Glasfenster, um 1370. Hauptchor Obergaden, Nordseite, drittes Joch von Westen.*

heute in den wenigen erhaltenen Dombaurechnungen nachweisen läßt.

Nachdem 1381 die alte Stiftskirche St. Johann abgebrochen war, konnte auf der nunmehr vollkommen freigeräumten Fläche die Fundamentierung des Nordturms in Angriff genommen werden. Diese erwies sich als besonders schwierig, da der tragfähige Boden von Süd nach Nord stark in Richtung Donau abfällt und man deshalb bis in eine Tiefe von 11,50 m – dreieinhalb Meter tiefer als beim Südturm – gründen mußte. Man kann sich vorstellen, welche Mengen an Aushub hier anfielen und wieviel Steinmaterial andererseits in die Fundamentgruben verfüllt werden mußte, bis man überhaupt das Fußbodenniveau erreicht hatte. Währenddessen wurde die nördliche Seitenschiffwand in ihren unteren Lagen nach Westen weitergebaut und verband sich mit dem östlichen Wandpfeiler des Turms, der an dieser Stelle erstmals über den Boden hinauswuchs (Abb. 95a). Gleichzeitig dürften auch die Arbeiten am Hauptportal aufgenommen worden sein, dessen südlicher Ansatz bereits mit dem Bau des Südturms errichtet worden war und seitdem auf die Weiterführung warten mußte. Trotz der tiefen Fundamentierung scheinen bald Zweifel an der Tragfähigkeit der bisher errichteten Turmteile entstanden zu sein. Der bereits fünf Steinlagen hochragende östliche Wandpfeiler wurde deshalb zum Turm hin massiv ummantelt. Die beiden anderen Wandpfeiler erhielten daraufhin von Anfang an diesen quadratischen Querschnitt bis in Laufgangshöhe (Abb. 95b und 105). Der Turmfreipfeiler, der mit einem gegenüber dem Südturm sogar reduzierten Querschnitt fundamentiert worden war, bekam auf Bodenniveau eine erhebliche Verstärkung, die durch den geschickt gewählten Aufbau des Bündelpfeilers optisch kaum auffällt (siehe den Grundriß S. 155). Der Turm erreichte bis etwa 1410/15 das untere Laufgangniveau, knapp über dem Scheitel des nördlichen Westportals, immer noch in weitgehend einheitlicher Kalksteintechnik (Abb. 95c).

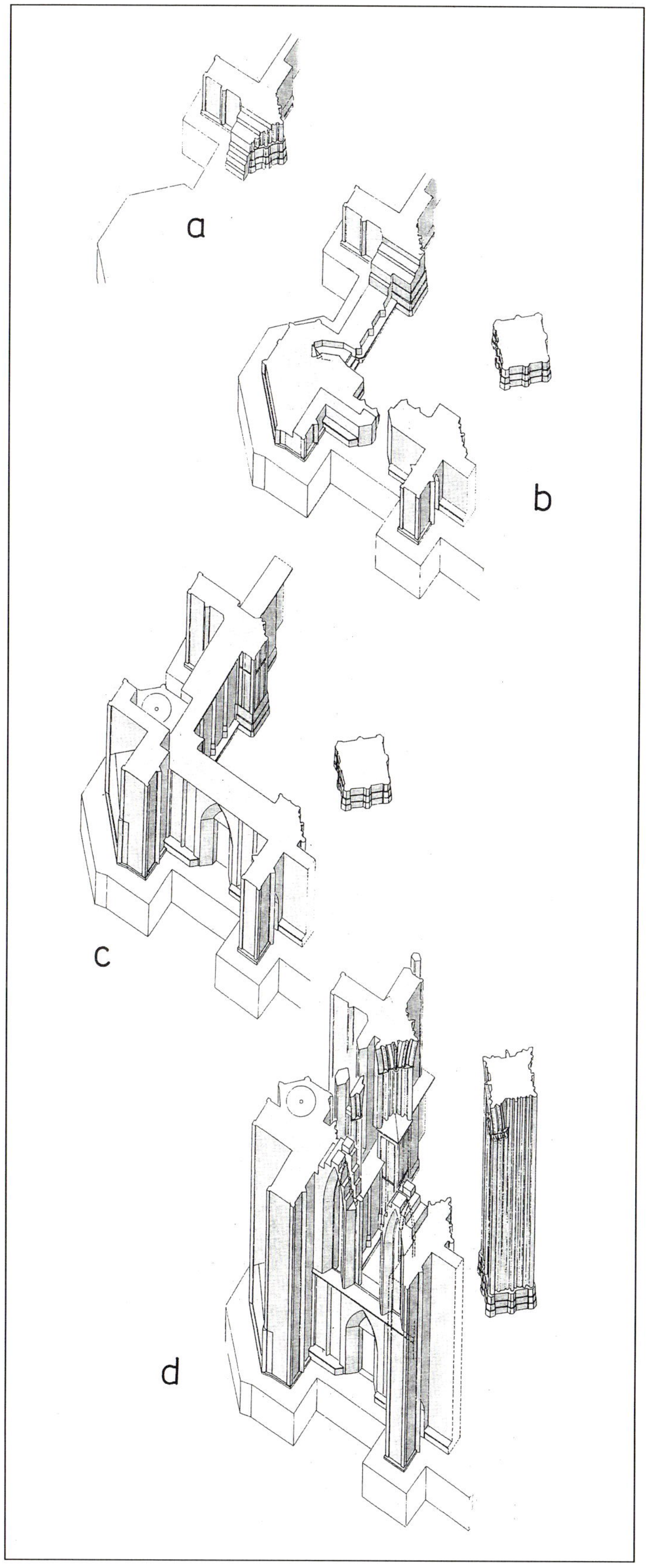


*Abb. 95: Bauphasen des Nordturms:*
*a) nach 1381;*
*b) nach der Verstärkung der Turmpfeiler;*
*c) um 1410/15; letzte Phase der fast ausschließlichen Verwendung von Kalkstein;*
*d) um 1420/30.*

Bereits 1398 stand die Architektur der Seitenschiffaußenwand so hoch, daß der Domherr und spätere Bischof Albert der Stauffer von Stauffenberg beim dritten Joch eine Altarkapelle zu Ehren der Heiligen Florinus und Laurentius stiften konnte. Im ältesten erhaltenen Reliquienverzeichnis des Regensburger Domes von 1496 ist vermerkt, daß sich die Reliquie des hl. Laurentius in einem kostbaren Emailkästchen befand, das sich erhalten hat (Abb. 96). So verlockend es ist, schon in karolingischer Zeit Reliquien des Priesters und Bekenners Florinus (heimisch im Bistum Chur, auch verehrt in Koblenz) im Regensburger Dom zu vermuten, die Quellen sprechen eher dagegen. Einzelne Nennungen des überregional verehrten Heiligen in Kalendern geben dafür keine Sicherheit. Zur Vorsicht mahnt, daß sich in dem bis um 1000 engstens mit dem Hochstift verbundenen Benediktinerkloster St. Emmeram kein früher Kult entwickelte. Auf festen Boden kommt man erst mit der erwähnten Altarstiftung von 1398, einem Heiligen zu Ehren, »den sie leibhaftig haben« (zum dürftigen Inhalt des Florinusschreins s. S. 61). Von Anfang an wird Laurentius als Mitpatron von Altar und Kapelle genannt. Florinus entstellte man in Regensburger Schriften und Urkunden oft zu Florian, auch Florentinus. Sein Fest im Dom stiftete erst der 1480 verstorbene Domherr Wolfgang Zenger (laut Kapitelsüberlieferung von 1757). 1683 wurde der Altar geweiht, demnach erneuert oder jedenfalls umgestaltet. Im späten 18. Jahrhundert wurde anscheinend in dieser Kapelle das Heilige Grab aufgebaut.
Laut Inventar von 1753 befand sich dort auch das ungewöhnliche Emailkästchen mit der Laurentiusreliquie (Abb. 96). Bischof Albert, der 1421 starb, könnte durchaus als Stifter des um 1410/20 in den burgundischen Niederlanden entstandenen Reliquiars in Frage kommen. Es ist aus vergoldetem Silber in der Form eines Häuschens gestaltet, dessen mit Laubwerkornamenten besetztes Walmdach von – später ergänzten – gedrehten Stäben getragen wird. Die Wände und Dachflächen umschließen geschliffene Bergkristallplatten, hinter denen die Reliquie sichtbar erschien. Sonst sind alle freien Flächen bedeckt von einem einzigartigen Emailüberzug, der auf dunkelblauem und amethystfarbenem Grund weiße Tiere (Löwe, Hirsch, Steinbock, Adler und andere Vögel) sowie Fabelwesen (z. B. Einhorn und Greif) zeigt, zwischen die kleine vergoldete Halbmonde und Sterne eingeschmolzen sind.

Zwischen etwa 1385 und 1410/15 arbeitete man an Architektur und Skulptur des zentralen Hauptportals an der Westfassade (Abb. 97). Es folgt dem traditionellen Schema eines Trichterportals mit Tympanon und Archivolten; eine Besonderheit hingegen ist die Dreiecksvorhalle, die vielleicht von dem um 1330 entstandenen Hauptportal des Erfurter Domes, dem sogenannten Triangel, angeregt wurde. In Regensburg gehören Portaltrichter und Vorhalle unterschiedlichen Planungen an, innerhalb derer sich noch mehrere Zwischenstadien ablesen lassen. Gebaut wurde schließlich eine eingeschossige Halle mit offener, balkonartiger Estrade, die wie ein Schiffsbug aus der Westfassade vorkragt. Sie wird von einem in der Achse vor dem Hauptportal stehenden Freipfeiler getragen, der von Figuren umstellt ist. Von ihm aus schlagen Arkadenbögen mit Archivoltenfiguren die Verbindung zum Portaltrichter und stützen baldachinartig die Estrade, die eine äußerst feingliedrige Maßwerkbrüstung ziert. Diese Außentribüne ist über eine aufwendige Treppenanlage an der inneren Westwand zugänglich (Abb. 104). Die Bauidee einer Tribüne über dem Portal hat in der Architekturgeschichte eine lange Tradition. Der Grundgedanke eines erhöhten Ehrenplatzes über dem Portal läßt sich an den Benediktionsloggien der großen Kirchen Roms, an Bauten Karls des Großen und in der romanischen wie in der gotischen Architektur an zahlreichen Beispielen beobachten. Die Zweckbestimmung solcher Ehrenplätze konnte sehr konkret, aber auch rein symbolisch ausgerichtet sein. In Betracht kommen die Repräsentation weltlicher wie sakraler Art und vor allem die im Mittelalter außerordentlich bedeutsamen Heiltumsweisungen, das heißt die öffentliche Präsentation von Reliquien. Wir besitzen keinen Quellennachweis für eine konkrete Nutzung der Portaltribüne in Regensburg, aber auch der Architekturtypus selbst ist ein sprechender Beleg. Heiltumsweisungen sind in Regensburg erst ab 1487 quellenmäßig belegt; angesichts der weitverbreiteten Reliquienverehrung im 13. und 14. Jahrhundert wäre es allerdings höchst unwahrscheinlich, wenn es nicht schon um diese Zeit derartige Veran-

*Abb. 96: Reliquienkästchen. Burgundische Niederlande, um 1410/20. Domschatzmuseum. Der umlaufende durchbrochene Blätterfries am Dachansatz verdeutlicht die zeitliche Nähe zum Hauptportal des Domes (Abb. 97), dessen »Triangel«-Vorhalle eine ähnliche Maßwerkbrüstung krönt.*

*Abb. 98: Hauptportal, Archivoltenfiguren: Die Geburt Christi. Um 1390/1400. Aufnahme um 1920.*

*Abb. 99: Hauptportal, Archivoltenfiguren: Der zwölfjährige Jesus im Tempel. Um 1390/1400. Aufnahme um 1920.*

staltungen gegeben hätte. So läßt es aufhorchen, wenn der Magistrat im Jahr 1394, als die Portalvorhalle gerade in Planung war, in einem offiziellen Bittschreiben an die Stadt Aachen Reliquien Karls des Großen erbittet mit der Begründung, man wolle künftig sein Gedenken noch würdiger begehen, da er doch so viel Großes für Regensburg getan habe.

Ab dem Jahre 1487 wurde die jährliche Reliquienweisung ausdrücklich auch wegen des wirtschaftlichen Nutzens für die fast bankrotte Stadt durchgeführt, was der Bischof damals nicht gerade freudig begrüßte. Obwohl über den Portalen die aufwendige Galerie mit ihrem bequemem Zugang über die Wendeltreppen zur Verfügung stand, verzichtete man auf die naheliegende Lösung, von dieser Estrade aus, einerseits weithin sichtbar, andererseits vor Tumult und Diebstahl geschützt, das Heiltum zu zeigen und zu erklären. Möglicherweise suchte man bewußt einen Ort, der an der Grenze zwischen der Domimmunität und dem städtischen Grund lag. Deshalb errichtete man jedes Jahr ein Holzgestell, den sogenannten Heiltumsstuhl, vor der Westfassade, in dem zwischen Stadt und Hochstift strittigen Bereich vor den Treppen. Von hier aus präsentierte man die Reliquien der ganzen Stadt, also auch die heiligen Leiber aus St. Emmeram und Niedermünster; das Reliquienverzeichnis von 1495 ist aber auch eine wichtige Quelle für den Domschatz. 1517 bemalte Albrecht Altdorfer einen Behang für den Heiltumsstuhl, der Rat bezahlte seine Arbeit. Nach dem Inventar von 1555/67 gehörten rote und weiße Stoffe

*Abb. 97: Westfassade, Hauptportal mit »Triangel«-Vorhalle. Um 1385 - um 1410/15. Historische Aufnahme, Ende 19. Jahrhundert, noch vor den späteren Auswechslungen verwitterter Figuren.*

dazu, also die liturgischen Farben für die wichtigsten Heiligenchöre (Apostel und Märtyrer bzw. Bekenner und Jungfrauen). 1521 zerschlug das Volk den Heiltumsstuhl, über die Gründe schweigt Widmann. Nach ihm fiel die Weisung im folgenden Jahr aus, weil das Gestell nicht erneuert oder repariert worden war, sicher keine ausreichende Begründung; über lutherische Angriffe (1523) gegen den Domprediger vgl. S. 146. 1529 schließlich ließ der Rat zwei skulptierte Steine vor dem Dom wegnehmen, die man auch zur Heiltumsweisung benutzt hatte.

Die finanzielle Grundlage für die reiche Ausgestaltung des Hauptportals selbst bildete eine für 1393 bezeugte Stiftung des Regensburger Patriziers Gamered von Sarching. Der überreiche Skulpturenschmuck zählt zu den Hauptwerken der Zeit um 1400. Die meisten Figuren und Reliefs bestehen aus Kalkstein, gegen Ende wurde Grünsandstein verwendet. Restspuren belegen, daß die Bildwerke teilweise farbig bemalt waren. Die Augen erhielten durch schwarze Pupillen einen lebendigen Blick, besondere Kostümdetails waren hervorgehoben. Für die am »Trumeau«, das heißt am Mittelpfeiler der Portalöffnung, stehende Figur des hl. Petrus (Abb. 101) läßt sich sogar noch eine vollständige farbige Fassung nachweisen. Seine Attribute (Schlüssel und Tiara) kennzeichnen ihn als Hüter der Himmelspforte und als ersten Papst. Ihn flankieren im Portalgewände die Heiligen Stephanus und Laurentius als Erzdiakone und Patrone Roms sowie je ein Apostel, zwei weitere wurden 1924 zum Schutz abgenommen. Die Tympanonreliefs schildern den Tod und die Grabtragung Mariens sowie ihre Himmelfahrt und Inthronisation. In den Archivolten folgt in vielen Kleinszenen die Kindheitsgeschichte Mariens und Jesu (Abb. 98 und 99).

Die Figuren vor der nördlich an das Portal angrenzenden Westwand sind mit Ausnahme einer hl. Magdalena nicht mehr zu bestimmen. Südlich verraten die »Verkündigung« und die »Heimsuchung« Mariens, daß ursprünglich ein anderes theologisches Konzept für das gesamte Portal vorlag, am wahrscheinlichsten ein Marienprogramm, wie es mit den Darstellungen in den Archivolten und im Tympanon bereits begonnen war. Im Gewände würden zu diesem Programm neben der Verkündigung und der Heimsuchung die Figuren der Hl. Drei Könige gehören, die sich der Madonna am Trumeau zugewandt hätten. Die Petrusskulptur und die zugehörigen Gewändefiguren zeigen einen tiefgreifenden Programmwechsel, der am Vorhallenfreipfeiler die Apostelreihe aus dem Gewände fortsetzt. Die stark verwitterten Apostel des Freipfeilers aus Sandstein wurden 1907/08 durch Nachschöpfungen ersetzt.

Aus dem Stil der Figuren spricht ein Wechselspiel der wichtigsten Einflußzentren der Zeit. Die Hauptquelle ist Böhmen. In Prag hatte die Hofkultur seit etwa 1390, in den letzten Lebensjahren Peter Parlers, den sogenannten »Schönen Stil« hervorgebracht, welcher eine beispiellose Ausstrahlungskraft entfaltete. Der Prager Hof war aber auch ein Zentrum hochgelehrter theologischer Diskussion, und ein besonderes Anliegen des Erzbischofs Johann von Jenczenstein (1379–1396) war eine tiefgreifende Aufwertung der Rolle Mariens im Heilsplan Gottes. Jenczenstein bewirkte sogar eine päpstliche Bulle, die Maria zur Retterin aus der Krise der Kirchenspaltung erklärte. Die Prager Bischöfe hatten, wie oben erwähnt, ein Aufsichtsrecht über die Regensburger Diözese, in der Jenczenstein als Visitator oft tätig war. Er hat vielleicht auch die folgenden ikonographischen Besonderheiten am Domportal angeregt, die in Regensburg erstmals dargestellt werden, später jedoch im Osten weite Verbreitung finden.

Bei der Marientodszene im Tympanon (Abb. 100) stirbt Maria nicht im Bett, sondern sinkt aus ihrem Gebet heraus tot zusammen, so wie sie bei der Kreuzigung Christi ohnmächtig niederfiel; dieser Typus wird zitiert, auch mit der wiederum helfenden Figur des Johannes. In Regensburg ist der Marientod zusammen mit der ebenfalls ungewöhnlichen Darstellung der Inthronisation im Scheitel des Tympanons zu sehen. Irdischer Tod und himmlischer Lohn sind anschauliche Bilder für Opfer und Lohn im Leben Mariens. Maria stirbt im Nachvollzug der Passion Christi und leistet damit die höchste Form der Compassio als Mithilfe zur Vollendung des Heilswerks. Damit verdient sie sich den Platz im Kreis der göttlichen Personen.

Bei der Darstellung Mariens liegt die Betonung auf dem Schönen, das ein Spiegel ihrer himmlischen Vollendung sein soll. Deshalb spricht aus der Portalplastik auch das weltliche Schönheitsideal der Zeit: ein mädchenhaft zartes Gesicht, ein modisches Untergewand und ein besonders dekorativer Faltenfluß.

Die vielen Archivoltenszenen boten den Bildhauern reiche Möglichkeit, die Ausdrucksformen zu variieren. Es

*Abb. 100: Hauptportal, Tympanon, Ausschnitt: Der Tod Mariens. Um 1390/1400. Aufnahme um 1920.*

finden sich genrehafte Szenen mit volkstümlich derben Gestalten in bewußtem Kontrast zu edel feinsinnigen Darstellungen. Die Szene der Geburt Christi (Abb. 98) ist ikonographisch ungewöhnlich. Das Irdische der Mutterschaft wird, einer mystischen Legende nach, transzendental verklärt. Demnach habe Maria ihr Kind ohne jeden Schmerz – wie in Trance auf den Knien schwebend – geboren. Als sie wieder zu sich kam, lag das Kind in gleißender Lichtgloriole vor ihr. Wörtlich ist die Legende ins Bild übertragen.

Die hohe Begabung und die direkte Abstammung der Bildhauer aus dem Prager Kunstkreis spricht deutlich auch aus der Schlußszene in den Archivolten (Abb. 99). Der zwölfjährige Jesus thront in einer Kathedra auf den Häuptern der Schriftgelehrten. Der Bildaufbau veranschaulicht den geistigen Triumph des Knaben über die irritiert umherblickenden, tiefernsten Gelehrten, die wie Sockelfiguren niedergedrückt werden. In köstlichem Gegensatz dazu erscheint der Knabe mit seinem frischen Lockenkopf in betont kindlicher Unbekümmertheit.

Der etwas später, nach der Planänderung entstandene Trumeaupetrus (Abb. 101) verrät trotz seiner würdigen Ausstrahlung deutlich die zunehmende Neigung des Schönen Stils zum rein Dekorativen, so bei den Faltenkaskaden, dem Ondulieren der Säume und der bühnenartigen Inszenierung der Papsttiara. Schlüssel und Tiara

*Abb. 101: Hauptportal, Trumeaufigur: hl. Petrus. Um 1400. Aufnahme um 1930.*

demonstrieren nachdrücklich die Autorität Petri; in einer Zeit der Kirchenspaltung mit drei Gegenpäpsten vielleicht ein bewußtes Bekenntnis zum römischen Papst, wie dies für Regensburg bezeugt ist und was vielleicht der Grund für die Planänderung gewesen sein könnte.
Stilistisch ist die Petrusfigur noch ganz in Böhmen verhaftet. In der Schlußphase der Portalausstattung läßt dieser östliche Einfluß jedoch rasch nach und wird durch eine neue, aus dem Westen kommende Stilrichtung abgelöst. Sie prägt vor allem die Apostel, die ehemals in den äußeren Gewändenischen und am Vorhallenfreipfeiler aufgestellt waren. Die qualitätvollste unter ihnen ist die Paulusfigur (Abb. 102). Der neue Stil hat seine Wurzeln in Burgund. Neu ist, daß trotz der noch üppigeren, teigig schweren Gewandfülle die Figur dennoch wieder eine überzeugende Gesamtstatuarik besitzt und die Gestalt dadurch eine geradezu monumentale Ausstrahlung gewinnt, verbunden oft mit einer expressiven Übersteigerung der Physiognomie.

# Die Baumeister Wenzel Roritzer (vor 1415–1419) und Andreas Engel (wohl 1419–1456)

Während uns bisher – auch aufgrund der fehlenden Quellen – die für den Dombau verantwortlichen Baumeister weitgehend unbekannt blieben, lassen sich ab dem Baumeister Wenzel Roritzer nicht nur die Lebensumstände archivalisch nachweisen, sondern auch die Leistungen am Bau fassen. Mit Wenzel begegnet uns das erste bekannte Mitglied dieser berühmten Familie, die bis ins 16. Jahrhundert hinein das Baugeschehen am Dom weitgehend prägte und auch überregional in Erscheinung trat. Vor- und Nachname sprechen für eine Herkunft aus Böhmen, zumal sich in Kolín eine Familie dieses Namens nachweisen ließ. Spätestens seit 1415 Dombaumeister, ist er bereits 1419 gestorben. In seine kurze Schaffensphase fällt der Weiterbau des Nordturm-Erdgeschosses; es muß noch geklärt werden, ob er auch bei der Vollendung der Hauptportalanlage mitwirkte. Außerdem entstand damals ein weiterer der bedeutenden Baldachinaltäre im Dom, der jetzt sogenannte Geburt-Christi-Altar, der seit dem 19. Jahrhundert im südlichen Nebenchor aufgestellt ist (vgl. Abb. 22). Ursprünglich stand er im vierten Joch des Langhauses, unmittelbar in der Achse der südlichen Mittelschiffpfeiler. Da der Stifter, der Domherr Bartholomäus von Redwitz, im Jahre 1417 starb, liegt es nahe, den Entwurf für die filigrane, die prächtigen Figurentabernakel betonende Altararchitektur mit Wenzel Roritzer in Verbindung zu bringen. Im Stil schließen sich die knapp unterlebensgroßen Skulpturen unmittelbar an jene Werkstatt an, die für die Gewändefiguren des Hauptportals verantwortlich war.

Der Nachfolger Wenzel Roritzers, Andreas Engel, hatte dessen Witwe Elspeth geheiratet und wurde damit der Stiefvater des Konrad Roritzer, so daß das Amt des Dombaumeisters über die Generationen hinweg in der Familie blieb. In seiner langen, bis 1456 währenden Tätigkeit gelang es Andreas Engel, den Dombau entscheidend voranzutreiben. Er führte zunächst das von Wenzel Roritzer vorbereitete Werk weiter und vollendete die Erdgeschosse des Nordturms (Abb. 95d) und der mittle-

*Abb. 102: Hauptportal, Freipfeiler der »Triangel«-Vorhalle: Figur des hl. Apostels Paulus. Um 1410 (1908 durch Kopie ersetzt, Original im Museum der Stadt Regensburg).*

ren Westfassade sowie die beiden noch unfertigen Joche des nördlichen Seitenschiffs (Abb. 103). Diese und alle folgenden Bauphasen mußten nun in dem farblich stark abweichenden Grünsandstein ausgeführt werden, bei dem später die größten Verwitterungsschäden auftreten sollten. Offensichtlich waren die Kalksteinlager in den Steinbrüchen restlos erschöpft. Einige restauratorische Befunde deuten darauf hin, daß diese Sandsteinquader nach dem Versetzen mit Kalk getüncht wurden, um sie an die bisher die Wandflächen beherrschende Farbigkeit des Kalksteins anzugleichen.

Gegenüber den glatten Untergeschossen des Südturms präsentiert sich die Westfassade wesentlich feinteiliger und reicher geschmückt (Abb. 111). Das Bemühen, die Massivität der Wand zu verschleiern, das bereits beim zweiten Obergeschoß des Südturms einsetzte, wird mit variierten Mitteln fortgeführt. Vorbildlich scheint immer noch die Fassade des Straßburger Münsters gewesen zu sein, allerdings nun im Zustand einer späteren Phase, nämlich dem vor 1384 vollendeten zweiten Obergeschoß der beiden Türme. Ähnlich wie in Straßburg besteht die Wandgliederung des Regensburger Nordturm-Erdgeschosses aus einer dreifachen Fenstergruppe: Ein höheres dreibahniges Fenster wird von zwei doppelbahnigen Fenstern flankiert. Darüber zieht sich eine waagrechte Kette aus Wimpergen und Fialenspitzen, die den Scheitel des Mittelfensters vorhangartig übergreift. Das unmittelbar darunter an den Innenseiten der Strebepfeiler erscheinende Wappen bezieht sich auf die Familie Notangst, als deren letztes Mitglied der Stadtkämmerer Stephan Notangst im Jahre 1426 starb. Das Datum gibt einen Anhaltspunkt für die zeitliche Einordnung dieser Bauphase. Dazu gibt es weitere Daten aus dem Dominneren, die wichtige Indizien zum damaligen Bauzustand liefern: Mittlerweile war im vierten Joch des nördlichen Seitenschiffs die letzte noch mögliche Altarkapelle angebaut worden. Für sie stiftete der Domherr Johann Oech von Pappenheim einen Altar zu Ehren des Corpus Christi und der Heimsuchung Mariens. Nach seinem Tod 1431 wurde er im Seitenschiff vor dieser Kapelle bestattet. Zu diesem Zeitpunkt muß deshalb das Seitenschiff benutzbar gewesen sein, vielleicht nur mit der Dachkonstruktion, wahrscheinlicher aber mit schon fertiggestellten Gewölben, worauf der Stil der Schlußsteine deutet. Damit standen um 1430 beide Seitenschiffe des Domes voll für die liturgischen Funktionen zur Verfügung.
Auch wenn es keine direkten Befunde am Bau gibt, spricht einiges dafür, daß gleichzeitig bereits das Mittelschiff durch eine – wohl hölzerne – Notdecke in Triforiumshöhe abgeschlossen gewesen war. Der oben erwähnte, um 1417 entstandene Geburt-Christi-Altar war bereits für eine Stelle konzipiert worden, wo sich bisher die provisorische Trennwand zwischen dem südlichen Seitenschiff und dem Hauptschiff befunden hatte. Um 1420/30 wurde in der gleichen Achse im Turmjoch mit dem Ursula-Altar ein weiterer Baldachinaltar errichtet (vgl. S. 118). Das Beseitigen der Trennwände zum südlichen Seitenschiff hin gibt nur Sinn, wenn das Mittelschiff genutzt werden konnte. Dies würde bedeuten, daß nun die gesamte Fläche des Innenraums überdeckt und ein wesentliches Ziel des Dombaus erreicht war, selbst wenn die das Hauptschiff abschließende provisorische Wand vor dem zweiten Joch aus statischen Gründen vorläufig stehen blieb (Abb. 52). Der unvollendete Kölner Dom behielt übrigens bis ins 19. Jahrhundert hinein eine ganz ähnliche Konstruktion, welche nahezu die gesamte Fläche unter Dach brachte, auch wenn die aufragenden Teile des Triforiums und des Obergadens noch nicht einmal begonnen waren. Die beiden um 1930 entstandenen Großplattenaufnahmen der Preußischen Meßbildanstalt (Abb. 104 und 105) geben einen guten Eindruck, wie diese neu geschaffenen westlichen Bereiche im Innenraum des Regensburger Domes gewirkt haben dürften.

Ähnlich prachtvoll wie sich das Hauptportal nach außen präsentiert, stellt es sich auch nach innen dar (Abb. 104). Die große Doppeltüre sprengt das Laufgangsgesims und wird von einer hohen, der inneren Westwand vorgesetzten Bühne überfangen, deren glatte Stirnfläche Blendmaßwerke mit abschließenden Wimpergen beleben. Das kastenartige Gehäuse kaschiert geschickt die für die Trichter des Portalgewändes erforderliche Tiefe. Es wird seitlich eingefaßt von zwei aufwendigen, stark durchbrochenen Treppentürmchen, die auf reich gegliederten Konsolen vorkragen. Die Wendeltreppen führen vom unteren Laufgang auf diese Bühne, von wo aus man – wie beim Hauptportal erwähnt (S. 104) – durch eine Türe auf den äußeren Balkon der Vorhalle gelangt. Die bekrönenden Wimperge und Fialen über den Treppentürmen sowie die dazwischengespannte Maßwerkbrüstung stammen erst aus dem 19. Jahrhundert, dürften aber die ursprüngliche Planung gut wiedergeben.

*Abb. 103: Zustand des Domes um 1430. Gerastert die in ihrer Beschaffenheit nicht geklärte provisorische Decke.*

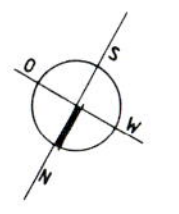

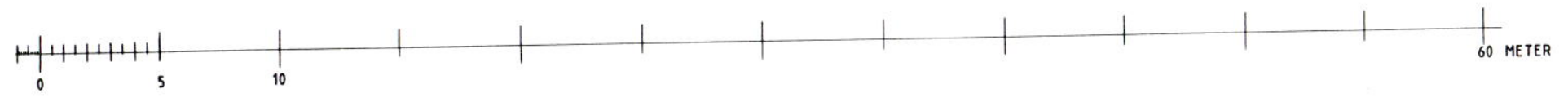

*Abb. 104: Innere Westfassade des Mittelschiffs. Aufnahme um 1930.*

*Abb. 105: Blick in die nördliche Turmhalle. Aufnahme um 1930.*

*Abb. 106: Zwei Konsolfiguren. Um 1410. Innere Westfassade des Mittelschiffs, rechts vom Hauptportal. Aufnahmen um 1920.*

Die den unteren Laufgang tragende Blendarkatur südlich des Portals gehört noch zu der älteren Bauphase um 1340/50 und wurde gleichzeitig mit dem Südturm hochgeführt. Die aus dem Seitenschiff übernommenen, von Figuren getragenen Dreipaßarkaden wurden im dritten Bogen durch das Portalgewände gekappt, ein Indiz für die weitgehenden Planänderungen beim Bau des Hauptportals. Die dadurch entstandene, ungewöhnliche Wandgliederung wurde nördlich der Türöffnung im frühen 15. Jahrhundert aus Symmetriegründen in leicht geglätteter Form wiederholt. Während die Architekturformen der beiden Wandfelder weitgehend ähnlich geblieben sind, begegnet uns bei den beiden, spätestens um 1410 geschaffenen nördlichen Konsolfiguren (Abb. 106) eine völlig neue Sehweise des Menschen. Zwei ältere Männer, einer davon in reicher und vornehmer Gewandung, der andere schlichter gekleidet, sind mit dem Tragen ihrer architektonischen Last beschäftigt. Ihre Gesichter sind von einer so porträtgenauen Charakterisierung, daß man versucht hat, sie als Baumeisterbildnisse zu interpretieren, was denkbar ist, aber nicht nachgewiesen werden kann.

Etwas später, um 1420, wurde die fast lebensgroße Sandsteinfigur des hl. Petrus geschaffen, die heute etwas stiefmütterlich im südlichen Seitenschiff abgestellt ist (Abb. 107). Ursprünglich stand sie an prominenter Stelle mitten im Hauptschiff des Domes, nach dem archäologischen Befund im zweiten Joch, wahrscheinlich den Blick nach Westen gerichtet. Petrus, der ohne weiteres Zeichen seiner päpstlichen Würde nur einen riesigen Schlüssel vor sich hält, ist vor allem durch sein prachtvolles Gewand ausgezeichnet, das den Körper vollkommen zurücktreten läßt. Dennoch gelang es dem Bildhauer, die Fülle der Faltenformationen einem grandiosen rhythmischen System einzubinden, das in seinem geschlossenen Umriß und in seiner Raumhaltigkeit dem an sich relativ flachen Bildwerk ein machtvolles Volumen verleiht. Man darf die Skulptur, ebenso wie die beiden Konsolfiguren, jener Werkstatt zuschreiben, welche die Apostel am Freipfeiler der Portalvorhalle, allen voran die Paulusfigur (Abb. 102), gefertigt hat.

An seinem ursprünglichen Standort in der Achse des Mittelschiffs erschien der hl. Petrus als Himmelspförtner und als Herr seines irdischen Hauses, der den Ankommenden gleichsam begrüßt. Hohe Gäste, z. B. Kaiser Karl V. im Jahre 1532, wurden vor der Petersfigur beräuchert und mit Weihwasser besprengt; das gleichartige Abschiedszeremoniell vollzog sich hinter der Figur. Man muß sich die hochragende, ernste Petrusgestalt im unruhigen Licht vieler Kerzen fast lebendig vorstellen, um sie herum die Geistlichen in goldenen oder roten Chormänteln, mit dem großen silbernen Rauchfaß samt Weihrauchschiffchen, mit dem gleichfalls silbernen Weihwasserkessel. Es wurde so ganz deutlich gemacht, daß der hl. Petrus selbst den neuen Bischof oder den römischen Kaiser willkommen hieß, so wie man Schenkungen nicht an das Hochstift Regensburg, sondern an den hl. Petrus adressierte. Einen Opferstock beim St. Peter nennen die Domrechnungen schon im frühen 16. Jahrhundert, stets an erster Stelle unter den vielen Opferstöcken im Dom.

Die Petrusfigur war als Ziel interner Prozessionen in den Kultus integriert *(statio ad sanctum Petrum in medio monasterii)* und Zentrum der für das Mittelalter zentralen Sorge um das Seelenheil: Zu feierlichen Gedenk- und Totengottesdiensten, besonders an der Vigil des Festes von Peter und Paul und zu Allerseelen, baute man beim Petrus die Scheinbahre auf, den Katafalk, das *Feretrum,* also ein sargförmiges Holzgestell, überdeckt mit einem kostbaren Bahrtuch, etwa aus schwarzem Samt mit kreuzförmigem Besatz aus Silberstoff und silbernen Fransen. An seine Längsseiten stellte man die acht hohen Eisenleuchter der acht Regensburger Bruderschaften. Nach der Tradition vom hl. Wolfgang gestiftet, sicher im frühen 13. Jahrhundert vorhanden, je eine an den alten Hauptkirchen der Stadt, waren diese speziell für das Totengedenken, die Fürbitte tätig, erhielten dafür reichliche Zuwendungen von Geistlichen wie von Laien. Zur Totenfürsorge gehörten die Seelmessen, die bildliche *Memoria* durch Katafalk und Kerzen, schließlich die Armenspende. Ein Bruderschaftsbuch des 16. Jahrhun-

*107: Figur des hl. Apostels Petrus. Um 1420. Ursprünglich auf einem hohen Sockel im Mittelschiff frei stehend, heute im südlichen Seitenschiff.*

derts gibt nicht nur einen Plan für *Feretrum* und Leuchter vor der Petrusfigur, sondern auch an Kopf- und Fußende für Brotkörbe und Weinkübel.
Auch ohne solche Anlässe war die Figur durch Beleuchtung hervorgehoben (zeitweilig durch eine Ampel). Ein Peters-Licht wird schon 1358 erwähnt, später begegnet immer wieder die große Peterskerze, aus gelbem Wachs wie bei alten kultischen Stiftungen im Dom üblich (für neuere nahm man weißes Wachs).

Nicht weit von der Petrusfigur entfernt stand früher der etwa zur gleichen Zeit entstandene, bereits erwähnte Ursula-Altar (Abb. 109). Er wurde im 19. Jahrhundert von seinem früheren Platz im südlichen Turmjoch in den nördlichen Nebenchor versetzt. Ursprünglich war neben dem Altar sein Stifter bestattet gewesen, der Domherr Wolfhard Wölfel. Die immerhin etwa 10 m hohe, steinerne Altararchitektur ist in den komplizierten Durchdringungen und Überschneidungen der Einzelformen auf eine außerordentlich kunstvolle Gesamtwirkung hin ausgerichtet. Am meisten erstaunen die Maßwerkvorhänge, die allseits zwischen die Bogenläufe der Arkaden gespannt sind. Auf ein traditionelles Mehrpaßmaßwerk legen sich Rundstäbe, die untereinander verflochten sind und sich sogar um die Rundstäbe des Arkadenprofils schlingen. Zum ersten Mal tritt solches »Rutenwerk« 1416 in Frankfurt/Main und bald darauf in Mainz auf. Ungewöhnlich ist auch die Zahl der 16 über den Altar verteilten Figurenstandplätze, von denen 15 bis heute besetzt sind. Die Figuren Christi und dreier Apostel in den bekrönenden Figurentabernakeln, die im Verband mit der Architektur stehen und deshalb gleichzeitig entstanden sein müssen, verkörpern noch den Stil jener Bildwerke in der Nachfolge der Hauptportalwerkstatt, wie ihn auch der Geburt-Christi-Altar zeigt. Die übrigen Skulpturen weichen im Stil ab, so daß von unterschiedlichen, für ihre Zeit teilweise recht modern anmutenden Bildhauern auszugehen ist. Aus der Reihe der Apostel, der Propheten und einer Sibylle sei eine Prophetenfigur herausgegriffen (Abb. 108). Sie erinnert durch die Physiognomie, die Proportionen und die ausladende Gewandführung mit ihrer lässigen Faltengebung unmittelbar an burgundische Plastik. Nachdem der Altar um

*Abb. 108: Prophetenfigur vom Ursula-Altar (Abb. 109). Um 1430.*

1420/30 entstanden war, wurde – wahrscheinlich nach dem Tod des Stifters im Jahre 1440 – ein Retabelrelief eingefügt, das die Darstellungen der Verkündigung an Maria und des Martyriums der hl. Ursula sowie den knienden Domherrn mit seinem Wappen zeigt.
In den folgenden Jahren nach etwa 1430 wurde kontinuierlich am Dom weitergebaut, wobei nun die Vollendung des Mittelschiff-Obergadens und die ersten Obergeschosse von Nordturm und Mittelteil der Westfassade anstanden. Nachdem sich damit der endgültige Zustand der Fassade formierte, sei dies zum Anlaß genommen, den Werdegang und die sich wandelnden Überlegungen zur Gestaltfindung vorzustellen. Erhalten haben sich in Regensburg zwei mittelalterliche, monumentale Planrisse zur Westfassade, die zu den größten Kostbarkeiten des Domschatzes gehören und in einer Reihe mit den berühmten Rissen zum Straßburger Münster und zum Kölner Dom zu nennen sind (Abb. 110 und 112). Beide sind mit der Feder auf zusammengenähte Pergamentbahnen gezeichnet und zeigen Varianten der Fassadengestaltung mit zwei Türmen bzw. mit einem Turm. Obwohl sich die Forschung seit langem mit den Rissen beschäftigt, dauert der Streit bis heute an, ob es sich um ernstzunehmende Baupläne oder um utopische Idealvorstellungen handelt. Auch zur Datierung gibt es keine konkreten Hinweise.

Der Zweiturmplan (Abb. 110), der 2,78 × 1,27 m mißt, zeigt nicht die gesamte Fassade, sondern nur den Mittelteil und den Nordturm ohne Helmaufsatz. Der Riß setzt den Südturm offensichtlich als bestehend voraus und befaßt sich nur mit dem weiteren Ausbau. Allein dies könnte ein Hinweis auf die zeitliche Einordnung sein, da sich der Befund exakt mit der Bauabfolge deckt, wonach

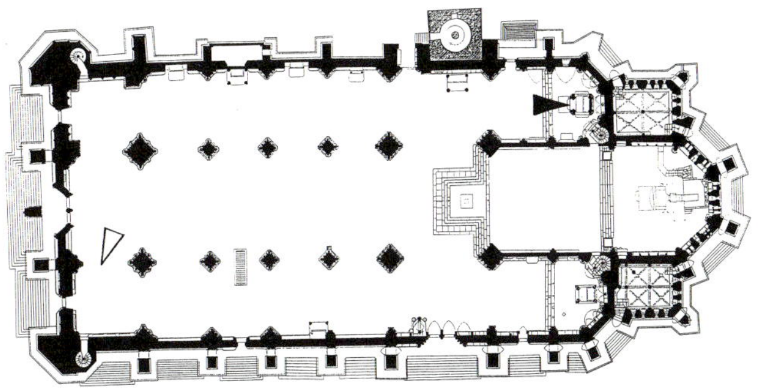

*Abb. 109: Ursula-Altar. Um 1420/30. Im Grundriß schwarz der heutige, weiß der ursprüngliche Standort.*

gegen 1380 der Südturm bis zum zweiten Obergeschoß emporgewachsen war und nach dem Abbruch der Stiftskirche St. Johann der Bau der restlichen Fassade anstand. Tatsächlich zeigt der Plan rein rechnerisch die dem ausgeführten Bau entsprechenden Höhen- und Breitenverhältnisse und stimmt in den untersten Lagen eng mit der ausgeführten Lösung überein; nur das Hauptportal ist noch ohne Vorhalle konzipiert. Über dem Scheitel des nördlichen Westportals, wo das Ende der Kalksteinschichten auch am Bau selbst eine deutliche Zäsur markiert, gehen Plan und Ausführung verschiedene Wege. Statt der dreiteiligen Fenstergruppe im Erdgeschoß des Nordturms zeigt der Riß ein sechsbahniges Maßwerkfenster; außerdem sind die Fassadenflächen überaus reich geziert durch ein regelrechtes Gespinst von Blendmaßwerk und Figurentabernakeln. Mit der in Bau und Plan gleich stark betonten Laufganggalerie trennt sich das Erdgeschoß vom ersten Obergeschoß. Dort sitzt im Mittelteil der Fassade – einem quadratischen Feld einbeschrieben – eine mehrschichtige, 24teilige Fensterrose höchsten Aufwands. Über ihr, wiederum durch eine horizontale Maßwerkbrüstung isoliert, steigt zwischen den Türmen ein Dreiecksgiebel hoch, der deutlich zurückgesetzt ist zugunsten eines polygonalen Türmchens in der Mittelachse, das einen steilen, krabbenbesetzten Helm besitzt. Das dritte Obergeschoß des Nordturms wandelt sich im Riß zum Oktogongeschoß, das ohne Hinweis auf eine Bekrönung mit einer Maßwerkgalerie abgeschlossen wird.

Als größter Unterschied zwischen dem Riß und der ausgeführten Fassade fällt auf, daß die Rose durch eine Gruppe aus zwei Fenstern mit einem bekrönenden Oculus (Abb. 121) ersetzt ist. Diese Gruppe sitzt allerdings in einem quadratischen Wandfeld, so daß die Vermutung nahe liegt, man habe ursprünglich tatsächlich an die Ausführung einer Rose gedacht. Erstaunlicherweise ist die für eine Zweiturmfassade ungewöhnliche Idee des von einem Türmchen überhöhten Mittelgiebels bis zur Ausführung im späten 15. Jahrhundert lebendig geblieben. In ähnlicher Kontinuität wurde beim Nordturm die Geschoßeinteilung beibehalten.

*Abb. 110: Der sogenannte Zweiturmplan in einer Umzeichnung nach Heinz R. Rosemann.*

*Abb. 111: Aufriß der Westfassade. Aufnahme des Staatlichen Meßbildarchivs, 1935. Die grau eingefärbten Partien kennzeichnen die nach 1859 errichteten Bauteile.*

50
40
30
20
10
0

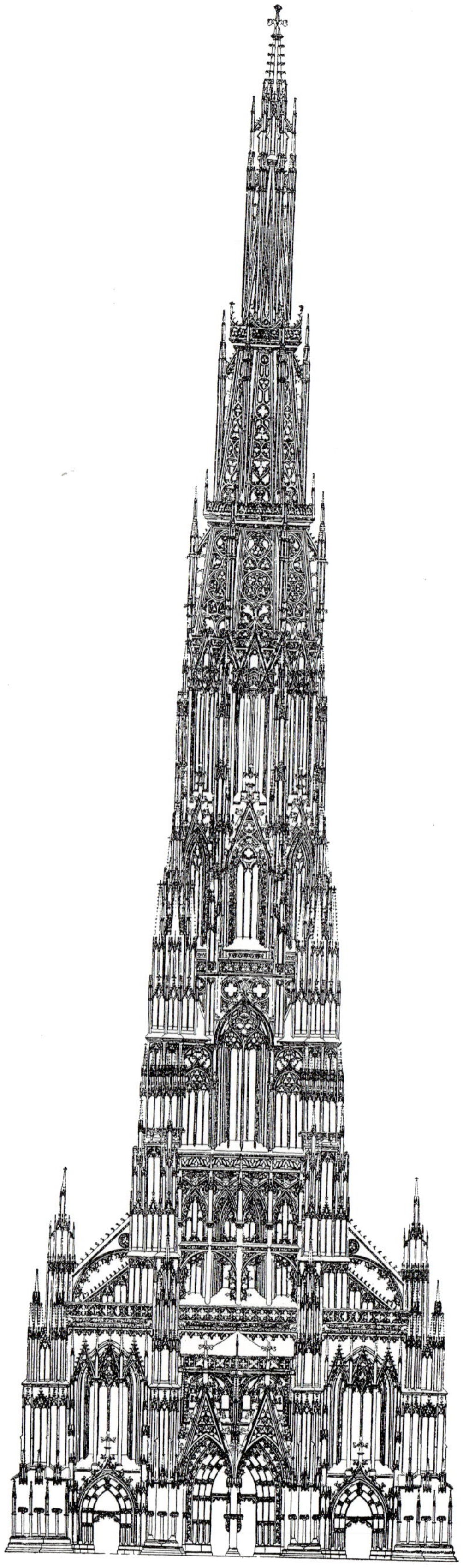

*Abb. 113: Fiktive Schemazeichnung des »Einturms« im baulichen Gefüge des Domes. Zustand um 1400. Farbig markiert sind die Umrisse des Turms (rosa). Hinzuweisen ist darauf, wie weit der Turm ins Mittelschiff hineingeragt hätte.*

*Abb. 112: Der sogenannte Einturmriß in einer Umzeichnung nach Heinz R. Rosemann.*

Während der Zweiturmplan die Bauaufgabe konkret berücksichtigte und im beschriebenen Umfang sichtlich Anerkennung fand, ist die Situation bei dem riesigen Einturmriß (4,42 × 1,42 m – Abb. 112 und 114) anders: Er setzt völlig neue Akzente und nimmt keinerlei Rücksicht auf den bereits bestehenden Südturm, der auf dem Plan bis auf das Sockelgeschoß eliminiert ist. Statt dessen entwirft er eine einheitliche Fassade mit einem Mittelturm von so kühner Höhenerstreckung, daß die Fassadenstirnwände der Seitenschiffe nur noch als Sockelpfeiler des Turms erscheinen. Die starke Raffung der Front zur Mitte hin und ihre gebündelte Ableitung in steile Höhen erzeugt trotz der filigranen Verästelungen den Charakter eines Turmkörpers von außerordentlicher dynamischer Wucht. Wie eine Fontäne scheint die Baumasse emporzuschießen. Über quadratischem Grundriß sollte der Turmkörper drei Geschosse hoch steigen, um dann für weitere zwei Geschosse zum Achteck überzugehen. Darüber setzt außerordentlich schlank und steil der Turmhelm mit durchbrochenen Maßwerkformen an. Auf ihn sind zwei wie Kronen wirkende Umgänge aufgefädelt, zu denen jeweils schlanke Fialen mit Strebebögen aufsteigen; auch die in einer Kreuzblume endende Turmspitze ragt über einem solchen vertikalen Stabbündel heraus. Damit wird die hohe Turmspitze zum einen in die Rhythmik der Geschoßgliederung eingebunden, zum anderen erfährt die glatte Silhouette eine an Goldschmiedekunst erinnernde Bereicherung und Differenzierung. Einer ungefähren maßstäblichen Berechnung nach wäre der Turm etwa 150 m hoch geworden. Obwohl im Mittelalter Türme dieser Dimensionen durchaus realisierbar waren, wie die Planung und Ausführung für das Straßburger Münster und den Wiener Stephansdom belegen, hätte der Einturmplan in Regensburg – vom Südturm abgesehen – ohne erhebliche Eingriffe in den bereits bestehenden Bau nicht verwirklicht werden können (Abb. 113). Der über dem Mittelschiff vorgesehene Turm würde mit seiner quadratischen Turmhalle weit in das Mittelschiff eingreifen; um die mächtigen Freipfeiler fundamentieren zu können, hätten die beiden westlichen Joche der schon bestehenden Langhausarchitektur abgebrochen oder weitgehend umgebaut werden müssen. Deswegen dürfte es sich bei dem Einturmplan um einen Phantasieentwurf handeln, eine gezeichnete Vision gotischer Architektur in ihrer kühnsten, um 1400 denkbaren Ausformung.

*Abb. 114: Ausschnitt aus dem Original des Einturmrisses: Darstellung des Hauptportals.*

Dennoch läßt sich auch diese Architekturvision mit realen Gegebenheiten am Bau verbinden. Vom bestehenden Erdgeschoß des Nordturms sind das Portal und die Wimpergkette über den Fenstern im Plan wiederzufinden. Bemerkenswert ist aber vor allem, daß die »Triangel«-Vorhalle des Hauptportals im Einturmriß erscheint, dort allerdings in einer zweigeschossigen Lösung mit einem kapellenartigen Raum im Obergeschoß. Dieser würde gut zu den aufwendigen Treppenzugängen und der Türöffnung an der inneren Westwand passen (Abb. 104). Die heutige Vorhalle zeigt die oben beschriebene reduzierte Form, wobei nicht auszuschließen ist, daß eine ursprünglich zweigeschossig geplante Anlage während der Ausführung aufgegeben wurde.

Nach etwa 1430 konzentrierte sich – wie erwähnt – der Weiterbau des Domes auf das erste Obergeschoß des Nordturms und die anschließenden Obergadenbereiche.

*Abb. 115: Figur des hl. Apostels Paulus. Um 1430/40. Westfassade, Nordturm, erstes Obergeschoß. Aufnahme um 1920 (1938 durch Kopie ersetzt, Original im Museum der Stadt Regensburg).*

Dem Baumeister Andreas Engel gelang es innerhalb eines Jahrzehnts, alle diese Bauteile bis zur Traufe hochzuziehen. Für die Nutzung des Hauptschiffs in voller Höhe war das Aufsetzen des Dachwerks als Schutz vor der Witterung wichtiger als die raumabschließenden Gewölbe, die auch tatsächlich zurückgestellt und erst im 17. Jahrhundert ausgeführt wurden. Zu diesen Arbeiten zählt auch die Ausgestaltung des Nordturms mit großen Sandsteinfiguren vor den Strebepfeilerstirnen und an den Wimpergen der großen Blendfenster. Aus den 15 überlebensgroßen Skulpturen herausgegriffen sei die qualitätvolle Figur des hl. Apostels Paulus (Abb. 115), die stilistisch unmittelbar an die beiden, um 1430 entstandenen Propheten des Ursula-Altares anschließt (Abb. 108). Der starke S-Schwung des Körpers mit dem großen, vorgeneigten Kopf und die bewußt knitterige, kräftig durchmodellierte Faltengebung zeigen, wie sehr die Figur auf die steile Fernsicht hin konzipiert ist. Dennoch ist das Gesicht fein gezeichnet und beeindruckt bis in Nuancen aus der Nähe. Der Apostel erscheint insgesamt in subtiler Charakterisierung als asketischer, vom Leben gezeichneter und müde gewordener Greis.

Einen festen Anhaltspunkt für die zeitliche Einordnung dieser Architektur und der zugehörigen Figuren liefert die dendrochronologische Datierung des bis heute komplett erhaltenen Dachstuhls über dem Langhaus. Alle hierfür verwendeten Nadelbäume wurden – wie damals üblich im Winter – 1441/42 gefällt und noch im gleichen Jahr verbaut. Der Dachstuhl wurde in einem Zug über die gesamte Länge von der Westfassade bis zur Vierung aufgerichtet (Abb. 116), interessanterweise von West nach Ost, wie die Abbundzeichen der Zimmerleute bis heute nachweisen lassen. Hierfür entfernte man auch das um 1335 errichtete Dachwerk über den beiden ersten Jochen des Mittelschiffs (vgl. Abb. 52). Dieses alte, mit etwa 45 Grad Neigung erheblich niedrigere Dach hatte deutlich Rücksicht auf den geplanten Vierungsturm genommen. Der neue Dachstuhl fiel mit 58 Grad Dachneigung wesentlich steiler und damit mächtiger aus. Nach Westen zu mußte das offene Dreieck des Dachstuhls provisorisch mit einer Holzverschalung abgeschlossen werden, da der steinerne Dreiecksgiebel, möglicherweise sogar ein Teil der darunter befindlichen Fassadenwand, erst Jahrzehnte später vollendet werden konnten.

*Abb. 116: Zustand des Domes im Jahre 1442.*

*Abb. 117: Das Dachwerk des Domes über dem Hauptchor. 1449.*

Der gewaltige Dachstuhl, ein verstecktes Meisterwerk gotischer Zimmermannskunst (Abb. 117), läßt die alte, nicht auf statischen Berechnungen beruhende, sondern in langer Erfahrung gewonnene Technik studieren. Die hölzerne Konstruktion mußte nicht nur die Last der Dachdeckung tragen, sondern auch die in einer Höhe von über 40 m erheblichen Windkräfte aus Druck und Sog in das steinerne Strebesystem ableiten. Hierzu schufen die Zimmerer als erstes eine durchgehende Balkenlage: Mächtige, 13,80 m lange und im Querschnitt etwa 35 × 35 cm messende Balken überspannten die ganze Breite des Mittelschiffs, im engen Zwischenraum von je 70 cm nebeneinander gelegt. Auf jedem sechsten Balken errichteten sie ein tragendes Gerüst, das durch Längshölzer verbunden wurde und eine Art offenen Fachwerkkasten, den sogenannten Stuhl, bildete (rot markiert in Abb. 118). Er hatte die Last der insgesamt 98, von beiden Seiten hochsteigenden und jeweils fast 13 m langen Sparren aufzunehmen und ein Verschieben in der Längsachse zu verhindern. Die Sparren waren am First untereinander verbunden und mit ihrem Fußende in die jeweilige Balkenlage eingezapft, so daß ein fester Dreiecksverband entstand. Jedes Dreieck war zusätzlich durch waagrechte Hölzer, die Kehlbalken, untereinander versteift und verhinderte so ein Durchbiegen der überlangen Sparren. Das Gewicht des Daches setzte sich über diese Kehlbal-

Abb. 118: Räumliche Darstellung des Dachtragewerks über dem Hauptchor. Farbig angelegt die Binderebenen.

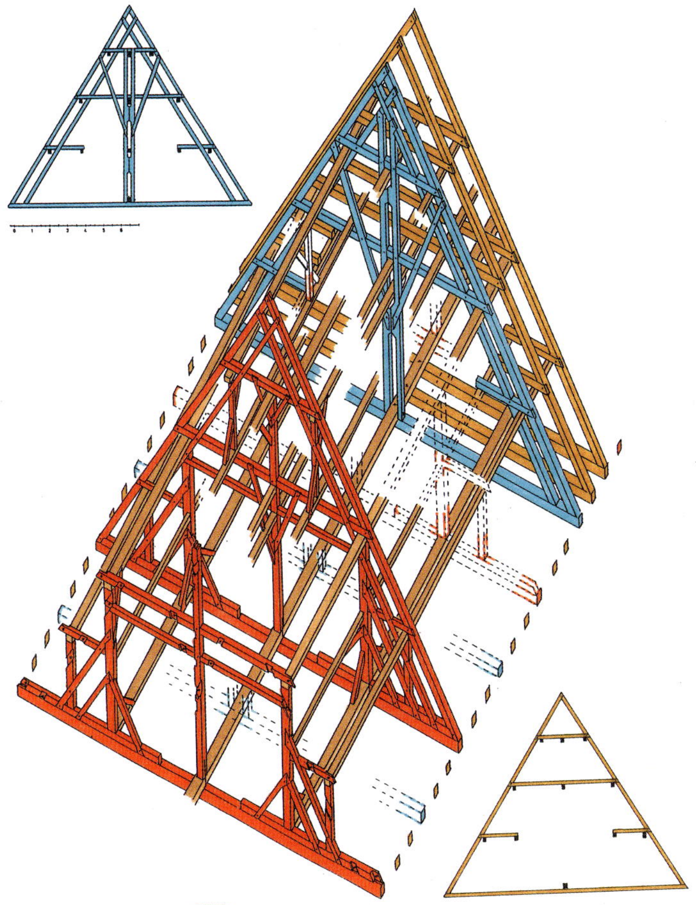

Abb. 119: Modell: Die mittelalterlichen Zimmerleute bei der Herstellung eines Sparrendreiecks (hier ein Hängebinder) für den Dachstuhl des Regensburger Domes. Modellbau nach Befund und mittelalterlichen Darstellungen von Dr. Helmut Schuller.

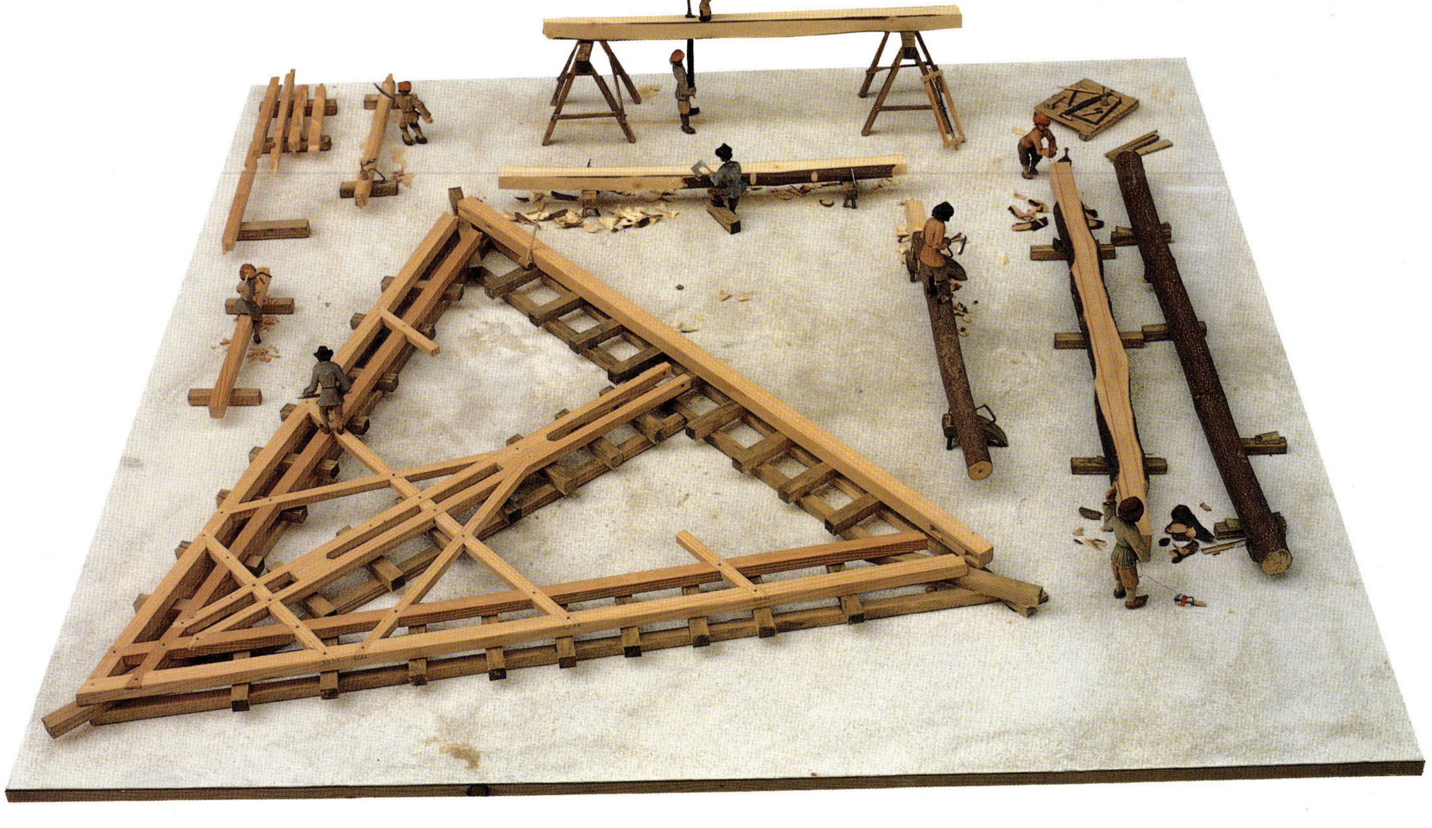

ken auf den Stuhl und damit auf die Balkenlage ab. Da diese bei der großen Spannweite durchzubrechen drohte, mußte mit dem Aufbringen der Sparren genau in der Mitte zwischen den Fachwerkkästen ein sogenanntes Hängewerk eingezogen werden (blau markiert in Abb. 118). Dafür wurde die Balkenlage an einen in der Mittelachse liegenden Längsbalken durch Eisenbolzen mit Quersplinten angehängt. Zwei parallel geführte senkrechte Balken umschlossen in den beschriebenen Achsabständen jeweils den Längsbalken; zur Befestigung dienten ebenfalls Eisenbolzen, – eine für diese Zeit bemerkenswerte und fortschrittliche Innovation, die der Oberpfalz als damaligem Zentrum der Eisenproduktion zu verdanken ist. Die Abbildung 118 (links oben) zeigt, wie das senkrechte Balkenpaar in eine Zusatzkonstruktion unter den Sparren eingehängt ist. Das gesamte, auf der Balkenlage lastende Gewicht konnte so in der Achse der Hängesäule gebündelt, nach oben gezogen und von dort direkt auf die Mauerkrone abgeleitet werden.

Die Konstruktion bewährte sich so, daß der gleiche Trupp von Zimmerleuten wenige Jahre später – ab 1446 – das Dach über dem Reichssaalbau des Regensburger Rathauses neu errichtete. Das gegenüber dem Dom nur leicht variierte Hängesäulen-Gefüge machte es dort möglich, trotz der erheblichen Spannweite von 16 m auf Stützen im Festsaal zu verzichten. 1449 arbeiteten die Zimmerer wieder am Dom und ersetzten das alte flache Dachwerk über dem Hauptchor durch ein neues und steiles. Die leichten Verbesserungen, die man beim Rathaus gegenüber dem Langhausdach des Domes gefunden hatte, wurden dabei direkt übernommen.

Die komplizierten Konstruktionen dieser Dachwerke erforderten über die sorgfältige Planung hinaus eine vorausschauende Organisation des Herstellungsprozesses. Wie das Modell auf der Basis mittelalterlicher Darstellungen veranschaulicht (Abb. 119), wurde das Dachwerk zu ebener Erde weitgehend vorbereitet. Da die Sparrendreiecke gleich groß waren, reichte ein horizontaler Lehrboden, auf dem – vergleichbar der geschilderten Herstellung des Maßwerkes – der Querschnitt aufgerissen war. Hier konnten die einzelnen Hölzer der Länge und dem Anschluß nach zugeschnitten und probehalber zusammengefügt werden. In diesem Zustand, dem sogenannten Abbund, wurde das betreffende Sparrendreieck mit einem einfachen, einheitlichen Zeichensystem markiert; danach konnte es auseinandergenommen und gelagert werden. Waren alle Hölzer des Dachwerks fertig, transportierte man sie zur Baustelle, zog sie hoch und montierte sie nach den entsprechenden Abbundzeichen in der vorbestimmten Lage. Mit dieser Vorgehensweise konnten wenige hochspezialisierte Fachkräfte, unterstützt allerdings durch zahlreiche Taglöhner, in kurzer Zeit ein solch gewaltiges Dachwerk errichten.

Erstaunlich ist, wie gering der Aufwand an Werkzeugen war (vgl. Abb. 119). Zunächst mußten die Baumstämme, die in Flößen angelandet worden waren, zu rechteckigen Balken verarbeitet werden. Dafür schlug der Zimmerer mit der Axt in regelmäßigen Abständen breite Kerben gleicher Tiefe in das Rundholz, die die spätere Seitenfläche des Balkens markierten und eine Orientierung beim ersten Abarbeiten – immer noch mit der Axt – boten. Danach folgte das Glätten der Oberfläche mit dem Breitbeil entlang einem genauen »Schnurschlag« durch eine mit Rötel eingefärbte Schnur. Nur selten wurde ein Balken der Länge nach durchgetrennt; dazu mußte er aufgebockt und mühsam von zwei Arbeitern mit der Schrotsäge in vertikaler Führung aufgeschnitten werden. Große und kleine Sägen dienten zum Ablängen der Hölzer. Auch die Verbindungen der Hölzer untereinander wurden Holz in Holz ausgeführt, wobei das Stecheisen zur Herstellung der Zapfenlöcher diente und der Löffelbohrer den Einsatz des Holznagels vorbereitete.

Als der Dachstuhl 1442 das Mittelschiff überdeckte, konnte der Dom erstmals in seiner ganzen Länge und Höhe benutzt werden. Dafür wurden die bisherigen Provisorien abgebaut: die Decke in Triforiumshöhe und die große Trennwand nach dem zweiten Joch, die über mehr als 100 Jahre ihren Zweck erfüllen mußte. Nun zeigte der Innenraum endlich die großartige Gesamtwirkung, das Zusammenspiel der Proportionen und die ungehinderte Lichtführung, wie sie für den gotischen Bau angestrebt worden waren. Das Innere glich weitgehend dem heutigen Zustand (Abb. 120), mit wenigen Ausnahmen: Die Raumschale erschien in reinem Weiß, während den Raum selbst das farbige Licht der Glasfenster füllte. Der Chor war durch den Lettner abgetrennt; die große Zahl der Altäre und Ausstattungsstücke kennt man nur noch aus den Quellen. Über der Vierung befand sich nach wie

*Abb. 120: Das Dominnere. Blick von der Westwand nach Osten.*

vor der hölzerne Deckel an der Stelle des immer noch geplanten offenen Vierungsturms. In den letzten drei Jochen des Mittelschiffs fehlte die gesamte Wölbung einschließlich der Kreuzrippen und Gurtbögen, so daß der Blick entweder in den freiliegenden Dachstuhl oder ebenfalls auf eine Bretterdecke fiel. Über diesen Zustand kam der Innenraum im Mittelalter nicht mehr hinaus; erst das 17. Jahrhundert sollte die Fehlstellen schließen.

Doch herrschte an den Festtagen ein alle Sinne ansprechender Wechsel von Farbe, Licht, Duft und Klang, wie er für den heutigen Betrachter, ob Kirchgänger oder Tourist, kaum mehr vorstellbar ist. Was, vom Chor ausstrahlend, den Besucher früherer Jahrhunderte schon beim ersten Blick auf Zeit oder Fest im Kirchenjahr einstimmte, waren die, man möchte fast sagen, Signalfarben der Behänge. Sie beschränkten sich auf Rot (Feste), Blau (Advent und Fasten) und Schwarz (Toten- und Seelmesssen). Da die Farbe Blau schon im Traktat von Innozenz III. fehlt, aber in vielen, auch bayerischen Kirchen als Alltags- oder gemilderte Trauerfarbe üblich war und blieb, hat der Brauch in Regensburg sicher mittelalterliche Wurzeln, wurde auch von den einschlägigen Beschlüssen des Tridentinum nicht berührt. Im Chor betraf das die Baldachine über Hochaltar, Bischofsthron und Chorgestühl, anscheinend auch die Fußteppiche, vor allem lange Stoffstreifen an den Brüstungen der Umgänge. Jenseits von Lettner oder Chorgitter sah man gleichfarbige Behänge vor Altären, an der Kanzel und über den Gesandtenstühlen (Abb. 53). Blau waren auch die Fastentücher des Domes und die zugehörigen Altarverdeckungen; auf den schwarzen Tüchern, etwa zu Allerseelen, sah man in späterer Zeit Todesembleme, beim Seelgottesdienst für Herrscher, Bischöfe und Prälaten deren Wappen. Auch die Stoffe waren verschieden in Wirkung und Aufwand: glänzender roter Damast mit Goldborten gegen blaues Wolltuch mit gelben Fransen und schwarzes Tuch ohne weiteren Zierat. Einzig am Karfreitag wurden alle Textilien abgenommen, als Zeichen tiefster Trauer und Erniedrigung.
Die großen, den Kirchenraum liturgisch akzentuierenden Stoff-Flächen hatten Analogien in anderen Bereichen. Zum leuchtenden Rot sah man weiße oder rote, mit Gold- und Silberfäden durchwobene Meßgewänder und Rauchmäntel, zum stumpfen Blau Paramente in Blau, Grün oder Aschenfarbe. Silberglanz stand gegen das weniger kostbare Messing und das matte Zinn, z. B. bei Leuchtern. Weihrauchduft stand gegen den scharfen Geruch von Wacholderholz, mit dem die Mesner bei grassierenden Seuchen den Dom ausräucherten. Zu den Festen gehörte der helle Glanz der Trompeten, zur Fastenzeit der schwerere, dumpfe Klang der Posaunen.

Wie in vielen anderen deutschen Kirchen war es auch in Regensburg Brauch, zum Fest Christi Himmelfahrt eine Christusfigur zusammen mit Engeln in der Vierung hochzuziehen, um so das Mysterium sinnfällig zu machen, daß der Auferstandene die Erde verläßt, um am Ende der Zeit als Richter wiederzukehren. Schon die um 1320 entstandenen Konsolbüsten unter dem nie vollendeten Vierungsturm (Abb. 50) scheinen den Brauch vorauszusetzen, denn sie zeigen verschiedene Stände der Gläubigen, Geistliche und Laien, die den zum Himmel auffahrenden Salvator als Kirche auf Erden gleichsam umringen, dann unter ihm zurückbleiben. Aus Inventaren und Rechnungen seit dem späten 16. Jahrhundert geht hervor, daß man Kloben und Seile zum Aufziehen hatte, daß kerzentragende Engel dazugehörten, daß Christus Krone und Siegesfahne trug, unter seinen Füßen sah man Gewölk. 1680/81 war es nötig, seine »Perücke« aus echtem Haar zu erneuern, er wirkte also realistisch wie der Holzkruzifixus, der jetzt an der Südwand des Querhauses hängt. Festliche Trompetenfanfaren begleiteten das Schauspiel, nicht selten lieh sich das Domkapitel zusätzlich auswärtige Musiker dafür aus. Außerhalb der österlichen Zeit waren Bildwerke und Zubehör in einem Kasten verschlossen, den Gläubigen unsichtbar.
Gleichartig verbildlichte man zu Pfingsten die Herabkunft des Heiligen Geistes durch eine herabschwebende hölzerne Taube. Sie hatte eine mit angehängten Kränzen gezierte kronenartige Rahmung, offenbar aus frisch geschnittenen grünen Zweigen, denn sie wurde alljährlich vorbereitet und traditionsgemäß von den jüngsten Domherren bezahlt; sie hatten vergleichsweise wenig Geld – und die Geistesgaben besonders nötig, um in ihr Amt hineinzuwachsen. Auch hier gab es kleine gelbe Kerzen, zwölf an der Zahl wie die Apostel, auf denen die Feuerzungen ruhten. Zumindest für die Barockzeit läßt sich das glänzende Bildwerk rekonstruieren: die Taube versilbert, Schnabel und Füße zinnoberrot, um den goldenen Strahlenkranz Himmelsblau.

Auch eine Art geistliches Spiel, aber mit lebenden Akteuren, sah man im Dom am Gründonnerstag. Wie überall wusch man in der Nachfolge Jesu als Demutszeichen die Füße von geistlichen Untergebenen und von Armen. In Regensburg hießen diese armen alten Männer die zwölf »Apostel«, erhielten einheitliche Kleider – Talare, Mäntel, Schuhe – und waren so aus dem Alltäglichen in die biblische Sphäre gehoben. Die Zeremonie fand außerhalb des Lettners vor einem Nebenaltar statt; in späterer Zeit folgte eine Mahlzeit im Apostelsaal des Bischofshofs.

Nur Andeutungen liturgischer Spiele finden sich in der Osternacht und beim Fest Allerheiligen. Zum Zeichen, daß Christus durch seinen Tod die Hölle, das Totenreich besiegte, klopfte man in der Osternacht an die Bischofstür (im Nordquerhaus), trug dann das Sakrament vom Heiligen Grab zum Stephansaltar im nördlichen Nebenchor, der auch Auferstehungsaltar hieß; dort wurde die erste Ostermesse gelesen. Während der abendlichen Vigil vor dem Allerheiligenfest standen die Prozessionsteilnehmer in der ganzen Länge des Hauptschiffs, alle mit brennenden Kerzen in den Händen, deuteten so den irdischen Pilgerweg der Heiligen im Lichte Gottes an.

Für das feierliche Totengedenken an den Jahrtagen (Anniversare) stellte man große Kerzen auf oder neben die Gräber, legte bei Bischöfen Stab und Mitra darauf. Von der Kanzel herab wurde angekündigt, für welchen Bischof, Prälaten oder Patrizier die Gläubigen ihre Gebete verrichten sollten.

Mehr Schaulust als Frömmigkeit trieb wohl die Regensburger in Massen in den Dom, als dort 1434 eine »bekehrte Ketzerin« vorgeführt wurde, im gelben Hemd (Gelb war die Farbe der Ketzer, Juden, Huren) und mit einer Mitra aus Papier auf dem Kopf, wohl ähnlich der Spottmütze, mit der man Hus zum Scheiterhaufen führte. Danach wurde sie wieder eingekerkert, obwohl offensichtlich geistig verwirrt; sie hielt sich abwechselnd für die Jungfrau von Orléans und die Mutter der Christenheit (Andreas von St. Mang). Von schrecklichem Gedrängel spricht Widmann 1541 bei der Taufe eines Türken im Dom, wohl in einem ad hoc aufgestellten Taufbottich, denn getauft wurde sonst in St. Ulrich.

Um schließlich noch einige nicht-geistliche Aktivitäten im Dom aufzuzählen: Man konnte dort verbotene (lutherische?) Bücher erwerben oder am Dreikönigstag Tauschhandel mit Juden betreiben (1565, 1588). Ungestüme Bettler störten die Gläubigen beim Gottesdienst (1586, 1633). Findelkinder lagen bei Domaltären, die meisten aber, lebendig oder tot, im Kreuzgang. Für die Findelkinder im Dom hatte der Bischof zu sorgen, für diejenigen im Kreuzgang das Domkapitel, bis hin zu Ausbildung bzw. Aussteuer; auch ein vierjähriger Bub wurde mal zurückgelassen. Diebstahl und Einbruch häuften sich im frühen 16. Jahrhundert. Um 1518 ließ die städtische Obrigkeit vier Knaben hinrichten, die Schleier vom Marienbild im Dom gestohlen hatten, wohl die hochverehrte Figur beim oder im Marienaltar unter dem Lettner, deren reiche Kleidung regelmäßig von den Mesnern gewaschen wurde. In derselben Schrift des Rats gegen die angebliche Hehlerei der Juden heißt es, die Bildwerke der Jungfrau und der Heiligen müßten wegen der Diebstahlsgefahr »nackt und bloß« stehen, also ungeziert. Sogar die Altarleuchter müsse man an Eisenketten legen und nicht einmal das priesterliche Birett sei während der Messe auf dem Altar sicher. Eine Replik der Judengemeinde verweist zu Recht auf die Pflicht der Stadtverwaltung, gegen die christlichen Diebe einzuschreiten. 1521 wiederholen sich die Klagen, sogar die Altäre wären kahl wie sonst nur am Karfreitag. Gegen spätere Einbruchsserien versuchte sich das Domkapitel durch Eisengitter vor den Fenstern zu schützen, durch Verbesserung aller Türschlösser, auch durch Nachtwächter mit Hunden.

Regensburger Prozessionen mit dem Dom als Zentrum, regelmäßige wie solche zu besonderen Anlässen, sind seit dem 13. Jahrhundert oft verzeichnet, doch chronikalisch knapp, fast ohne Hinweise auf ihre Formierung im Dom, die dort benutzten Portale, ihren Weg, ihre Ausstattung und Ausgestaltung. Ein Höhepunkt des Kirchenjahres war die große Sakramentsprozession um die Stadt am Sonntag nach Fronleichnam, wie vielerorts vom Rat durch Geld und Präsenz gefördert und unterstützt. Der Magistrat bezahlte beispielsweise 1415/16 die Sänger und auch zwölf bemalte Stäbe. Stadtpfeifer musizierten, Ratsherren trugen den Himmel über der Monstranz (bis 1543, als sie sich weigerten, dem »protgötzen« zu dienen und auch ihren roten Traghimmel nicht mehr zur Verfügung stellten). Ablässe für die Teilnehmer sind 1462 und 1487 bezeugt. Erwähnt werden im 15. Jahrhundert auch Reliquiare und eine silberne Prozessionsmadonna, die mitgetragen wurden. Doch erst die Berichte des 16. Jahr-

*Abb. 121: Westfassade, Mittelteil, Obergeschoß.*

*Abb. 122: Detail aus dem Obergeschoß der Westfassade (Abb. 121). Aufnahme 1893, nach Ausbesserungen und Ergänzungen verwitterter Teile durch den Augsburger Bildhauer Xaver Müller.*

hunderts geben etwas von Glanz und Farbigkeit wieder: Kränze zierten Festteilnehmer und Traghimmel, festlicher Fahnenschmuck und große Kerzen auf bemalten Holzleuchtern waren zu sehen. Schellen, Instrumentalmusik und Gesang erklangen. So schritten an der Fronleichnamsoktav 1532, als Kaiser Karl V. mit vielen Fürsten teilnahm, zehn Trompeter voraus, und seine Kantorei begleiteten noch fünf Bläser »überköstlich« (Widmann). Der prächtige Zug erfüllte zu Anfang und wieder am Ende den festlich geschmückten Dom, in dem alle Konvente und Bruderschaften der Stadt mit ihren Fahnen und Lichtstangen standen. Es folgte eine Predigt wider die Türken. Eine große Einwohnergruppe der Stadt erlebte solche Festtage als schlimme Gefangenschaft: Wie in der ganzen Karwoche (schon 1281, auch 1500) durften die Juden während großer Prozessionen ihr Ghetto nicht verlassen, die Stadt schickte Wachtbüttel vor das Tor; allenfalls ein Nebenpförtchen durfte für dringend nötige Gänge geöffnet werden, vor 1463 und bis zur Vertreibung 1519.

Man weiß von Bittprozessionen gegen Pest, Erdbeben, Unwetter (1348 ff.), gegen Kriegsnot, speziell durch Hussiten und Türken. Dann wurden oft die »drei Särge«, das heißt die Reliquienschreine der heiligen Regensburger Bischöfe und Stadtpatrone Erhard, Emmeram und Wolfgang mitgetragen.

Über kleinere Prozessionen, z. B. an drei Tagen der Bitt- oder Kreuzwoche, orientiert der oft zitierte vorreformatorische Ordinarius. Man hört von einem kleinen Reliquienkasten (nur ein Träger), vom Vortragekreuz ohne Fahnentuch, von den vier Fahnen der Kathedrale (dazu kommen noch zwei der Alten Kapelle), den Antiphonen beim Vorbeiziehen an den vielen Kapellen, von einer Rastpause bei Brot und Wein in der Kartause Prüll. Am zweiten Tag ging man am Rathaus vorbei (erwähnt werden die Ahakirche und der neue Glockenturm) nach Prüfening, dort wurde Wein getrunken, der durch eine Zahnreliquie des Patrons St. Georg geweiht worden war. Auch dort gab es Ruhezeit im Kapitelsaal und einen Imbiß, schon in der zweiten Hälfte des 14. Jahrhunderts. Am dritten Tag war die Wegstrecke nur kurz, sie führte über Ulrichs- und Paulskirche (Mittelmünster) nach St. Emmeram. Dort besuchte man zuerst die Wolfgangskrypta, dann den Chor. Die beschriebenen Routen der drei Prozessionen blieben gleich bis 1804, als das Wallfahren ins – bayerische – Ausland verboten war und man sich auf die bei schlechtem Wetter altüblichen Ziele in der Stadt, St. Paul und St. Jakob beschränken mußte; da der Umgang aber dem Gedeihen der Feldfrüchte galt, ging man wenigstens bis vor die Stadtmauer.

Weitere Prozessionen führten an Mariae Himmelfahrt nach Niedermünster (1278), an Mariae Geburt zur Alten Kapelle (1303) und am Wolfgangsfest nach St. Emmeram. Die kürzesten Prozessionen blieben im Dombereich und in der Dom-Immunität, zogen durch den Kreuzgang zum Ölberg oder – zu Lichtmeß, also in der rauhen Jahreszeit – nur vom Südquerhaus zum Westportal. Als Ziel im Dom diente auch die ehemals mitten im Langhaus aufgestellte Petrusfigur (vgl. S. 116).

Sehr schnell war der ganze Dom also vom liturgischen und profanen Leben in Beschlag genommen worden; die Architektur allerdings konnte bei dieser Geschwindigkeit, vor allem im Bereich der Westfassade und der Türme, nicht mithalten. Wichtige Teile waren noch unvollendet. Wir konnten bisher nicht klären, wie weit das erste Obergeschoß der Westwand des Mittelschiffes damals bereits ausgeführt war. So läßt sich auch vorläufig nicht beantworten, ob seine Vollendung noch unter Andreas Engel oder erst unter seinem Nachfolger Konrad Roritzer gelang. Geprägt wird dieses Geschoß durch die monumentale Fenstergruppe aus zwei doppelbahnigen Spitzbogenfenstern, über deren Bogenrücken ein zentrales Rundfenster sitzt. Außen erscheint dieses Motiv mit reichen Zierformen dekoriert (Abb. 121): Die beiden Spitzbogenfenster überhöht, ähnlich dem anschließenden großen Blendfenster des Nordturms, je ein mächtiger, mit Krabben besetzter und von einer prächtigen Kreuzblume bekrönter Kielbogen. Auf die profilierten Gewände des Rundfensters und die Bogenläufe der Spitzbogenfenster ist ein aus Dreipässen geformter steinerner Vorhang gelegt, der die tiefer liegende Schicht der Fenstermaßwerke rahmt (Abb. 122). Den oberen Abschluß bildet der über aufwendigen Pflanzenfriesen vorkragende Laufgang mit seiner üppigen Brüstungsdekoration. Die an die Zacken einer Krone erinnernde Bogenkette über der Brüstung greift das ähnliche Motiv über der Vorhalle des Hauptportals auf und betont gezielt den Mittelteil der Fassade (Abb. 111).

Hauptschmuck und inhaltliche Sinngebung ist allerdings die über dieses Geschoß verteilte überlebensgroße Skulpturengruppe. Ihr Zentrum bildet die Darstellung Christi

am Kreuz, die spannungsreich vor das Rundfenster gesetzt ist (Abb. 122). Der Kreuzesstamm wächst dabei so überhöht nach oben, daß der Corpus nicht im Zentrum des Rundfensters erscheint, sondern – dessen Rahmung durchstoßend – über ihm schwebt. Auf Konsolen in Höhe der Wimpergkämpfer stehen die zugehörigen Assistenzfiguren der trauernden Maria und des Evangelisten Johannes unter hohen Baldachinen. Die Gruppe ergänzen noch zwei kleinere Skulpturen klagender Engel neben den Kreuzblumen der Wimperge. Obwohl es sich bei einer Kreuzigungsgruppe um das zentrale Motiv des christlichen Glaubens handelt, ist ihre derart programmatische und monumentale Darstellung an der Fassade einer Kathedrale ungewöhnlich. Bei den »klassischen« gotischen Kathedralen erscheint an dieser Stelle eine prachtvolle Fensterrose, wie sie der Zweiturmriß des Regensburger Domes (vgl. Abb. 110) vorgesehen hatte und wie sie möglicherweise auch anfangs tatsächlich geplant war. Da die Fensterrosen im Verlauf des 14. Jahrhunderts ihre inhaltliche Bedeutung zugunsten einer Übersteigerung der Dekorformen immer mehr verloren hatten, wäre es denkbar, daß ihre Realisierung in Regensburg aufgegeben wurde, um sie durch ein bewußt theologisches Programm zu ersetzen.
Einen gezielten Hinweis auf die lokalen Regensburger Verhältnisse bildet die ungewöhnliche Ergänzung der Passionsgruppe durch eine Skulptur zu Füßen des Kreuzesstamms: Dort erscheint der hl. Apostel Petrus in einem Schifflein, als Attribute einen Schlüssel und das Schiffsruder in den Händen haltend. Petrus ist Hauptpatron des Domes, verweist aber auch direkt auf das Regensburger Domkapitel, das in seinem Wappen dieses seltene Motiv führt. Der Apostelfürst ist als Menschenfischer charakterisiert, der im Auftrag Christi die Seelen zur »Rettung aus dem gefahrvollen Meere der Welt« in seinem Schiff birgt, das zugleich Symbol der Kirche ist. Diese Verbindung von Schiff und Kirche wird zeichenhaft betont durch den langen Kreuzesstamm Christi, der als Mast des Schiffleins erscheint. Das Ruder charakterisiert Petrus gleichzeitig als Steuermann, wie wir dies von zeitgenössischen Darstellungen des »Kirchenschiffs« her kennen, in denen das Kreuz Christi den Mastbaum bildet.

## Der Baumeister Konrad Roritzer (1456–1477)

Als 1456 Konrad Roritzer, der Sohn des Wenzel Roritzer und Stiefsohn des Andreas Engel, zum Dombaumeister berufen wurde, war er bereits Baumeister für den Chorbau von St. Lorenz in Nürnberg, ein Amt, das ihm 1454 übertragen worden war. Zehn Jahre versah er beide Posten in Nürnberg und Regensburg gleichzeitig, bis er 1466 nach Zwistigkeiten in Nürnberg entlassen wurde. Ansonsten scheint er ein gesuchter Baufachmann gewesen zu sein, der enge Beziehungen zur Bauhütte der Nördlinger Georgskirche hatte sowie als Gutachter beim Wiener Stephansdom und bei der Münchner Liebfrauenkirche herangezogen wurde. Während seiner Amtszeit fand 1459 in Regensburg der berühmt gewordene »Hüttentag« statt, der die Baumeister der führenden deutschen Bauhütten vereinigte und zur Gründung einer Bruderschaft mit straff festgelegter Steinmetzordnung führte.
Aus dem gleichen Jahr 1459 ist die erste Rechnung zum Regensburger Dombau erhalten. Joseph Rudolph Schuegraf (1790–1861), der sich nach seiner Frühpensionierung als Oberleutnant in der Geschichtsforschung einen Namen machte, konnte die Rechnung mit drei weiteren der Jahre 1487–1489 zufällig retten, nachdem der ganze Bestand zusammen mit zahlreichen anderen Archivalien des Hochstiftes im Sommer 1850 als »Makulatur-Papier« versteigert worden war. Für uns bilden diese Rechnungen unschätzbare Quellen, da sie zum ersten Mal Aufschluß geben über die Organisation und Zusammensetzung der Regensburger Dombauhütte. So erscheinen als Hüttenmitglieder in der Rechnung von 1459 der Dombaumeister, etwa zehn Gesellen, ein Lehrling und ein »Hüttenknecht«, nach den späteren Quellen immer ein Zimmermann, der als »Mädchen für alles« gebraucht wurde. Es handelte sich also für unsere Vorstellungen um einen erstaunlich kleinen Betrieb gegenüber der Größe der Aufgabe! Nicht uninteressant mag es in diesem Zusammenhang sein, daß die heutige Staatliche Dombauhütte, die nach wie vor auf traditionelle Materialien und Methoden zurückgreift, mit einem Hüttenmeister und elf Steinmetzen fast gleich stark besetzt ist. Für den mittelalterlichen Baubetrieb ist allerdings eine nicht unerhebliche Anzahl von Hilfskräften für die »niederen« Dienste hin-

zuzurechnen, also für das Anrühren des Mörtels, Graben der Fundamente, Anliefern der Baumaterialien, Aufziehen der Lasten usw. Besondere Aufgaben übernahmen schon damals spezialisierte Betriebe außerhalb der Hütte; so werden in den Dombaurechnungen Zimmerleute und Schreiner, Schmiede und Schlosser, Glaser und andere Handwerker genannt.

Zur Bauhütte und damit dem Domkapitel gehörten außerdem die Steinbrüche in Abbach und Kapfelberg, die an der Donau (etwa 25 km flußaufwärts) lagen. In Abbach gehörten zum festen Personal ein Steinbrechermeister und vier Gesellen, während in Kapfelberg offenbar keine ständigen Arbeitskräfte beschäftigt wurden. Hier gab man nach Bedarf Aufträge an verschiedene Meister. Die Steine wurden auf einem Schiff transportiert, das der Dombauhütte gehörte und »St. Peter« hieß. Bemerkenswert scheinen die Gehälter: Der Dombaumeister bezog eine im Verhältnis zu seinen Mitarbeitern ungewöhnlich hohe Vergütung. Sie setzte sich zusammen aus einem Festlohn und einem Stücklohn für spezielle Bildhauerarbeiten am Dom, beispielsweise Figuren, Konsolen, Baldachine usw. Die übrigen Mitarbeiter erhielten einen Tagelohn, den der *»magister fabricae«*, ein Domherr, wöchentlich ausbezahlte. Dabei wurde zwischen Winter- und Sommerlohn differenziert, was sich mit der »benediktinischen« Tageinteilung in acht Stunden zwischen Sonnenauf- und -untergang erklärt. Für die härteste Arbeit gab es den schlechtesten Lohn: Der Geselle im Steinbruch erhielt soviel wie der Lehrjunge der Dombauhütte. Auch wenn – mit Ausnahme der Sonntage – täglich gearbeitet wurde, kam man wegen der vielen Feiertage auf einen Jahresdurchschnitt von lediglich fünf Arbeitstagen pro Woche. Bezahlt wurden nur die tatsächlich geleisteten Arbeitstage; Urlaub und soziale Absicherung gab es nicht, bei Krankheit ging der Mitarbeiter leer aus. Der maximal erreichbare Jahreslohn eines Gesellen betrug – ohne jeden Krankheitstag – etwa sieben Pfund Regensburger Pfennige (1 Pfund = 240 Pfennige). Der Dombaumeister Konrad Roritzer verdiente dagegen 1459 allein am Regensburger Dom etwa 25 Pfund Pfennige; hinzu kam noch sein Einkommen von der zweiten Baustelle am Chor von St. Lorenz in Nürnberg, das ihm bis zu seinem Ausscheiden 1466 zusätzlich etwa 18 Pfund Pfennige pro Jahr einbrachte.

Außerdem gab es eine Reihe von Sonderzuwendungen, so für jeden Gesellen wöchentlich einen »Badepfennig« zum regelmäßigen Besuch der Badestuben, wo das ganze Spektrum der Körper- und Gesundheitspflege vom Aderlassen bis zum Haareschneiden angeboten war. Bei Maßnahmen in großer Höhe, wie Mithilfe bei Dacharbeiten, oder bei gefährlichen Tätigkeiten, etwa dem Aufziehen von Glocken, gab es Geldzulagen, manchmal auch Wein. Das Fest des hl. Martin wurde mit einem großen Gansessen begangen. Beliebt waren auch Kleidergeschenke: Der Meister im Steinbruch bekam alljährlich einen »Winterrock«. 1487 erhielt der Dombaumeister Matthäus Roritzer »um seiner Mühe und Fleiß« wegen als besondere »Ehrung« einen mit Fuchspelz gefütterten Rock.

Der Anteil Konrad Roritzers an der Westfassade läßt sich – wie erwähnt – bisher nicht genauer fassen, doch werden in der Dombaurechnung von 1459 Bildhauerarbeiten erwähnt, die er für den Nordturm und benachbarte Partien angefertigt hatte. Die gleiche Rechnung erwähnt umfangreiche Zimmererarbeiten für einen »Krieg«, das heißt hier einen großen Glockenstuhl, wohl im Nordturm, und berichtet vom Aufziehen der Glocken. 1464 wurde im vierten Joch des nördlichen Seitenschiffs ein Aufzugsschacht, vielleicht für das in den Quellen häufig erwähnte Löschwasser, in das Gewölbe eingebaut; die hierfür erforderlichen neuen Rippen ruhen recht ungewöhnlich auf figürlichen Konsolen mit der Darstellung eine Engels und eines Adlers (vgl. Abb. 105 rechts oben). Im Jahre 1473 wurde der Baldachinaltar im nördlichen Querhaus des Domes (Albertus-Magnus-Altar, Abb. 123) geweiht, für den Konrad Roritzer ein Honorar erhielt (freundlicher Hinweis von Renate Kroos). Ursprünglich besaß der Altar das Patrozinium des hl. Wolfgang und stand – als Gegenstück zum Geburt-Christi-Altar – unter der nördlichen Langhausarkade im vierten Joch. Er zeigt keinen figürlichen Schmuck, außer einem Relief des Christushauptes im Scheitel des Kreuzrippengewölbes. Immer noch ist der Typus des Baldachinaltares mit Wimpergen über den Arkaden und einer bekrönenden Maßwerkbrüstung geläufig, wie er uns etwa 150 Jahre früher mit dem Heinrich und Kunigunden-Altar zum ersten Mal begegnete. Im Detail erscheinen dagegen bereits die Formen der spätesten Gotik, etwa das Astwerk in den Brüstungsfeldern oder die Altarsäulen mit ihren wirtelförmigen Kanneluren, deren Drehung in der Basis ansetzt und in dem auf einen Deckplattenstapel reduzierten Kapitell weitergeführt wird.

Ähnlich wie bei diesen großen Steinaltären die Grundformen über einen langen Zeitraum hinweg tradiert wurden, lassen sich im kleinformatigen Bereich der kostbaren liturgischen Geräte vergleichbare Konstanten aufzeigen. Im Domschatz befindet sich ein Kelch aus vergoldetem Silber, der durch Gravur 1461 datiert ist und nach dem Beschauzeichen von einem Regensburger Goldschmied geschaffen wurde (Abb. 124). Mit seinem über einer Sockelbordüre steil und hoch ansteigenden Fuß, dem zwischen Schaftringen weit ausladenden Knauf und der glatt polierten Kelchschale läßt er sich gut neben den etwa 200 Jahre älteren Wolfgangskelch (vgl. Abb. 5) stellen. Die Entstehungszeit verraten neben der Inschrift nur die glockenförmig höhere und schlankere Gestalt der Schale sowie die Einzelformen: die spätgotischen Minuskeln der Schaftinschrift, die geriefelten Begrenzungsringe, die lebhaft bewegte und kontrastreiche Modellierung des Knaufs.

Zeigte sich bei diesen Beispielen eine relative Kontinuität der Formen, lassen die wenigen erhaltenen spätgotischen Fenster des Domes gegenüber den bisher betrachteten Glasmalereien einen scharfen Bruch der künstlerischen Ausdrucksmittel erkennen. Die um 1450 entstandene Scheibe mit der Darstellung der Heiligen Sebastian und Agnes (Abb. 125) stammt aus dem Turmjoch des nördlichen Seitenschiffs. Der Stifter dieses Glasfensters war ein Domherr aus dem Geschlecht der Herren von Ramsberg: entweder der 1450 verstorbene Johannes oder der spätere Generalvikar Dietrich, der nachweislich im Jahre 1459 das Amt des *»magister fabricae«* innegehabt hatte. Deutlich zeigt sich die Beeinflussung der Glasmaler von der gleichzeitigen Tafelmalerei. Die Bleiruten haben die Aufgabe der graphischen Konturierung weitgehend verloren; statt dessen wird vor allem mit Schwarzlot gearbeitet, das in diffiziler Schraffur- und Radiertechnik die Gesichter und Gewandfalten modelliert sowie die Hintergründe mit reichen Ornamentmustern bedeckt. Dadurch gelingt eine subtile Charakterisierung bis in die Feinheiten menschlichen Ausdrucks; zugleich wird die individuelle Handschrift des Künstlers deutlicher faßbar.

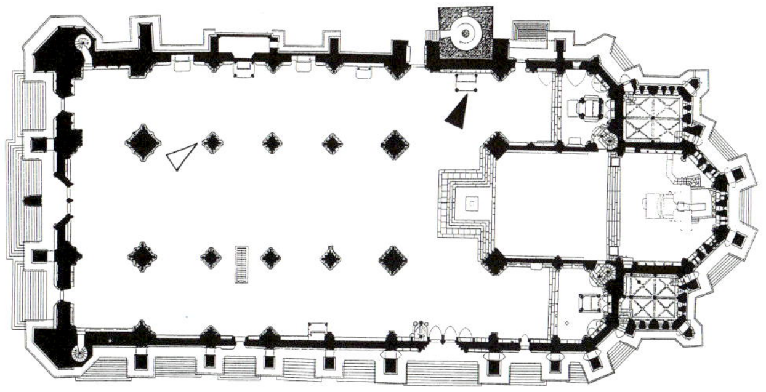

*Abb. 123: Albertus-Magnus-Altar, ehemals dem hl. Wolfgang geweiht. 1473, von Konrad Roritzer. Aufnahme um 1930. Im Grundriß bezeichnet das schwarze Dreieck den heutigen, das weiße den ursprünglichen Standort.*

*Abb. 124: Kelch. 1461. Domschatzmuseum.*

Der Maler bemüht sich um eine kompakte Raumhaltigkeit, die an die Tafelbilder des berühmten, um 1440 geschaffenen Tucher-Altars in der Nürnberger Frauenkirche erinnert. Die Figuren überschneiden sich nicht nur gegenseitig, sondern drängen geradezu aus der gemalten Rahmenarchitektur heraus. Die Farbigkeit hat nicht mehr die kontrastreiche Strahlkraft reiner Gläser zum Ziel, sondern bemüht sich um sorgsam gewählte Zwischentöne und naturalistische Angleichung.
Nach den erhaltenen farbigen Scherben in den winzigen Restzwickeln aller Obergadenfenster des Langhauses zu urteilen, dürften bis zum Ende des Mittelalters die restlichen Fensterflächen mit Glasmalereien gefüllt gewesen sein. Dies bestätigt die zufällig erhaltene Dombaurechnung des Jahres 1487, in der der Straubinger Glasmaler Leonhard Zauner den großen Posten von insgesamt 47 Feldern für ein Fenster einschließlich Maßwerk mit der erheblichen Summe von rund 62 Pfund Regensburger Pfennigen vergütet bekommt. Der Größe nach handelte es sich hier um eines der Obergadenfenster im Mittelschiff, die man offensichtlich der Reihe nach in Auftrag gab. Es scheint also, als hätte man dem mit farbigen Scheiben restlos geschlossenen Innenraum den Vorzug gegenüber der Vollendung der Gewölbe gegeben. Leider gingen sämtliche Obergadenfenster des Mittelschiffs im 17. Jahrhundert aus unbekannten Gründen verloren.

*Abb. 125: Die Heiligen Sebastian und Agnes. Glasfenster, um 1450. Nördliches Seitenschiff, Turmjoch, Detail.*

# Der Baumeister Matthäus Roritzer (1477–1495)

Konrad Roritzers Sohn und Nachfolger Matthäus hatte wie üblich bei seinem Vater gelernt. Schon ab 1462 – ein Jahr vor seiner Meisterprüfung – durfte er in Vertretung des Vaters den Chorbau der Nürnberger Lorenzkirche leiten, bis beide Roritzer 1466 entlassen wurden. Anschließend arbeitete Matthäus bei dem bedeutenden Baumeister Hans Böblinger in Esslingen und mit großer Wahrscheinlichkeit am Eichstätter Dom. 1476 wurde er Bürger von Regensburg und war seit Ende 1477 Dombaumeister. Eine großartige Silberstiftzeichnung von Hans Holbein d. Ä. (Abb. 126) vermittelt uns nicht nur das lebendig erfaßte Porträt des Matthäus, sondern auch sein auf dem Blatt links wiedergegebenes Steinmetzzeichen. Es konnte nachgewiesen werden, daß Konrad, Matthäus und später auch dessen jüngerer Bruder Wolfgang Roritzer alle das gleiche Steinmetzzeichen benutzten, das ähnlich dem Winkelhaken der Parler als »Firmenzeichen« die Tradition der Baumeisterfamilie unterstrich.

Während in diesem Fall die Funktion des Steinmetzzeichens nachgewiesen ist, ist bei der Masse der an mittelalterlichen Bauten erscheinenden Steinmetzzeichen eine Erklärung sehr viel schwieriger. Am Regensburger Dom sind außen und innen fast 10000 Zeichen nachweisbar, davon etwa 700 verschiedene. Die meisten kommen nur einmal vor, andere zwanzig- bis fünfzigfach, wenige öfter, ein einziges Zeichen 380mal. Die stets sorgfältig eingemeißelten Zeichen finden sich sehr häufig auf der Sichtfläche einfacher Wandquader, jeweils nur einzeln, aber durchaus nicht auf allen Steinen. Nahezu ebenso oft erscheinen sie auf profilierten Serienblöcken der Pfeiler, Gesimse und Bogenlaibungen sowie auf den Rippen im Gewölbe. Auf komplizierten Maßwerkstücken erscheinen sie jedoch nur sehr selten, auf ornamentalen oder gar figürlichen Bildhauerarbeiten so gut wie gar nicht. Überdies sind einige Zeichen in der Frühzeit rot, später schwarz ausgemalt. Die Formen wandeln sich mit dem Fortschreiten des Baus (Abb. 127): In der Frühzeit überwiegen Buchstaben und einfache Formsymbole, zum Beispiel von Steinmetzwerkzeugen. In der Spätgotik werden es filigrane, aus mehreren meist geraden Strichen zusammengesetzte Figurationen.

*Abb. 126: Porträt des Dombaumeisters Matthäus Roritzer. Silberstiftzeichnung von Hans Holbein d. Ä.; 12,3:9,4 cm. Um 1490. Berlin, Staatliche Museen, Kupferstichkabinett.*

Viele romantische Deutungen des 19. Jahrhunderts haben den Kenntnisstand über den Sinn dieser Zeichen sehr verunklärt. Die Erklärungen schwanken von individuellen Signaturen über Abrechnungszeichen bis zu nebulösen Chiffren angeblicher Hüttengeheimnisse. Bis heute gibt es keine gesicherte Antwort. Es deutet allerdings vieles darauf hin, daß die Zeichen mit einem im Detail noch nicht geklärten Lohnabrechnungsmodus zusammenhängen müssen, der vor allem für einfachere Seriensteine Gültigkeit hatte.

Möglicherweise hat es in der Spätgotik auch einen Bedeutungswandel gegeben, der einzelnen Zeichen zusätzlich die Funktion einer Hausmarke, also einer Art bürgerlichen Wappens, verlieh. Anders ließe sich die betonte Wiedergabe auf der Porträtzeichnung des Matthäus Roritzer (Abb. 126) nicht erklären.

Die Vorstellung von den mittelalterlichen Hüttengeheimnissen dürfte entstanden sein, weil es zu der schwierigen Konstruktionsarbeit der Baumeister keine verbreiteten schriftlichen Vorlagen gab. Mit der Erfindung des Buchdrucks wurde es möglich, auch für diesen Bereich Lehrbücher herzustellen. Hier erwarb sich Matthäus Roritzer besondere Verdienste: 1486 veröffentlichte er das »Büchlein von der Fialen Gerechtigkeit« und 1487/88 die »Geometria Deutsch«, die ersten Fachbücher zur Konstruktionslehre im deutschen Sprachgebiet. Das erste Buch behandelt exemplarisch das Aufreißen und Proportionieren einer steinernen Fiale, das zweite enthält Anleitungen zur Konstruktion geometrischer Grundprobleme wie das Legen rechter Winkel oder die Zeichnung gleichseitiger Vielecke. Beide Werke, die Matthäus Roritzer in der eigenen Druckerei verlegt hatte, kennzeichnen seinen Ehrgeiz und zeigen, wie sich das Berufsbild vom mittelalterlichen Baumeister zum neuzeitlichen Architekten wandelt.

Am Dom war Matthäus vor vielfältige Aufgaben gestellt. Zunächst versah er die südlich des Hauptchores gelegene Sakristei, den heutigen Winterchor, mit einem interessanten Netzrippengewölbe und auffallenden figürlichen Konsolen und Schlußsteinen. Die groß eingemeißelte Jahreszahl 1482 am ersten Obergeschoß der Westfassade, knapp über dem Hauptportal (vgl. Abb. 111 und 121), hat fast durchgehend zu Fehldatierungen geführt, weil man sie mit Architektur und Skulptur des ersten Obergeschosses von Mittelteil und Nordturm der Westfassade verband und alle diese Teile Matthäus Roritzer zuschrieb. Eine genaue Untersuchung Stein für Stein ergab jedoch, daß der diese Datierung tragende Laufgangkasten nachträglich vorgeblendet wurde, während die übrige Architektur, wie oben erwähnt, längst errichtet war. Ursprünglich bot die Fassade an dieser Stelle ein ganz anderes Bild: Die beiden großen Fenster erschienen viel höher und reichten bis zur Plattform der Maßwerkbrüstung hinunter (Abb. 128), so daß die zentrale Fenstergruppe in ihrer Proportionierung wesentlich harmonischer gewirkt haben muß. Nachteil war, daß das innere Laufgangssystem des Triforiums durch den mittleren Fensterpfeiler hier unterbrochen war. Dieser funktionale Mangel scheint als so gravierend empfunden worden zu sein, daß Matthäus Roritzer 1482 durch den Anbau des erwähnten Kastens (Abb. 128, rot markiert) den Laufgang vor die Außenwand legte und damit die Lücke schloß. Als weiteren Vorteil konnte er gleichzeitig den äußeren Laufgang vor der Sohlbank der Obergadenfen-

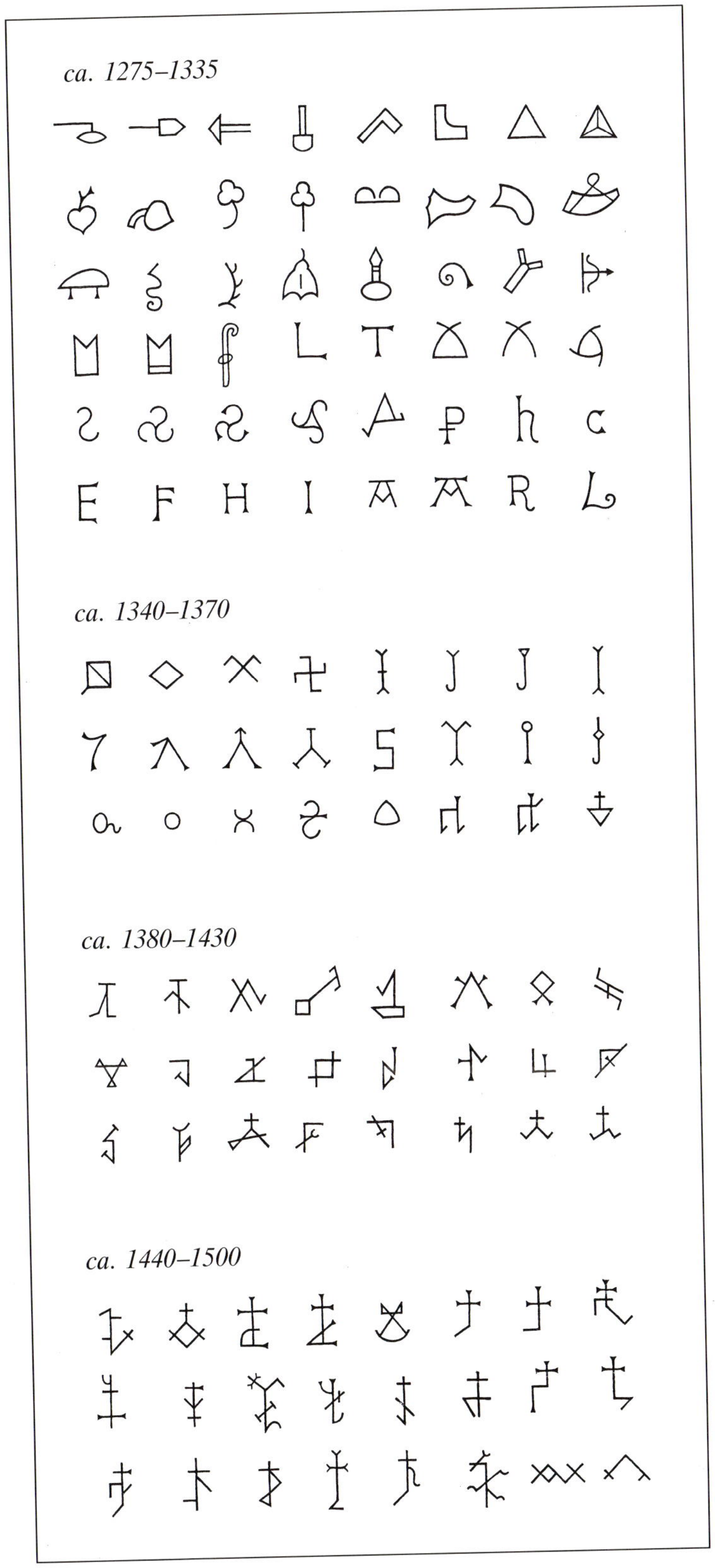


*Abb. 127: Auswahl von Steinmetzzeichen aus dem Regensburger Dom, in der Abfolge von frühen bis spät nachgewiesenen Beispielen.*

*Abb. 128: Westfassade, Mittelteil, Obergeschoß.*
*Links Rekonstruktion des ersten Zustandes. Rechts Umbau von 1482 (rot markiert).*

ster, der auch um die Türme herumführt, auf dem Rükken dieses Anbaus fortführen, wenn auch schmal und ohne Geländer, – nur für Schwindelfreie.
In den folgenden Jahren bis 1487 wurde der noch fehlende Steingiebel vor das bestehende Dachwerk des Mittelschiffs gesetzt (vgl. Abb. 111 und 116). Dabei behielt Matthäus Roritzer die schon im Zweiturmriß (Abb. 110) vorgeschlagene Lösung eines gleichsam von oben auf die Giebelwand aufgesteckten Polygonaltürmchens bei. Gänzlich ungewöhnlich, gleichsam als Vorgriff auf die – allerdings in Holzkonstruktion errichteten – »Welschen Hauben« der Münchner Frauenkirche, wählte er statt des üblichen, krabbenbesetzten Spitzhelms eine glatte steinerne Kappe. Die tiefen Blendarkaden der Giebelfläche füllte er zusätzlich mit den Figuren einer Verkündigung (Abb. 129), deren Baldachine mit ihrer Fialenbekrönung raffiniert die kräftig profilierten Giebelschrägen durchstoßen. Die schlanken, lebensgroßen Skulpturen, die sich in gut bewältigter Torsion einander zuwenden und mit gemessenen Gesten über die Fassadenfläche hinweg korrespondieren, sind die letzten monumentalen Bildwerke, die sich von der mittelalterlichen Dekoration des Außenbaus erhalten haben.

*Abb. 129: Figuren der Verkündigung an Maria. Um 1480/90. Westfassade, Mittelteil, Giebel. Aufnahmen um 1920 (1928 durch Kopien ersetzt, Originale im Museum der Stadt Regensburg).*

*Abb. 130: Kanzel. 1482. Vor dem südlichen Langhauspfeiler zwischen dem ersten und zweiten Joch.*

Weiterhin blieb die Vervollständigung der Ausstattung des Innenraums ein wichtiges Thema. So erhielt der Dom im Jahre 1482 eine steinerne Kanzel (Abb. 130), die – vielleicht zum ersten Mal – eine Alternative zur Predigt vom Lettner aus bot und zugleich Zeugnis für deren zunehmende Bedeutung im Spätmittelalter ablegt. Sie steht am südlichen Langhauspfeiler zwischen dem ersten und zweiten Joch; nach seinem hier erscheinenden Steinmetzzeichen dürfte Matthäus Roritzer persönlich beteiligt gewesen sein. Der sternförmige, in komplizierten Durchdringungen gemeißelte Fuß trägt einen gerippten, gewundenen Schaft, auf dem über einer Maßwerkkrone und einer reich profilierten Auskragung der oktogonale Kanzelkorb ruht. Dessen Brüstungsfelder sind mit Maßwerk verblendet, um das sich tauartig gedrehtes Astwerk rankt.

Zum Predigthören an Sonn- und Festtagen hatten die Regensburger zunächst ihre Pfarrkirchen, die Angehörigen der Dompfarrei also St. Ulrich. Auch wurden gern die Bettelordenskirchen aufgesucht, die von Patriziat und Bürgerschaft wohl noch mehr gefördert wurden als der Dom. Doch strömte zu den höchsten Festen und vor allem bei außerliturgischen Akten (herrscherlicher Besuch, Ankunft eines neuen Bischofs) viel Volk in die Kathedrale, sah dort geistliche Aktionen wie die zu Himmelfahrt und Pfingsten geschilderten (S. 130), nahm an der Osternachtsfeier teil und stimmte dann das »Christ ist erstanden« an. Das Volk kam zur Palmweihe am Palmsonntag, wurde mit Weihwasser besprengt; wegen des Andrangs war vorgeschrieben, die Gittertüren zwischen Lettner und Chor geschlossen zu halten. Anziehend war gewiß ebenso der Glanz von Brokat- und Samtornaten oder das Silberwerk auf den Altären wie die festliche Musik, besonders wenn etwa im frühen 16. Jahrhundert die kaiserliche Hofkapelle zu Gast war und mit 40 Sängern und verteilten Rollen die Passion zu Gehör brachte. Zu solchen Gelegenheiten gab es eine Predigt, ausdrücklich erwähnt zu Pfingsten, nach dem Niederschweben der hölzernen Heilig Geist-Taube.

Wo man vor 1482 predigte, wird kaum je präzisiert; am ehesten kommt der Lettner in Frage. Aus den durch Andreas von St. Mang überlieferten Ketzerpredigten des Augustinereremiten Dr. Berthold Puchhauser von 1420 und 1423 läßt sich zweierlei schließen: Sie wurden erst in Latein, dann in Deutsch gehalten, richteten sich also ebenso an den Klerus wie an die Laien, müssen von der

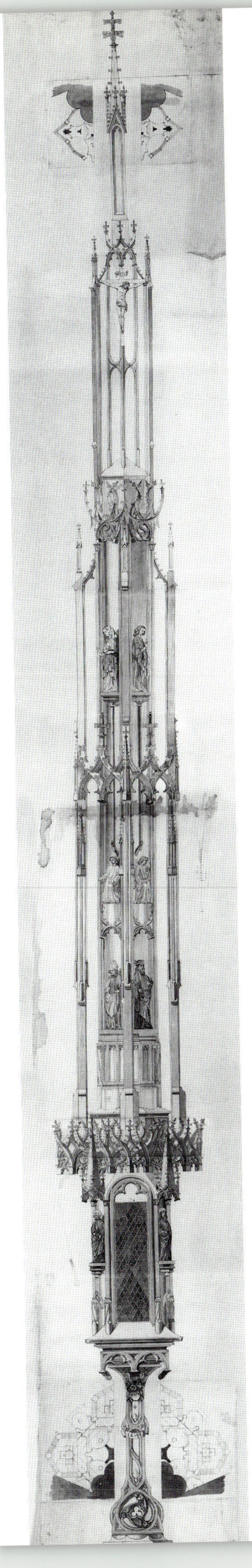

*Abb. 131: Sakramentshaus. Gesamtansicht. Aufrißzeichnung von F. Dorner, 1869, aus mehreren Blättern montiert. Feder, aquarelliert, mit Goldhöhungen. 189:24,5 cm. Museum der Stadt Regensburg.*

*Abb. 132: Sakramentshaus. Detail aus Abb. 131 (vgl. Abb. 14).*

im Chor versammelten Geistlichkeit ebenso wie von den Leuten jenseits des Lettners verstanden worden sein. Und: Sie waren sehr lang. Man möchte daher annehmen, daß man auch in den Schiffen sitzen konnte, vielleicht auf Behelfsbänken. Noch im späten 17. Jahrhundert mußten Mesner und Hüttenknecht vor jeder Predigt Bänke aufstellen und danach wieder wegräumen. 1488 wurde der Ablaß für die Reliquienweisung von der Kanzel verkündet, also wohl von dem erhaltenen Werk des Matthäus Roritzer. Tumultuarische Szenen überliefert Widmann für 1523, als lutherisch gesinnte Handwerkergesellen den Domprediger Augustin Mario auf der Kanzel lauthals attackierten, »schlach todt« schrien.

Ähnlich wie die Kanzel war auch das Sakramentshaus eine liturgische Aufgabe der Spätgotik. Im Dom steht es – aus Stein gearbeitet und insgesamt etwa 15 m hoch – nordöstlich des Hochaltars direkt am Ansatz des Hauptchorpolygons (Abb. 131). Es setzt sich aus zwei sehr unterschiedlichen Teilen zusammen: Ursprünglich war es als kleinere Anlage in Form einer spätgotischen Turmmonstranz begonnen worden (Abb. 14 und 132). Hier finden sich am Schaft unten die Jahreszahl 1493 und das Wappen des Stifters, des Domherrn Georg von Preysing. Direkt unter dem Stifterwappen erscheint an prominenter Stelle das Steinmetzzeichen der Roritzer, das wohl noch auf Matthäus zu beziehen ist. Vielleicht noch während der Fertigstellung änderte man aus uns nicht bekannten Gründen – vielleicht wegen einer Nachstiftung – den Plan und pfropfte anstatt eines proportional angemessenen Helms einen dreigeschossigen, überschlanken Gesprengeturm auf, der in Höhe des Triforiums in einer Fialenspitze endet. Er besteht aus einem mit Figürchen bestückten Mittelpfeiler, den dünne Stäbe zur offenen Tabernakelarchitektur ergänzen. Dieser deutliche formale Bruch verweist auf eine andere Handschrift. Der Planwechsel könnte mit dem Tod des Matthäus Roritzer im Jahre 1495 und der Übernahme des Dombaumeisteramtes durch seinen jüngeren Bruder Wolfgang zu erklären sein.

## Der Baumeister Wolfgang Roritzer (1495–1514)

Es scheint so, als habe Wolfgang Roritzer mit der Übernahme der Bauleitung sofort die Chance wahrgenommen, eigene Ideen verwirklichen zu können. So ist nicht nur beim Sakramentshaus, sondern auch am zweiten Obergeschoß des Nordturms ein auffälliger Wechsel auszumachen (vgl. Abb. 111). Dieses hatte Matthäus Roritzer noch in seinen letzten Lebensjahren begonnen. Die Jahreszahl 1493 im unteren Viertel des Geschosses datiert die Anfangsphase dieses Bauabschnitts. Anscheinend wollte er die Architekturformen denen des entsprechenden Südturmgeschosses angleichen. Das zeigen insbesondere die Anfänger eines Stabwerkvorhanges an der Sohlbank des großen Schallfensters. Ab 1495 führte Wolfgang Roritzer diese Arbeiten weiter, setzte aber eine entscheidende Änderung durch: Er verzichtete auf den Stabwerkvorhang und ließ damit das Glockenfenster stärker in Erscheinung treten. Außerdem deutete er die bereits vorhandenen seitlichen Blendstäbe durch abschließende Spitzbögen zu zwei begleitenden Blendfenstern um, wie dies das Aquarell der Westfassade in Abbildung 137 deutlich erkennen läßt. Diese formale Abweichung gegenüber dem Südturm führte beim Weiterbau der Türme in dem auf Symmetrie bedachten 19. Jahrhundert zu einem Rückgriff auf die ältere Lösung mit dem Stabwerkvorhang. Man mußte dazu allerdings den Blendbogenabschluß wieder beseitigen. Leider entfernte man bei dieser Maßnahme auch die zugehörigen Skulpturen von vier Heiligen zu seiten des Glockenfensters und ersetzte sie durch neugotische Figuren der Bistumspatrone; die Originale sind seitdem verschollen.
In Kopfhöhe dieser Figuren fand sich – allerdings auf der Rückseite des Turms, am nördlichen Strebepfeiler der Ostwand – ein großer Steinblock mit der eingemeißelten Jahreszahl 1496. Bei den modernen Erneuerungsarbeiten wurde die aus Sandstein bestehende Außenschale dieses Geschosses weitgehend ausgewechselt. Während bei solchen Tätigkeiten normalerweise die Wandflächen tief ausgespitzt und die Quader dabei zerstört werden, hatte die Dombauhütte den Ehrgeiz, diesen durch die Datierung wichtigen Block unbeschädigt auszubauen (Abb. 133). Er liegt heute im Lapidarium des Domkreuz-

gangs und bietet die seltene Chance, die sonst im Verband steckenden Quaderflächen zu sehen und zu beurteilen. Sie zeugen von einem bewegten Innenleben, das auch bemerkenswerte bautechnische Informationen preisgibt: Der Querschnitt des Strebepfeilers besteht in dieser Lage aus zwei spiegelbildlich symmetrischen Großblöcken, die untereinander und nach hinten durch Eisenklammern auf dem Oberlager verbunden waren. An der Stirnseite ragen zwei Haken vor, die zur Befestigung der Gerüste dienten und noch vor Versetzen der nächsten Schichtlage eingelassen worden waren. Dort sind auch einige, auf den ersten Blick rätselhafte Zeichen eingearbeitet, von denen sich zwei als Versatzmarken – ähnlich den Abbundzeichen der Zimmerer – entschlüsseln lassen. Die Ziffer »8« bezeichnet die achte Schichtlage von unten über einem Horizontalgesims, der Buchstabe »F« gibt die Position in der waagrechten Abfolge an. Bei den anschließenden Zeichen könnte es sich um das Monogramm CH handeln; sie sind allerdings durch ihre manierierte Schreibweise nicht leicht zu deuten. Die letzte Gravierung dürfte ein Steinmetzzeichen sein.
Auch über den Bearbeitungsprozeß am Werkblock erfahren wir einiges. Ritzlinien auf dem fein geflächten Oberlager geben Stabachsen und Seitenbegrenzungen an. Zu einem später mit Mörtel verstrichenen Loch unterhalb der Jahreszahl gehört ein Gegenstück auf der Rückseite des Blocks; in beide Löcher griff eine große Zange ein, mit welcher der 780 kg schwere Quader auf den Turm gezogen wurde. Unten auf dem Werkplatz bewegte man den Rohling dagegen mit einem anderen Hebezeug, der Wolfszange. Dies belegt ein hinterschnittenes »Wolfsloch« im Schwerpunkt der Blockrückseite. Anders als in den frühen Bauphasen wurden die Sandsteinblöcke auf Holzkeilen versetzt, die schmalen Fugen mit Hanfstricken abgedichtet und mit sehr flüssigem Kalkmörtel ausgegossen, der gleichzeitig die Eisenklammern und -haken fest in ihre Bettungen einband.

Ähnlich wie der Block vom hohen Stand der Arbeitstechniken am Ende des Mittelalters zeugt, liefert der Arbeitsvertrag, den der Dombaumeister Wolfgang Roritzer am 13. Juni 1495 mit dem Domkapitel schloß, den Eindruck einer routiniert eingespielten Aufgabenverteilung mit genau festgelegten Rechten und Pflichten des Baumeisters. Er ist der erste und einzige Vertrag dieser Art, der sich in Regensburg erhalten hat. Auf der einen Seite findet sich

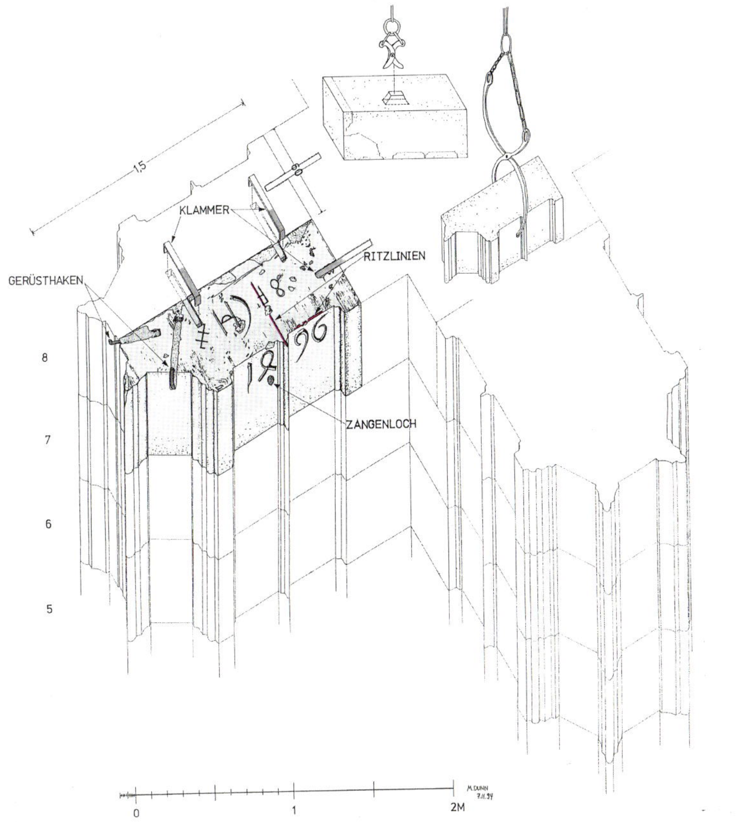


*Abb. 133: Zeichnung des aus einem Strebepfeiler am Nordturm herausgenommenen Steinquaders von 1496, mit zahlreichen bautechnischen Informationen.*

noch das Bemühen, den Meister in die praktische Arbeit der Hütte einzubinden: »Ich soll und will auch selbst in der Hütten bei den Gesellen arbeiten, darum daß sie desto fleißiger mit ihrer Arbeit seien . . .«. Andererseits erhält Wolfgang Roritzer das Privileg, Fremdaufträge annehmen zu dürfen, und die ausdrückliche Zusicherung von Zusatzhonoraren für seine eigenen Bildhauerarbeiten am Dom.

*Abb. 134: Ziehbrunnen im Dom, Südquerhaus. Baldachin von Wolfgang Roritzer, 1500.*

Ein prächtiges Beispiel für derartige bildhauerische Arbeiten des Wolfgang Roritzer ist der 1500 datierte Baldachin, den er für den Ziehbrunnen im Südquerhaus des Domes geschaffen hat (Abb. 134). Über einem etwas älteren, von zwei Weihwasserbecken begleiteten Brunnenrand erhebt sich der von zwei profilierten Pfeilern getragene, reich verschlungene Baldachin, der letzte in der langen Reihe steinerner Baldachinanlagen im Dom. Zwei Figürchen am vorderen Pfeiler – Christus und die Samariterin am Brunnen – gehen ikonographisch geschickt auf diesen Standort ein und bezeugen gleichzeitig das hohe künstlerische Niveau des Wolfgang Roritzer.
In ähnlicher Qualität, wenn auch aus ganz anderem Material, präsentiert sich die aus vergoldetem Silber bestehende Statuette des hl. Sebastian im Domschatz (Abb. 135). Sie wurde nach dem Beschauzeichen von einem Regensburger Goldschmied angefertigt, gehörte ursprünglich dem Bischof Rupert II., Sohn des Pfalzgrafen von Sponheim (1492–1507) und wird im Verzeichnis der »Heiltümer« des Domes von 1496 bereits erwähnt. Im Jahre 1505 gelangte sie durch eine Schenkung des Bischofs zusammen mit anderen wertvollen Goldschmiedewerken und Paramenten in das Eigentum der Domkirche. Damit ist zum ersten Mal nach sehr langer Zeit wieder die bedeutende Zuwendung eines Bischofs für den Dom nachweisbar. Während des ganzen 15. Jahrhunderts scheinen sich die Bischöfe kaum für den Dombau interessiert zu haben; das Domkapitel blieb alleinbestimmend in dieser von Anfang an für es vorgesehenen Aufgabe.
Für das Silberfigürchen wurde zu 1580 eine Reparatur abgerechnet. 1753 enthielt die Figur zwei Reliquien, ein Knöchelchen und einen Zahn des hl. Sebastian, die an einem mit der linken Hand getragenen Kettchen hängen. Wie im Mittelalter waren noch Ende des 18. Jahrhunderts die Dommesner gehalten, an der Vigil seines Festes den silbernen Sebastian mit den anhängenden Reliquien auf den Hochaltar zu stellen. Der große Pfeil, den der Heilige mit beiden Händen trägt, war zerlegbar; sein Schaft konnte als Saugröhrchen zum Trinken des Sebastiansweines benutzt werden, der zum Fest des Heiligen gesegnet und ausgeteilt wurde.

Nachdem Wolfgang Roritzer das zweite Obergeschoß des Nordturms vollendet hatte, verlegte das Domkapitel den Schwerpunkt der Baumaßnahmen auf eine aufwendige

Umgestaltung des Domkapitelhauses, die durch Jahreszahlen von 1502 bis 1507 nachgewiesen ist. Um diese Zeit war der Dom bis zu dem Zustand gediehen, den die Abbildung 136 zeigt. Bei den Türmen fehlten noch die in der Basis angelegten Oktogongeschosse und die Helme, im Langhaus nach wie vor die drei westlichen Mittelschiffgewölbe, worauf auch außen der nicht ausgeführte letzte Strebebogen im Süden und Norden hinweist. Am Querhaus blieben die beiden Giebel unvollendet; das flache Notdach deutet aber darauf hin, daß man weiterhin zäh an der Idee eines Vierungsturms festhielt. Nach den seit der Mitte des 15. Jahrhunderts wesentlich steileren Dächern über Hauptchor und Mittelschiff hätte er allerdings sehr viel höher ausfallen müssen als in der ursprünglichen Planung (vgl. Abb. 49). So mußte man sich im Innenraum nach wie vor mit einem hölzernen Deckel über der Vierungsöffnung begnügen.

Das Selbstbewußtsein des Dombaumeisters Wolfgang Roritzer zeigt sich auch darin, daß er als Bürger aktiv in das politische Geschehen eingriff. Regensburg wurde damals von heftigen Auseinandersetzungen geschüttelt. Die bankrotte Reichsstadt hatte sich 1486 freiwillig dem bayerischen Herzog Albrecht IV. unterworfen, der sofort ein erfolgreich anlaufendes Sanierungsprogramm initiierte und Regensburg zu einer blühenden Stadt mit eigener Universität zu machen versprach. Als Kaiser Friedrich III. durch politischen Druck 1492 die Rückgabe der Stadt an das Reich erzwang, begannen langdauernde Unruhen der unzufriedenen Bürger in Regensburg überzugären. Um der immer mehr um sich greifenden heftigen Auseinandersetzungen Herr zu werden, griff der Nachfolger Kaiser Maximilian I. schließlich hart durch. 1514 ließ der Rat Wolfgang Roritzer festnehmen. Zusammen mit anderen Beschuldigten wurde er nach der Anklageschrift als »Rädlführer« zum Tode verurteilt und am 30. Mai 1514 mit dem Schwert öffentlich hingerichtet.

Damit endete die mittelalterliche Baugeschichte des Regensburger Domes. Seine Außengestalt blieb bis zur Mitte des 19. Jahrhunderts unverändert (Abb. 137).

*Abb. 135: Reliquienstatuette des hl. Sebastian aus vergoldetem Silber. Höhe 34,6 cm. Regensburg, letztes Viertel 15. Jahrhundert. Domschatzmuseum.*

*Abb. 136: Zustand des Domes im frühen 16. Jahrhundert, nach Einstellung der Bauarbeiten.*

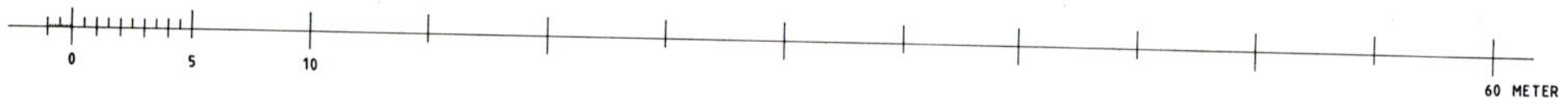

## Der Dom in nachmittelalterlicher Zeit

Auch wenn die Reihe der Regensburger Dombaumeister mit Erhard Heydenreich (1514–1524) und dessen Bruder Ulrich Heydenreich (1524–um 1538) zunächst weitergeführt wurde, betrafen ihre Aktivitäten nicht den Dom. Sie wurden vor allem mit der Ausgestaltung des Domkreuzganges beschäftigt. Mit ihnen bricht die Reihe der Dombaumeister ab. Die Reformation und der offizielle Übertritt der Regensburger Bürger zum evangelischen Glauben im Jahre 1542 hatten sich schon lange vorher abgezeichnet. In diesen Jahrzehnten wird der Dom mehrfach als leer beschrieben, das heißt ohne Volk. Erst nach Übernahme der Domkanzel durch die Jesuiten (auch Petrus Canisius predigte 1556 im Dom) gab es auf Dauer anspruchsvolle Sonntags- und Festpredigten.

Mit dem Erfolg der Gegenreformation im 17. Jahrhundert wandten sich Bischöfe und Domkapitel wieder der Ausstattung des Domes zu. Bischof Albert IV. von Törring (1613–1649) stiftete zwei Marmoraltäre, große Tafelbilder für den Schmuck der Domwände und die beiden heute noch den Hochaltar flankierenden monumentalen Bronzeleuchter. Außerdem ließ er 1618 die drei noch unvollendeten Joche des Mittelschiffs einwölben und beschaffte 1633 eine neue Orgel. 1644 ordnete er den Abbruch des für die Liturgie störend gewordenen Lettners an und ersetzte ihn durch ein schmiedeeisernes Chorgitter. Die bisher ganz in Weiß gefaßte Raumschale wurde durch eine ockergelbe Bemalung kräftig akzentuiert; außerdem vergoldete man die Kapitelle und die vorderen Stege der Gewölberippen. Gegen Ende des 17. Jahrhunderts wurde die Raumfassung sogar zu einem Olivgrau abgedunkelt. 1697 erhielt die Vierung ein barockes Kuppelgewölbe, das die Gebrüder Carlone mit Stukkaturen und Fresken ausgestalteten. Im Verlauf des 17. und 18. Jahrhunderts wurden immer mehr Ausstattungsstücke eingebracht, die den Innenraum des Domes verwandelten. Es entstanden Musiktribünen und Oratorien, neue Gestühle in Langhaus und Chor, aufwendige Grabdenkmäler. Vor allem wurden Altäre in den Dom gestiftet; gegen Ende des 18. Jahrhunderts lassen sich 17 Altäre nachweisen. Prunkstück war dabei der Hochaltar aus Silber und vergoldetem Kupfer, der durch verschiedene Stiftungen zwischen 1695 und 1785 zur heutigen Gestalt zusammenwuchs. Alle Stücke stammen von Augsburger Goldschmieden. Den bedeutendsten Anteil leistete Bischof Anton Ignaz Graf von Fugger durch großzügige Schenkungen 1777 und 1785.

*Abb. 137 (vorhergehende Seite): Westfassade des Domes um die Mitte des 19. Jahrhunderts. Aquarell von Philipp Koch (50,8:43,9 cm). Museum der Stadt Regensburg.*

Die Geringschätzung des Barock und die romantische Vorstellung von »stilreiner« Architektur führten im 19. Jahrhundert zu einschneidenden Maßnahmen. Seit 1828 stiftete König Ludwig I. mehrere farbige Glasfenster für den Dom. Die Schenkung bildete den Auftakt für die gründliche Restauration des Innenraums 1828–1841. Sie erfolgte unter der Leitung des Münchner Architekten Friedrich von Gärtner und versuchte, den Dom auf eine vermeintlich gotische Idealform zurückzuführen. Bis auf den Hochaltar entfernte man alle barocken Altäre sowie das Chorgitter, die Oratorien und Tribünen; die Barockkuppel wurde durch ein gotisches Rippengewölbe ersetzt. Verschwinden mußten alle barocken Grabdenkmäler und die großen an den Wänden hängenden Gemälde. Auch die Orgel wurde abgebrochen; für sie entstand ein neues Werk, das unsichtbar hinter dem Hochaltar eingebaut war. Gleichzeitig erhielten die den ganzen Innenraum umziehenden Laufgänge Brüstungen aus dekorativen Maßwerkformen. Auch zahlreiche Konsolfiguren für die Blendarkaden der Südwand wurden geschaffen. Sonst blieb die Raumschale unverändert, so daß nach wie vor eine Mischung aus den gelblichen und olivgrauen Fassungsresten der Barockzeit die Farbigkeit des Innenraums bestimmt.
War so die Restauration des Dominnern abgeschlossen, wandte sich die allgemeine Aufmerksamkeit dem Außenbau zu. Es war mittlerweile ein nationales Anliegen geworden, die bewunderten gotischen Kirchen Deutschlands, die unvollendet geblieben waren, in passendem Stil fertigzubauen. Mit großer Unterstützung durch König Ludwig I. und Bischof Ignatius von Senestréy (1858–1906) begann 1859 der Ausbau der Domtürme. Innerhalb von zehn Jahren errichtete der Dombaumeister Franz Denzinger Oktogongeschosse und Helme der beiden Türme; 1870/72 folgten der Ausbau der Querhausgiebel und des Dachreiters über der Vierung. Damit waren

von der Grundsteinlegung bis zur Fertigstellung des Domes ziemlich genau 600 Jahre vergangen.
Während das Langhaus des Domes großenteils aus Kalkstein besteht, wurden die späteren Teile der Westfassade und alle Ergänzungen des 19. Jahrhunderts aus Grünsandstein gefertigt, der schon gegen Ende des 19. Jahrhunderts starke Verwitterungserscheinungen zeigte. Von da an waren ständig Reparaturarbeiten notwendig, die seit 1923 der Staatlichen Dombauhütte anvertraut sind. 1974–1986 wurden umfangreiche Arbeiten zur Sicherung der wertvollen Glasfenster durchgeführt und eine Außenschutzverglasung geschaffen. 1985–1988 erfuhr der Dom eine behutsame, sorgfältig durchgeführte Restaurierung des Innenraums, die sich auf Reinigungs- und Restaurierungsarbeiten beschränkte. Seit 1989 wird systematisch der schadstoffhaltige Krustenüberzug auf den Außenflächen entfernt. In wohltuender Weise zeigt das Innere heute nicht eine wie auch immer geartete historisierende Neufassung »nach Befund«, sondern präsentiert eine Kathedrale mit vielen Spuren ihres Alters und ihrer Geschichte, aber auch mit ihrer Würde und ihrer in Jahrhunderten geprägten, unverwechselbaren Dichte der Ausstrahlung. Dieser behutsame Umgang mit dem Bauwerk sollte Verpflichtung für die Zukunft sein.

*Abb. 138: Zustand des Domes mit der barocken Ausstattung um 1700. Ölgemälde, wohl 1709 von Georg Pöttendorf. Domschatzmuseum Regensburg.*

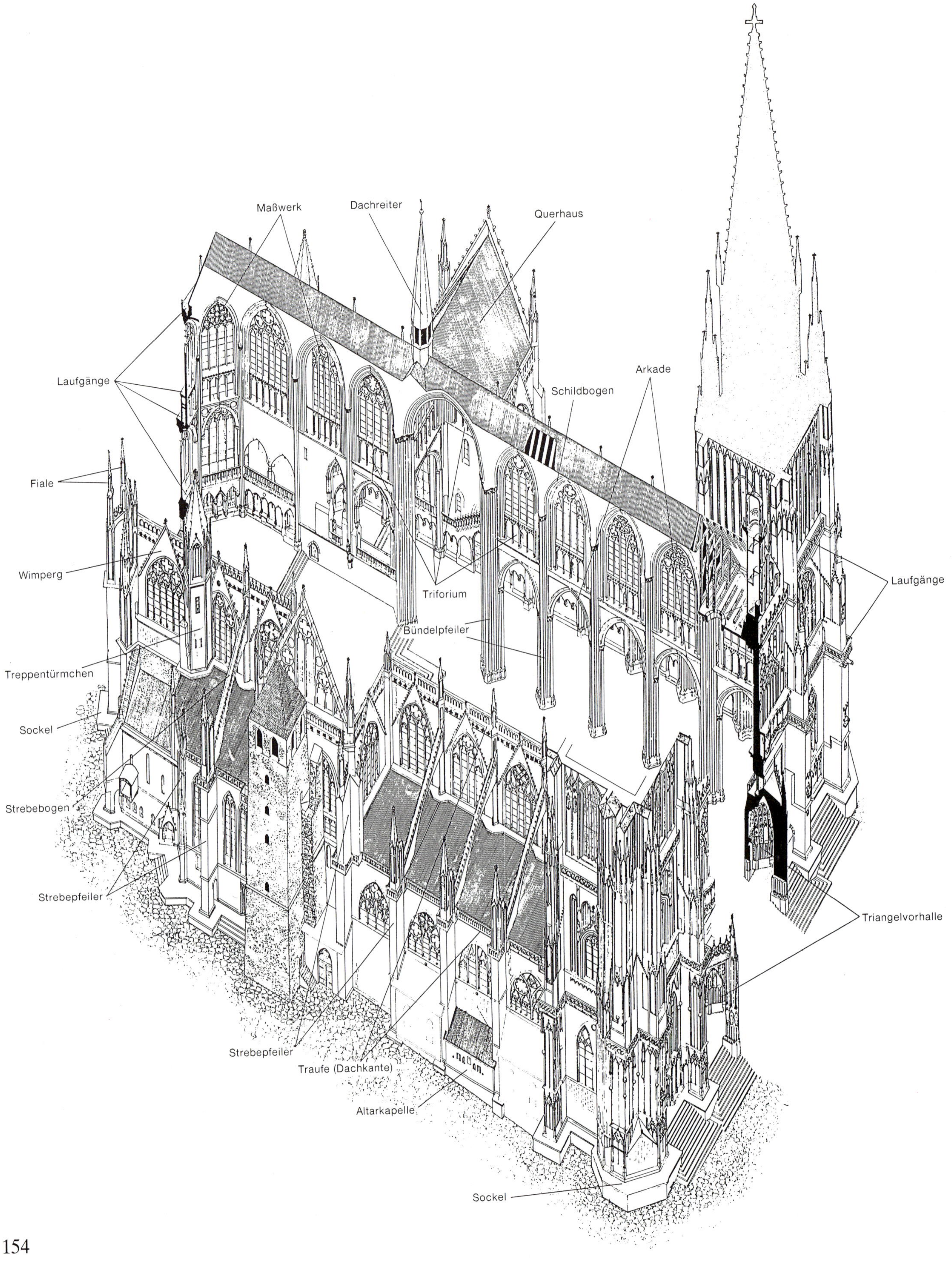
Maßwerk
Dachreiter
Querhaus
Laufgänge
Arkade
Schildbogen
Fiale
Wimperg
Triforium
Laufgänge
Bündelpfeiler
Treppentürmchen
Sockel
Strebebogen
Strebepfeiler
Triangelvorhalle
Strebepfeiler
Traufe (Dachkante)
Altarkapelle
Sockel

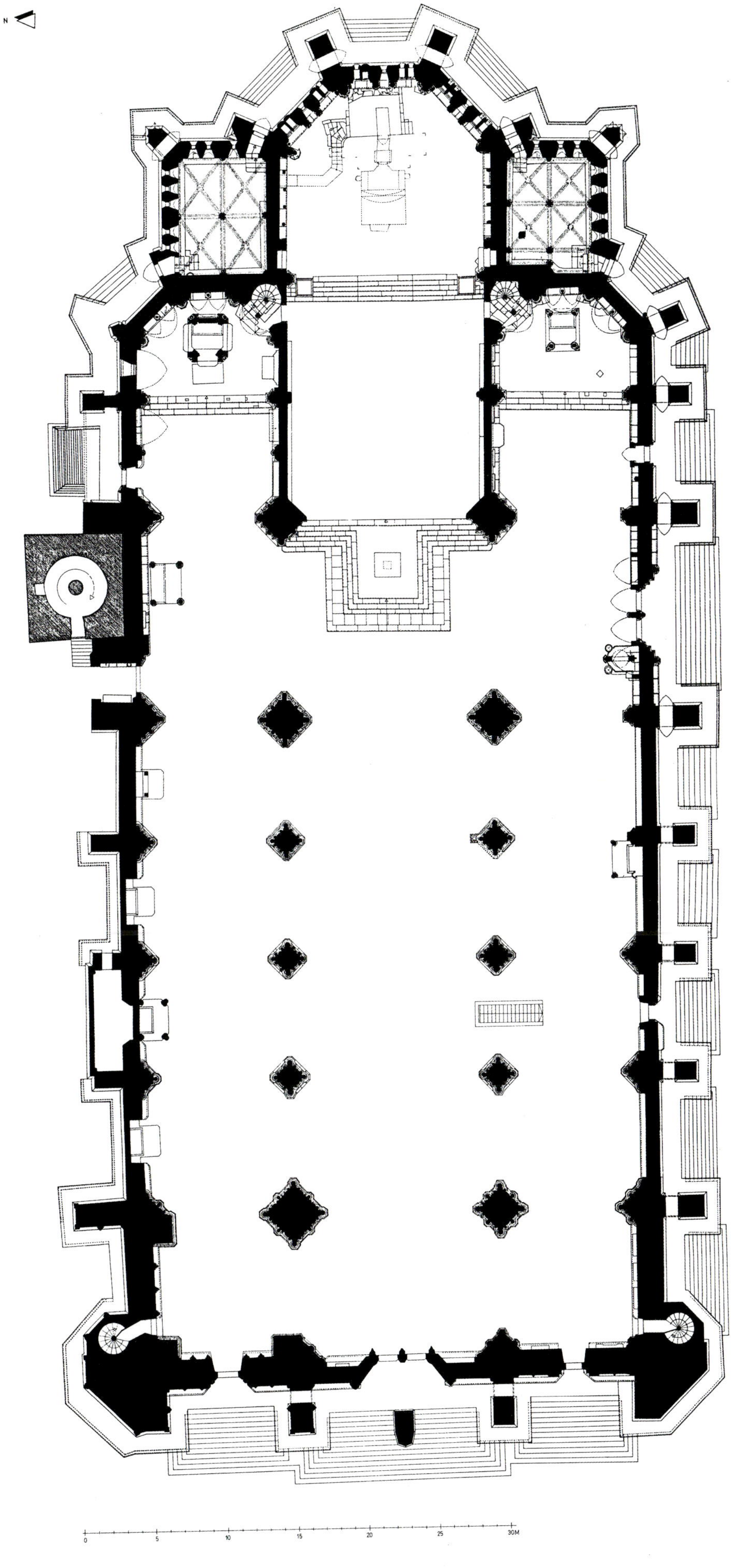


*Grundriß des Domes. Schnittebene über der unteren Sockelzone. Zustand 1995*

# Verzeichnis der wichtigsten Literatur

Adler, Fr.: Der Dom zu Regensburg. Eine baugeschichtliche Studie, in: Deutsche Bauzeitung 9, 1875, S. 131, 141f., 151ff., 171f., 181f., 191f., 201f., 211ff., 221f.

Aufleger, Otto und Georg Hager: Mittelalterliche Bauten Regensburgs, photographisch aufgenommen von Otto Aufleger, mit geschichtlicher Einleitung von Georg Hager, 2 Bde. München 1896 und 1897, Bd. I, Tfln. 21-25, Bd. II, Tfln. 10-25.

Ausstellungskatalog: Der Regensburger Dom. Ausgrabung – Restaurierung – Forschung, Domkreuzgang und Domkapitelhaus Regensburg 1989 und 1990 sowie Wissenschaftszentrum Bonn-Bad Godesberg 1990, München – Zürich 1989, 3. verbesserte Aufl. 1990 (enthält wichtige Beiträge zu den Ausgrabungen 1984/85, zu den Restaurierungsmaßnahmen des 19. und 20. Jahrhunderts und zum Forschungsprojekt »Bau-, Kunst- und Funktionsgeschichte des Regensburger Domes« der Universität Bamberg); hierzu Rezension von Christian Freigang, in: Kunstchronik 43, 1990, S. 606-608

Ausstellungskatalog: Kostbarkeiten aus kirchlichen Schatzkammern – Goldschmiedekunst im Bistum Regensburg, bearb. von Achim Hubel, Diözesanmuseum Regensburg 1979, München – Zürich 1979

Ausstellungskatalog: Schatzkammerstücke aus der Herbstzeit des Mittelalters – Das Regensburger Emailkästchen und sein Umkreis, hrsg. von Reinhold Baumstark, Bayerisches Nationalmuseum München 1992, München 1992

Bauer, Karl: Regensburg. Aus Kunst-, Kultur- und Sittengeschichte, 4. Aufl., Regensburg 1988

Bösner, Heinrich Johann Thomas von: Fragmente einer Geschichte des Domes zu Regensburg, Regensburg 1833

Bureš, Jaroslav: Der Regensburger Doppelturmplan. Untersuchungen zur Architektur der ersten Nachparlerzeit, in: Zeitschrift für Kunstgeschichte 49, 1986, S. 1-28

Codreanu, Silvia und Achim Hubel: Die Ausgrabungen im Regensburger Dom. Ein Zwischenbericht, in: Regensburger Almanach 1985, S. 136-149

Codreanu-Windauer, Silvia und Heinrich Wanderwitz: Die frühe Kirche in der Diözese Regensburg. Betrachtungen zu den archäologischen und schriftlichen Quellen bis zum Ende des 8. Jahrhunderts, in: 1250 Jahre Kunst und Kultur im Bistum Regensburg – Berichte und Forschungen, München – Zürich 1989, S. 37f.

Codreanu-Windauer, Silvia und Karl Schnieringer: Die Ausgrabungen im Regensburger Dom, in: Denkmalpflege und Kirche – Jahrestagung der Vereinigung der Landesdenkmalpfleger in der Bundesrepublik Deutschland (München 1989). Arbeitshefte des Bayerischen Landesamtes für Denkmalpflege Bd. 46, München 1991, S. 95-104

Coenen, Ulrich: Die spätgotischen Werkmeisterbücher in Deutschland. Untersuchung und Edition der Lehrschriften für Entwurf und Ausführung von Sakralbauten, Beiträge zur Kunstwissenschaft Bd. 35, München 1990

Dehio, Georg und Gustav von Bezold: Die kirchliche Baukunst des Abendlandes Bd. II, Stuttgart 1901, S. 299-301, 342f.

*Die Westfassade des Domes nach der Vollendung der Türme. Holzstich um 1880 (aus Robert Dohme, Geschichte der deutschen Baukunst).*

Dehio, Georg: Handbuch der Deutschen Kunstdenkmäler, Bayern Bd. V: Regensburg und die Oberpfalz, bearb. von Jolanda Drexler und Achim Hubel unter Mitarbeit von Astrid Debold-Kritter u. a., München – Berlin 1991, S. 429-461

Denzinger, Franz Joseph: Der sogenannte Eselsturm am Dome zu Regensburg, in: Verhandlungen des Historischen Vereins von Oberpfalz und Regensburg Bd. 28, 1872, S. 213-220

Dietheuer, Franz: Drei Originalbriefe des Dombaumeisters Konrad Roritzer und der Ingolstädter Liebfrauenturmplan um 1460, in: Verhandlungen des Historischen Vereins für Oberpfalz und Regensburg Bd. 101, 1961, S. 165-174

Dietheuer, Franz: Das Dombaumeistergeschlecht der Roritzer im 15. und 16. Jahrhundert in Regensburg, in: Genealogie, Deutsche Zeitschrift für Familienkunde 25, H. 6, 1976, S. 174-192

Dietheuer, Franz: Die zeitlichen Anfänge des gotischen Doms zu Regensburg, in: ders., Regensburg – Studien zum mittelalterlichen Bauwesen. Beiträge zur Geschichte des Bistums Regensburg, Beiband 2, Regensburg 1989, S. 109-157

Dinzinger, Gertraud: Der Vorgängerbau der Stefanskapelle im Domkreuzgang von Regensburg, in: Beiträge zur Geschichte des Bistums Regensburg Bd. 17, 1983, S. 7-38

Dohme, Robert: Geschichte der Deutschen Baukunst, Berlin o. J. (1887), S. 230-232

Drexler, Jolanda: Die Chorfenster der Regensburger Minoritenkirche. Studien und Quellen zur Kunstgeschichte Regensburgs Bd. II, Regensburg 1988

Elsen, Alois: Der Dom zu Regensburg, Band I, Die Bildfenster, Berlin 1940

Endlicher, Gernot: Petrographisch-mineralogische Untersuchungen an Bausteinen und Verwitterungskrusten des Regensburger Domes, in: Acta Albertina Ratisbonensis 42, 1984, S. 53-80

Endres, Josef Anton: Beiträge zur Kunst- und Kulturgeschichte des mittelalterlichen Regensburgs, hrsg. von Karl Reich, Regensburg o.J. (1924), S. 52-64, 173-198

Fischer, Barbara: Studien zu mittelalterlichen Dachwerken über Regensburger Monumentalbauten, mit einem einleitenden Kapitel über Friedrich Ostendorf. Dissertation Maschinenschrift, Berlin 1992

Fritzsche, Gabriela: Die mittelalterlichen Glasmalereien im Regensburger Dom, unter Mitwirkung von Fritz Herz, Corpus Vitrearum Medii Aevi Deutschland Bd. XIII, 1; 2 Bände, Berlin 1987; hierzu Rezension von Achim Hubel, in: Kunstchronik 42, 1989, S. 358-383

Frodl-Kraft, Eva: Die Sicherung und Konservierung der Bildfenster des Regensburger Domes 1974–1984, in: Jahrbuch der Bayerischen Denkmalpflege Bd. 38 (für das Jahr 1984), München 1987, S. 61-80

Fuchs, Friedrich: Siehe auch Ausstellungs-Katalog: Der Regensburger Dom

Fuchs, Friedrich: Das Hauptportal des Regensburger Domes. Portal – Vorhalle – Skulptur, München – Zürich 1990

Gall, Günter: Der Regensburger Dom. Studien zur Planung des gotischen Domes und zur Änderung der Bauausführung, Dissertation Maschinenschrift, München 1951

Gall, Günter: Zur Baugeschichte des Regensburger Domes, in: Zeitschrift für Kunstgeschichte XVII, 1954, S. 61-78

Gamber, Klaus: Der gotische Lettner im Regensburger Dom, in:

Heilige Zeiten, heiliger Raum. Studia patristica et liturgica, 26. Beiheft, Regensburg 1989, S. 83-90
Gauer, Werner: Castra Regina und Rom. Zu Ursprung und Erneuerung der europäischen Stadt, in: Bonner Jahrbücher Bd. 181, 1981, S. 1-88
Gauer, Werner: Urbs, Arx, Metropolis und Civitas Regia. Untersuchungen zur Topographie der frühmittelalterlichen Stadt Regensburg, in Verhandlungen des Historischen Vereins für Oberpfalz und Regensburg Bd. 121, 1981, S. 15-84
Geldner, Ferdinand (Hrsg.): Matthäus Roriczer – Das Büchlein von der Fialen Gerechtigkeit und Die Geometria Deutsch, Faksimile-Ausgabe, Wiesbaden 1965
Gurlitt, Erwin und Otto Bauschinger: Sammlung der Steinmetzzeichen am Dom zu Regensburg, hrsg. und mit einem Nachwort versehen von Franz Dietheuer, in: Verhandlungen des Historischen Vereins für Oberpfalz und Regensburg 117, 1977, S. 207-226
Habermann, Hans: Zur Gestaltung der Außenschutzverglasung am Regensburger Dom, in: Historische Glasfenster und ihre Erhaltung – Internationales Kolloquium (München 1984). Arbeitshefte des Bayerischen Landesamtes für Denkmalpflege Bd. 32, München 1985, S. 116-119
Hasak, Max: Der Dom zu Regensburg, in: Die christliche Kunst XI, 1914/15, S. 103-115 sowie in: Repertorium für Kunstwissenschaft 38, 1916, S. 160-171
Hausberger, Karl: Geschichte des Bistums Regensburg, 2 Bde., Regensburg 1989 (mit Angabe der älteren Literatur zur Bistumsgeschichte)
Hoernes, Martin: Domdekan Konrad von Parsberg als Stifter der Willibaldskapelle in der Regensburger Domdechantei, erscheint demnächst in: Stadt Regensburg (Hrsg.), Mittelalter in Regensburg, Bd. 1: Beiträge zur Stadtgeschichte vom frühen Mittelalter bis zum Beginn der Neuzeit, Regensburg 1995
Hubel, Achim: Der Erminoldmeister und die deutsche Skulptur des 13.Jahrhunderts, in: Beiträge zur Geschichte des Bistums Regensburg Bd. 8, 1974, S. 54-241
Hubel, Achim: Der Dom zu Regensburg, Schnell Kunstführer Nr.41, 2. völlig neu bearb. Aufl., München – Zürich 1975, 3. neu bearb. Aufl. 1981, 4. überarb. Aufl. 1983, 5. überarb. Aufl. 1987, 6. Aufl. 1989, 7. überarb. Aufl. 1991
Hubel, Achim: Der Regensburger Domschatz. Kirchliche Schatzkammern und Museen, hrsg. von Hugo Schnell und Paul Mai Bd. 1, München – Zürich 1976
Hubel, Achim: Studien zu einer Chronologie der Regensburger Steinplastik im 14. Jahrhundert, in: Anzeiger des Germanischen Nationalmuseums, Nürnberg 1977, S. 17-36
Hubel, Achim: Heilige und Dämonen. Die Bilderwelt des Mittelalters in Regensburg. Bavaria Antiqua 10, München 1978
Hubel, Achim: Plastik der Parlerzeit am Regensburger Dom, in: Die Parler und der Schöne Stil 1350–1400. Europäische Kunst unter den Luxemburgern, Handbuch Bd. I, Köln 1978, S. 389-394
Hubel, Achim: Die Glasmalereien des Regensburger Domes, Schnell Kunstführer Nr. 1299, München – Zürich 1981, 2. völlig neu bearb. Aufl. Regensburg 1994
Hubel, Achim: Die Glasmalereien des Regensburger Domes, München – Zürich 1981
Hubel, Achim: Siehe auch Codreanu, Silvia und Achim Hubel
Hubel, Achim: Die gotischen Baldachinaltäre in den Nebenchören des Regensburger Domes, in: Jahrbuch des Vereins für Christliche Kunst in München, Bd. XVI, 1987, S. 39-55
Hubel, Achim: La fabrique de Ratisbonne, in: Ausst.-Kat. Les bâtisseurs des cathédrales, hrsg. von Roland Recht, Strasbourg 1989, p. 164-177
Hubel, Achim und Peter Kurmann: Der Regensburger Dom. Architektur – Plastik – Ausstattung – Glasfenster. Große Kunstführer 165, München – Zürich 1989
Hubel, Achim und Manfred Schuller: Forschungsprojekt »Bau-, Kunst- und Funktionsgeschichte des Regensburger Domes als Modellfall, mit Beiträgen von Thomas Eck, Barbara Fischer und Friedrich Fuchs, in: Forschungsforum. Berichte aus der Otto-Friedrich-Universität Bamberg, Heft 1, 1989, S. 37-75
Kletzl, Otto: Artikel »Roritzer«, in: Thieme-Becker, Allgemeines Lexikon der bildenden Künstler Bd. 28, Leipzig 1934, S. 591-595
Krankenhagen, Heidrun: Studien zur spätgotischen Plastik in Regensburg, Dissertationsdruck, Freiburg/Br. 1968; hierzu Rezension von Rolf Schmidt, in: Zeitschrift für bayerische Landesgeschichte Bd. 37, 1974, S. 167-177
Kühlenthal, Michael: Die Innenrestaurierung des Regensburger Domes, in: Denkmalpflege und Kirche – Jahrestagung der Vereinigung der Landesdenkmalpfleger in der Bundesrepublik Deutschland (München 1989). Arbeitshefte des Bayerischen Landesamtes für Denkmalpflege Bd. 46, München 1991, S. 79-84
Kugler, Franz: Geschichte der Baukunst, 3. Band: Geschichte der gothischen Baukunst, Stuttgart 1859, S. 300-302
Kurmann, Peter: Spätgotische Tendenzen in der europäischen Architektur um 1300, in: Europäische Kunst um 1300. Akten des XXV. Internationalen Kongresses für Kunstgeschichte (Wien 1983), Bd. 6, Wien-Köln-Graz 1986, S. 11-18
Kurmann, Peter: La cathédrale de Ratisbonne, un cas exemplaire, in: Monuments Historiques No. 166, 1989, p. 67-71
Kurmann, Peter: Der Regensburger Dom: Französische Hochgotik inmitten der Freien Reichsstadt, erscheint demnächst in: Stadt Regensburg (Hrsg.), Mittelalter in Regensburg, Bd. 1: Beiträge zur Stadtgeschichte vom frühen Mittelalter bis zum Beginn der Neuzeit, Regensburg 1995
Kurmann, Peter: Siehe auch Hubel, Achim und Peter Kurmann
Leidinger, Georg (Hrsg.): Andreas von Regensburg. Sämtliche Werke, in: Quellen und Erörterungen zur bayerischen und deutschen Geschichte NF Bd. 1, München 1903, S. 1ff.
Lill, Georg: Die Entwicklung der Regensburger Domplastik, in: Jahresbericht der Görres-Gesellschaft 1927/28, S. 91-93
Lützow, Carl F. A. von: Die Meisterwerke der Kirchenbaukunst, 2. Aufl. Leipzig 1871, S. 285-299
Mader, Felix (Bearb.): Die Kunstdenkmäler von Bayern II, Oberpfalz XXII, Stadt Regensburg, München 1933, Bd. 1, S. 37-222
Müller, Theodor: Alte bairische Bildhauer vom Erminoldmeister bis Hans Leinberger, München 1950
Neumann, Carl Woldemar: Die drei Dombaumeister Roritzer und ihr Wohnhaus, die älteste bekannte Buchdruckstätte in Regensburg, in: Verhandlungen des Historischen Vereins von Oberpfalz und Regensburg Bd. 28, 1872, S. 1-96; hierzu Nachträge in: ebenda Bd. 29, 1874, S. 139-145 sowie Bd. 40, 1886, S. 233-252
Oefele, Edmund Freiherr von (Hrsg.): Leonhart Widmann's Chronik von Regensburg, in: Die Chroniken der deutschen Städte Bd. 15, Leipzig 1878, S. 13ff.
Paasche-Kassian, Sabine: Beobachtungen zum Regensburger Domchor, in: Beiträge zur Geschichte des Bistums Regensburg Bd.17, 1983, S. 39-84

Pause, Peter: Gotische Architekturzeichnungen in Deutschland, Dissertationsdruck, Bonn 1973, S. 220-223, Nrn. 60 und 61, S. 326
Popp, Justus und Theodor Bülau: Die Architektur des Mittelalters in Regensburg, Regensburg 1834–39
Raasch, Susette: Restauration und Ausbau des Regensburger Doms im 19. Jahrhundert, in: Beiträge zur Geschichte des Bistums Regensburg Bd. 14, 1980, S. 137-303
Rosemann, Heinz R.: Die zwei Entwürfe im Regensburger Domschatz, in: Münchner Jahrbuch der bildenden Kunst, NF Bd. 1, 1924, S. 230-262
Rosemann, Heinz R.: Die Ausstrahlungen der Regensburger Dombauhütte nach dem deutschen Südosten um 1300, in: Festschrift für Wilhelm Pinder, Leipzig 1938, S. 183-192
Rosemann, Heinz R.: Entstehungszeit und Schulzusammenhänge der Regensburger Turmpläne, in: Kunstchronik 15, 1962, S. 259-261
Sauermost, Heinz Jürgen: Regensburgs spätkarolingischer Dom, in: Zeitschrift für Kunstgeschichte XXXII, 1969, S. 44-47
Schädler, Alfred: Zur kunstgeschichtlichen Stellung der Bauplastik des Regensburger Domes, in: Kunstchronik 9, 1956, S. 289-295
Schädler,Alfred: Gotische Bauplastik der Regensburger Dombauhütte, in: Bayerland 59, 1957, S. 18-25
Schinnerer, Johannes: Die gotische Plastik in Regensburg, Studien zur deutschen Kunstgeschichte Bd. 207, Straßburg 1918
Schmetzer, Adolf: Die Gründungszeit des gotischen Domes und die Ulrichskirche in Regensburg, in: Verhandlungen des Historischen Vereins von Oberpfalz und Regensburg Bd. 80, 1930, S. 85-100
Schmid, Alois: Die Judenpolitik der Reichsstadt Regensburg im Jahre 1349, in: Zeitschrift für bayerische Landesgeschichte Bd. 43, 1980, S. 589-612
Schmid, Alois: Die Territorialpolitik der frühen Wittelsbacher im Raume Regensburg, in: Zeitschrift für bayerische Landesgeschichte Bd. 50, 1987, S. 367-410
Schmidt, Rolf: Hans Engel von Köln der Parlierer und sein Bruder Andreas der Dombaumeister zu Regensburg, in: Verhandlungen des Historischen Vereins für Oberpfalz und Regensburg Bd. 112, 1972, S. 131-156
Schuegraf, Joseph Rudolph: Geschichte des Domes von Regensburg und der dazu gehörigen Gebäude, 2 Bände, Band I in: Verhandlungen des Historischen Vereins von Oberpfalz und Regensburg Bd. 11, 1847, S. 1-266; Band II in: ebenda Bd. 12, 1848, S. 1-311
Schuegraf, Joseph Rudolph: Nachträge zur Geschichte des Domes von Regensburg. Teil I: Regensburger Dombau-Rechnung von dem Jahre 1459 mit Anmerkungen und angehängter Steinmetzen-Ordnung von dem Jahre 1514. Teil II: Berichtigungen und Rechtfertigungen zu den beiden Bänden der Geschichte des Domes, in: Verhandlungen des Historischen Vereins von Oberpfalz und Regensburg Bd. 16, 1855, S. 1-294
Schuegraf, Joseph Rudolph: Drei Rechnungen über den Regensburger Dombau aus den Jahren 1487, 1488 und 1489, in: Verhandlungen des Historischen Vereins von Oberpfalz und Regensburg Bd. 19, 1858, S. 135-204
Schürer-von Witzleben, Elisabeth: Die Regensburger Domfenster, in: Kunstchronik 15, 1962, S. 293f.
Schürer-von Witzleben, Elisabeth: Zur Chronologie der mittelalterlichen Farbverglasung des Regensburger Domes, in: Zeitschrift des Deutschen Vereins für Kunstwissenschaft 36, 1982, S. 3-27
Schuller, Manfred: Siehe auch Hubel, Achim und Manfred Schuller
Schuller, Manfred: Zu den Gewölben des Regensburger Domes, in: Geschichte des Konstruierens IV, Wölbkonstruktionen der Gotik 1, Konzepte Sonderforschungsbereich 230, Heft 33, Stuttgart 1990, S. 69-97
Schuller, Manfred: Bauforschung am Regensburger Dom, in: Denkmalpflege und Kirche – Jahrestagung der Vereinigung der Landesdenkmalpfleger in der Bundesrepublik Deutschland (München 1989). Arbeitshefte des Bayerischen Landesamtes für Denkmalpflege Bd. 46, München 1991, S. 85-94
Schuller, Manfred: Historische Bautechnik und Bauorganisation – Ergebnisse moderner Bauforschung, in: Bauforschung und ihr Beitrag zum Entwurf, Veröffentlichungen des Instituts für Denkmalpflege an der ETH Zürich Bd. 12, Zürich 1993, S. 67-91
Schuller, Manfred: Die Confessio des mittelalterlichen Hochaltars im Regensburger Dom, erscheint demnächst in: architectura – Festschrift für Walter Haas, 1995
Schwaiger, Georg (Hrsg.): Der Regensburger Dom – Beiträge zu seiner Geschichte. Beiträge zur Geschichte des Bistums Regensburg Bd. 10, Regensburg 1976 (enthält zahlreiche Aufsätze zur Geschichte und Kunstgeschichte des Domes sowie die Angabe der gesamten älteren Literatur)
Seyler, Alfred: Die mittelalterliche Plastik Regensburgs, München 1905
Shelby, Lon R.: Gothic Design Techniques. The Fifteenth-Century Design Booklets of Mathes Roriczer and Hanns Schmuttermayer, Southern Illinois University Press, London – Amsterdam 1977; hierzu Rezensionen von : Carl F. Barnes, in: The Art Bulletin 60, 1978, p. 363-365 – Werner Müller, in: Architectura. Zeitschrift für Geschichte der Baukunst 8, 1978, S. 190-193 – ders., in: Zeitschrift für Kunstgeschichte 44, 1981, S. 95-99 – B. Hansen, in: Technology and Culture Vol.20, 1979, p. 627-630
Walderdorff, Hugo Graf von: Zusätze und Nachträge (zu der Monographie Carl Woldemar Neumanns über die Roritzer), in: Verhandlungen des Historischen Vereins von Oberpfalz und Regensburg Bd. 28, 1872, S. 97-199
Walderdorff, Hugo Graf von: Regensburg in seiner Vergangenheit und Gegenwart, 4.Aufl. Regensburg 1896, S. 120-185
Wanderwitz, Heinrich: Siehe Codreanu-Windauer, Silvia und Heinrich Wanderwitz
Zahn, Karl: Die Westfassade und das Westportal des Domes in Regensburg und ihre Beziehungen zu den zwei Entwürfen im Regensburger Domschatz, in: Münchner Jahrbuch der bildenden Kunst, NF Bd. VI, 1929, S. 365-401
Zahn, Karl: Der Dom zu Regensburg, Deutsche Kunstführer Bd. 39, Augsburg 1929; hierzu Rezension von Franz Heidingsfelder, in: Verhandlungen des Historischen Vereins von Oberpfalz und Regensburg 80, 1930, S. 241-243
Zahn, Karl: Zur Baugeschichte des Domes in Regensburg bis zur Mitte des XIV. Jahrhunderts, in: Wiener Jahrbuch für Kunstgeschichte VII (XXI), 1930, S. 34ff.
Zahn, Karl: Die Ausgrabung des romanischen Domes in Regensburg, München 1931; hierzu Rezension von Franz Heidingsfelder, in: Zeitschrift für bayerische Landesgeschichte Bd. 5, 1932, S. 268-271
Zahn, Karl: Der hohe Dom zu Regensburg, Schnell Kunstführer Nr. 41, München o. J. (ca. 1935)
Zahn, Karl: Zehn Jahre Steinschutz am Regensburger Dom, in: Bautenschutz 7, H. 1, 1936, S. 1-10

# Namen- und ikonographisches Register

## Sachregister

# Abbildungsnachweis

*Photographien*
Achim Hubel, Bamberg: Abb. 6, 8, 9, 14, 15, 16, 18, 20, 21, 23, 26, 27, 32, 36, 37, 42, 43, 44, 55, 57 rechts, 58, 60, 61, 62, 63, 64, 65, 66, 67, 69, 71, 73 oben und unten rechts, 74 oben links und unten, 79, 84, 89, 90, 91, 92, 93, 94, 107, 108, 117, 119, 120, 121, 125, 130, 131, 132, 134, 137. – Friedrich Fuchs, Regensburg: Abb. 11, 78. – Bildarchiv des Forschungsprojekts »Bau-, Kunst- und Funktionsgeschichte des Regensburger Domes« der Universität Bamberg: Abb. 50, 57 links, 82, 83, 97, 98, 99, 100, 106, 115, 122, 129, 138. – Staatliches Meßbildarchiv Berlin beim Brandenburgischen Landesamt für Denkmalpflege: Abb. 3, 22, 104, 105. – Wilkin Spitta, Loham: Abb. 4, 5, 39, 56, 73 unten links, 74 oben rechts, 81, 109, 124, 135. – Josef Zink, Regensburg: Abb. 35, 38. – Photo Alinari, Florenz/Rom: Abb. 19. – Bildarchiv Foto Marburg: Abb. 40, 101, 123. – Bayerische Hofglasmalerei Gustav van Treeck, München: Abb. 33. – Staatliche Museen Berlin, Kupferstichkabinett (Foto: Jörg P. Anders): Abb. 126. – Bayerisches Nationalmuseum München (Foto: Walter Haberland): Abb. 96. – Museum der Stadt Regensburg: Abb. 53. – Diözesanmuseum Regensburg (Foto: Siegfried Mühlbauer): Abb. 114. – Bildstelle der Stadt Regensburg (Foto: Peter Ferstl): Abb. 102. – Fachhochschule Hildesheim/Holzminden, Fachbereich Kommunikationsgestaltung, Institut für Restaurierung und Baudenkmalpflege (Christoph Gerlach und Martina Pohl): Abb. 12.

*Zeichnungen*
Vorsatz vorne: Figuren und Lavierung Apostolos Aravidis, Bamberg. – Frontispiz: Aufmaß und Zeichnung Philip Caston, Bamberg. – Friedrich Fuchs, Regensburg: Abb. 13. – Firma Gebr. Preis, Regensburg/Parsberg (Karl Menner), auf Vorlage der Universität Bamberg: Abb. 28. – Umarbeitung nach Vorlage des Staatlichen Meßbildarchivs Berlin beim Brandenburgischen Landesamt für Denkmalpflege: Abb. 88 und Vorsatz hinten. – Umzeichnungen von Heinz R. Rosemann nach den Originalen im Regensburger Domschatz: Abb. 110 und 112. – Staatliches Meßbildarchiv Berlin beim Brandenburgischen Landesamt für Denkmalpflege: Abb. 111. – Umzeichnung nach Vorlage von Barbara Fischer, Bamberg: Abb. 118.
Alle übrigen Zeichnungen: Institut für Bauforschung und Baugeschichte der Universität Bamberg.

Sämtliche photographischen Abbildungen des Domes und seiner Ausstattung mit freundlicher Genehmigung des Staatlichen Hochbauamtes Regensburg.